JN098319

民事判例 *21*

2020年前期

現代民事判例研究会編

日本評論社

民事判例 21——2020 年前期　目次

<h1>●本号の対象裁判例について</h1>

『民事判例21 2020年前期』のうち、最新裁判例を紹介・検討する第1部、第2部、第3部では、基本的に、2020年1月～6月に公刊された裁判例登載誌に掲載された裁判例を対象としている。

◆「第1部最新民事裁判例の動向」で対象とした裁判例登載誌は以下のとおりである(括弧内は略語表記)。それ以降(若しくはそれ以前)の号についても対象としていることがある。なお、前号までの当欄ですでに紹介された裁判例については省略している。また、環境、医事、労働、知財に関する裁判例については、原則として第2部の叙述に譲るものとしている。

最高裁判所民事判例集(民集)	73巻4号
判例時報(判時)	2422号～2442号
判例タイムズ(判タ)	1466号～1471号
金融法務事情(金法)	2129号～2140号
金融・商事判例(金判)	1581号～1593号
家庭の法と裁判(家判)	24号～26号(「家族裁判例の動向」のみ)

◆「第2部最新専門領域裁判例の動向」では、第1部で対象とした上掲の裁判例登載誌を基本としつつ、各専門領域の特性に応じて、裁判例登載誌等の対象が若干変わっている。

「環境裁判例の動向」→上掲の民集、判時、判タのほか、判例地方自治(判例自治)454号～460号を付加。2020年1月～6月に裁判所HPに掲載されたものも含める。
「医事裁判例の動向」→上掲の民集、判時、判タ、金法、金判のほか、2020年1月から6月が判決の言い渡し日かつ2020年6月末日までにHPに掲載された裁判所HPに掲載されたものも含める。
「労働裁判例の動向」→上掲の民集、判時、判タのほか、労働判例(労判)1211号～1220号、労働経済判例速報(労経速)2397号～2413号を付加。
「知財裁判例の動向」→言渡日が2020年1月～6月であって、2020年6月末時点で裁判所HPに掲載されたもの、また、行政裁判例(審決取消訴訟の裁判例)も含める。

◆裁判例登載誌の表記は、本文では紙幅の都合により原則として1誌のみを表示し、「今期の裁判例索引」において可能な限り複数誌を表示することとした。

◆「第3部注目裁判例研究」では、第1部、第2部の「動向」で対象としたもののうち、とくに注目すべき裁判例をとりあげ、検討を加えている。なお、「動向」欄では前号までに紹介済みとして省略した裁判例であっても、今期対象とした裁判例登載誌等にも登場したものについては、第3部で検討する対象に含めている。

本書の略号

民集：最高裁判所民事判例集   金判：金融・商事判例
集民：最高裁判所裁判集民事   家判：家庭の法と裁判
裁時：裁判所時報   判例自治：判例地方自治
訟月：訟務月報   労判：労働判例
判時：判例時報   労経速：労働経済判例速報
判タ：判例タイムズ   ほか、雑誌名は通常の略記法に従う
金法：金融法務事情

取引裁判例の動向

中野邦保　桐蔭横浜大学准教授

現代民事判例研究会財産法部会取引パート

1　はじめに

(1)　注目すべき裁判例

　今期は、旅行契約における情報収集・提供義務違反に基づく損害賠償につき、弁護士費用をも含め認めた [6] と、当時の銀行実務を反映させるようなかたちで改正前民法478条の無過失の有無を認定した [9] と、継続的契約とみることができるファクタリング取引において特約による無催告解除を認めた [13] が、事案の特性を加味して独自の判断を示していることから、注目すべき裁判例としてあげられる。また、現代の社会問題を映しだし、今後問題となりうるような事案につき判断を示したものとして、仮想通貨に関する [7][12] と、高齢化問題に関する [3][25] のほか、弁護士の名義貸し（非弁活動）に関する [27] などがある。

　本パートでは、このような裁判例を含め、まず今期の最高裁判例を紹介したうえで、順次、主として問題となった分野ごとに各裁判例を紹介していくこととする。なお、今期の対象となる40件の裁判例のうち、別のパートで取り上げるものについては、紙幅の関係から、各パートでの裁判例番号ないし評釈者名を示すにとどめ、具体的な事案の紹介や検討についてはそれぞれの箇所に譲ることとした。

(2)　今期の最高裁判例

　[1] 最二判令元・7・5判時2437号21頁（一部破棄差戻、一部上告棄却）は、次のような事情のもと、Xが、AからYに対する貸金返還請求権を譲り受けたとして、Yに対し、貸金の支払を求めるなどした事案である。①Yが住むマンションの1室である本件建物につき、YからAへの売買を原因とする所有権移転登記がなされ、YがAから850万円を受領し、その後、Aは、Yに対して、売買契約に基づき本件建物の明渡し等を請求する訴訟を提起した（前訴

1）。Yは、売買契約の成立を否認し、本件金員はAより貸金として受領したものであると主張した。裁判所は、売買契約の成立を認めず、Aの建物明渡請求を棄却する判決をし、同判決は確定した。②Aから本件建物の所有権移転登記を受けていたXは、前訴1の判決確定後、Yに対し、本件建物の明渡し等を請求する訴訟を提起した（前訴2）。Xは、AがYと本件建物につき譲渡担保設定予約をし、予約完結権を行使したうえ、譲渡担保権を実行して本件建物の所有権を取得した後、本件建物をXに売却したので、Xが本件建物の所有者であると主張したが、Yは、譲渡担保設定予約の成立を否認し、ここでも本件金員はAより借りたものであると主張した。裁判所は、譲渡担保設定予約の成立を認めず、Xの建物明渡請求を棄却する判決をし、同判決は確定した。そこで、③Xは、Yの主張に合わせ、AがYと金銭消費貸借契約を締結し、その貸金債権をAからXが譲り受けたとして、Yに対し、その貸金の支払等を求める本件訴訟を提起した。これに対し、Yは、本件金員を受領したことは認めたものの、各前訴での主張から一転して、金銭消費貸借契約の成立を否認したので、Xは、Yが金銭消費貸借契約を締結したと主張してきたことなどの各前訴における訴訟経過に鑑みれば、本件訴訟においてYが同契約の成立を否認することは信義則に反し許されないと主張した。原審（東京高判平30・4・25LLI/DB判例秘書L07320798）は、Xの信義則違反との主張を採用せず、証拠等に基づき、本件金員はAが本件建物の売買代金としてYに支払ったものであると認定し、Xの主張する金銭消費貸借契約は成立していないと判断して、Xの貸金等の支払請求を棄却した。そのため、Xが上告受理申立てをした。

　最高裁は、これまでの諸事情によれば、「本件訴訟において、Yが金銭消費貸借契約の成立を否認することは、信義則に反することが強くうかがわれ」、信義則違反を基礎づけうるXの主張があるにもかか

わらず、原審は、これらの諸事情を十分に考慮せず、審理判断することもなく、「Yが上記の否認をすることは信義則に反するとの主張を採用しなかったものであり、この判断には判決に影響を及ぼすことが明らかな法令の違反がある」と述べ、原判決のうち金員支払請求に関する部分を破棄し、原審に差し戻した。

なお、本件は、民事訴訟法2条に関連し、前訴で主張した事実を後訴で否認することが信義則上許されるか否かが争点となっているが、先行行為と矛盾する主張をすることが信義則に反するか、とひろく問題設定をすると民法法理にもかかわることからここで紹介する次第である。

また、債権執行における差押えによる請求債権の消滅時効の中断の効力（147条2号）が生ずるためには、その債務者が当該差押えを了知しうる状態に置かれることを要するか否かが問題となった [2] 最一判令元・9・19民集73巻4号438頁（破棄自判）があるが、事案の内容を含め詳細は注目裁判例研究・取引2（原悦子）に譲る。

2 法律行為

[3] 東京地判平30・5・25判タ1469号240頁（一部認容〔確定〕）は、原野商法の被害者であったX₁（当時82歳）とX₂（当時92歳）が、Yとの間で、自身が所有する不動産を著しく低廉な価格でそれぞれ売却する旨の契約を締結したことから（X₁は自己所有のマンションを350万円で売却し、売却後1ヶ月間、Yから管理費合わせ月額計22.2万円で賃借する旨の契約を締結し、X₂は自己所有の土地・建物を700万円で売却し、明渡しまでの3ヶ月弱の間、Yに月額15万円の賃料相当額を支払う旨の合意書が作成されていたことから）、Yに対し、①本件各不動産の売却は公序良俗違反等により無効であるなどとして、本件各不動産の所有権に基づき、各所有権移転登記の抹消登記手続を求めるとともに、②本件売買契約を締結させたYの各行為が不法行為にあたるとして、慰謝料および弁護士費用相当額の支払を求めた事案である。本判決は、①の点につき、本件各不動産の売買は固定資産税評価額、想定取引価格、大手不動産業者の査定価格等と比較して著しく低廉な価格での取引である一方、本件各不動産を売却する動機が全く見当たらないXらにとっては損失の非常に大きい内容のものであり、Yは高齢であり理解力が低下していたXらに対し、自らが被る不利益・不合理性を理解しているかどうかを確認することなく、十分な

説明をせずに漫然と不合理な内容の売買契約を締結させ、暴利を得ようとしたものというほかなく、本件各売買契約は公序良俗に反し無効であるとした。また、②の点については、Xらは本件各不動産を違法に奪われたことにより相当程度の精神的苦痛を被ったことは認められるものの、かかる精神的苦痛は、Yが具備する所有権移転登記が抹消されて本件各不動産の所有権が保全されることにより慰謝し得る性質のものであるため、慰謝料でもって慰謝すべき程度の精神的損害が生じたとまでは認められないとした（もっとも、諸般の事情を斟酌して、本件の弁護士費用相当額をYの不法行為と相当因果関係にある損害〔X₁は50万円、X₂は100万円〕であると認めた）。

3 時効

[4] 東京地判令元・8・22金判1588号44頁（認容〔控訴〕）は、X信用保証協会が、A社（分離前被告）がZ銀行より融資を受けた貸付債務を、Aとの信用保証委託契約に基づき代位弁済したとして、Aに対してはこの信用保証委託契約に基づき、Aの代表取締役B（分離前被告）およびY（Bの三女の夫）に対してはAとの信用保証委託契約に係る債務の連帯保証契約に基づき、連帯して、求償金元本等の支払を求めた事案である（AとBは請求原因事実をすべて認めたため、口頭弁論が分離されたが、Yは、Xとの間の連帯保証契約の締結を否認するとともに、債権の消滅時効等を主張していた）。本判決は、契約締結時の状況、義父であるBとYとの関係性、YがAの取締役と登記されている状況等から、YはXとの間で連帯保証契約を締結したことが認められるとしたうえで、Xは、本件連帯保証契約に係る債権の時効完成前に、Bを債務者として支払督促の申立てを行い、その支払督促正本等をBと同居する長女C宅に郵送し、Cがこれを受領している以上、Bに対する有効な送達があったとして、支払催促の申立日に時効の中断を認め、Xが本件訴訟を提起した時点では連帯保証契約に基づく債権が時効消滅していないことから、XのYに対する求償金請求を認容した。

4 保証

立替払により自動車を購入した者との保証委託契約に基づき保証債務（立替払債務）を代位弁済した信販会社が、購入者に対し、求償債権の支払を求めるとともに、自動車の留保所有権を取得したとしてその引渡しを求めた [5] 東京地判平30・1・30判

タ 1466 号 218 頁（認容〔確定〕）については、担保裁判例の動向 [1] に譲る。

5 債務不履行等

[6] 大阪地判平 31・3・26 判時 2429 号 39 頁（一部認容、一部棄却〔確定〕）は、X₁ と X₂ が、旅行会社 Y との間で、ヒマラヤ山脈の山々の展望を楽しむことを内容とする募集型企画旅行契約を締結したが、出発 4 日前に目的地近くのネパールで M7.8 の大地震が発生したにもかかわらず、Y において、地震が旅行に及ぼす影響について十分に情報を収集して出発前に X らに情報提供を行わなかった結果（出発 3 日前には、旅程上の主要道路につき終了時期を未定とする交通規制が発出されており、その内容がチベット自治区人民政府の HP 上に掲載されていた）、X らは解除の機会を逸し、中途帰国を余儀なくされたと主張し、Y に対して、使用者責任または旅行契約上の債務不履行による損害賠償として、出発前に解除していれば返金されたはずの代金相当額（旅行代金の半額）、慰謝料および弁護士費用等の支払を求めた事案である。本判決は、旅行業約款の内容を含む、「旅行契約の趣旨・内容、旅行会社の地位・能力に鑑みれば、旅行会社は、旅行者に対し、旅行サービスの手配及び旅程管理という旅行契約上の主たる債務に付随する義務として、旅行の安全かつ円滑な実施の可否に関する情報について、適時適切にこれを収集・提供する義務」を負っているところ、Y は、旅行の円滑面に関する情報として、出発までの間に交通規制が発出されているとの情報を入手し、これを X らに提供しなかった点で義務違反が認められ、これがなければ、X らが本件旅行代金の半額の取消料を負担して解除権を行使した高度の蓋然性があることから、Y の義務違反と X らの解除権不行使との間には因果関係があるとして、X らの各請求につき、旅行代金から取消料を控除した残額（旅行代金の半額）と、慰謝料 2 万円、弁護士費用 3 万円の損害を認容した。

なお、本判決は、損害として X らに弁護士費用各 3 万円を認めているが、この理由として、「債務不履行に基づく損害賠償においては、弁護士費用は原則として損害に含まれないと解されるが……、原告が主張立証すべき事実が不法行為に基づく損害賠償を請求する場合とほとんど変わらない場合など、訴訟上その権利行使をするには弁護士に委任しなければ十分な訴訟活動をすることが困難な類型に属する請求権については、例外として相当と認められる範囲の弁護士費用は、当該債務不履行と相当因果関係に立つ損害に含まれると解するのが相当である」ところ、本件の「情報収集・提供義務違反に基づく損害賠償請求権は、上記のとおり債務不履行に基づく損害賠償請求権の性質を有するが、その根拠は信義則（民法 1 条 2 項）に由来するものであって、自己決定権侵害を理由とすれば、不法行為に基づく損害賠償請求権としても構成できるものであること、また、情報収集・提供義務というだけでは抽象的であるため、同義務違反に基づく損害賠償を請求するには、X らがその具体的な義務内容を特定し、かつ、義務違反に該当する事実を主張立証する責任を負うことから、同請求権は、それを訴訟上行使するには弁護士に委任しなければ十分な訴訟活動をするのが困難な類型に属する請求権といえる」ことをあげている。

[7] 東京地判平 31・1・25 判時 2436 号 68 頁（請求棄却〔控訴〕）は、X が、仮想通貨交換業を業とする Y 社が運営するウェブサイト上にビットコインの取引用アカウント（本件口座）を開設して、ビットコインの売買や Y に預託している金銭の出金等の取引を行っていたところ、何者かが、X に無断で、本件口座において X が Y に預託していた金銭をビットコインと交換し（本件交換）、これを X の了知しないビットコインアドレス宛てに送付したこと（本件引出し）から、X は Y に対し、①第 1 次的には、本件交換および本件引出しが無効であるとして、X と Y との間の消費寄託契約に基づき、本件交換がされる前の時点における X の預託金約 4545 万円等の支払を求めるとともに、②第 2 次的には、X との契約上、Y が不正アクセス者による機密取得および不正取引防止のためのシステム構築義務を負っていたにもかかわらず、これを怠ったとして、債務不履行に基づき、③第 3 次的には、②の Y の義務違反が X に対する不法行為を構成するとして、不法行為に基づき、本件交換およびその後の本件引出しによって失った X の預託金約 4545 万等の支払を求めた事案である（選択的併合）。本判決は、まず、①の点につき、Y に預託する金銭はビットコインの購入代金に充てるためのものであり、Y が X に対し、いったんビットコインの売買に使用された金銭も含めてその返還義務を負っているとは認められないため、X が Y に預託した金銭と同種、同品質、同量の返還を前提としているとはいえず、本件契約が消費寄託契約の性質を有するとはいえないので、これを前提とする X の①の請求には理由がないとした。もっとも、X の意思に基づかずビットコインの売買に使用された金

銭については、その返還を求めることができると解されるが、Yの利用規約には、「パスワード又はユーザー ID の管理不十分、使用上の過誤、第三者の使用等による損害の責任は登録ユーザーが負うものとし、当社は一切の責任を負いません」等の免責規定があることから、この適用の可否が問題となる。この点につき、Yのビットコインの取引の仕組みからすると、Yは、本件交換および本件引出し当時、信義則上、利用者財産の保護のために十分なセキュリティを構築する義務を負っていたと解されるので、この義務に違反していると認められる特段の事情がある場合には免責規定が適用されないと解されるとした。そこで、特段の事情として、Yにシステム構築義務違反があるか検討を行い、Xが主張するYのシステム構築義務違反の事実（プレイグラウンドの欠陥、異常取引の検知義務違反、二段階認証の推奨義務違反、ビットコインの外部への送付を禁止することを初期設定にしていないことにおける義務違反）はいずれも認められないとした。以上のことから、①の請求については、本件免責規定が適用されることにより、Yは、Xの預託金の返還義務を負わないこととなり、また、②と③のXの債務不履行または不法行為に基づく請求についても、Yの義務違反が認められないとして、Xの請求をいずれも棄却した。

[8] 東京高判平 30・4・26 判時 2436 号 32 頁（一部取消・請求一部認容〔上告・上告受理申立て・後上告棄却・不受理〕）は、独立行政法人 A（UR）が発注した団地の植物管理工事（樹木の剪定等）において、第二次下請会社の従業員として従事していた X₁ が、作業中に高さ約 5 メートルの欅の木より転落し、四肢体幹機能障害等の後遺障害が生じたことから、その妻 X₂ とともに、直接の使用者である第二次下請会社 Y₁ とその代表者 Y₂ のほか、第一次下請会社 Y₃ と元請会社 Y₄ に対して、安全配慮義務違反を理由とする債務不履行または不法行為等に基づく損害賠償を求めた事案である。原審（東京地判平 28・9・12）は、まず、労働安全衛生規則 518 条 2 項等で、「労働者に安全帯を使用させる等墜落による労働者の危険を防止するための措置」を講じることが事業者に義務づけられていることを確認したうえで、高所作業車の導入や仮設足場の設置の義務までは認められないものの、Y₁ は、その代表者である Y₂ をして、剪定作業の経験の浅い X₁ に対して、当時の造園業界において一般的であった一丁掛けの安全帯を使用して、安全帯を別の枝に掛け替える際には三点支持の方法によって落下を防止するなどの具体的な指導をすることなく高所作業を行わ

せた点に安全配慮義務違反があると認定した。また、Y₂ に対しても、現場における指揮監督者として、このような安全配慮義務を怠ったことにより、本件事故が発生したことから、不法行為が成立するとした。しかし、第一次下請会社 Y₃ と元請会社 Y₄ に対しては、X₁ との間に特別な社会的接触の関係があったとはいえないとして、損害賠償責任を否定した。

これに対し、本判決は、原審とは異なり、「一丁掛けの安全帯では、安全帯を別の枝に掛け替える際には、三点支持により労働者が自ら落下を防ぐしかない状態が生じ、安衛則 518 条 2 項が予定している『労働者の危険を防止するための措置』が何ら講ぜられていない状態が発生することになるから、違法である」としたうえで、Y₁ および Y₂ には、X₁ に対して、二丁掛けの安全帯を提供し、その使用方法を指導し、本件作業にこれを使用させようとしなかった点に安全配慮義務違反があるとして、債務不履行責任とともに不法行為責任も負うとした。また、Y₃ と Y₄ に対しても、「安全衛生事項に関する指示及びその遵守の徹底を求めることを通じて X₁ との間に特別な社会的接触関係が認められ、これにより X₁ に対し安全配慮義務を負っていたと解されるところ、その安全衛生事項に関して、高所作業における安全確保は一丁掛けの安全帯でも足りるとの誤った認識の下、その使用の徹底を Y₁、さらにはその従業員である X₁ に指示していた点において安全配慮義務違反が認められ、債務不履行責任を負うとともに、不法行為責任も負う」と判示した。もっとも、X₁ は、本件事故の際、一丁掛けの安全帯によって高所作業を行う際の安全確保の方法を講じておらず、安全確保の方法としては不十分ながら一丁掛けの安全帯であっても事故を防げた可能性もあったことから、大きな過失があるとして、5 割の過失相殺が認められ、Y らはその限度で連帯して責任が認められるとした。

6 債権の準占有者に対する弁済

[9] 東京高判令元・12・18 金判 1593 号 20 頁（原判決一部変更〔上告・上告受理申立て〕）は、X₁ と X₂（亡 A の弟の子らの代襲相続人）が、① Y₄ 銀行に対する亡 A 名義の 1940 万円の寄託金（預金）の返還の債権と、② Y₅ 銀行（ゆうちょ銀行）に対する亡 A 名義の約 912 万円の寄託金（預金）の返還の債権を各 2 分の 1 の割合で相続により取得したと主張して、Y₄ および Y₅ に対し、消費寄託契約による寄託金の

返還の請求権に基づき、それぞれ上記の寄託金の２分の１に相当する金額の支払等を求めた事案である。なお、原審（東京地判令元・6・6金判1571号14頁〔『民事判例20』取引裁判例の動向[7]参照〕）では、Xらは、①②の請求に加え、③Y₃銀行に対し、上記と同様に消費寄託契約による寄託金の返還等を求めるとともに、④Y₁とY₂（亡Aのいとことその妻）に対して、同人らが Y₃ ～ Y₅ 銀行から亡Aの死亡までの間に亡Aの預貯金を引き出すなどしたと主張し、相続により取得した不当利得返還請求権に基づき、不当利得金の返還等を求めていたが、①〜③の請求はいずれも棄却され、④の請求は医療費等の生活に必要な支出を超える部分について不当利得返還請求が認められていたところ、Xらは①②に係る判断を不服として、本件各控訴を提起した。

本判決は、原判決を概ね引用し、「銀行の実務においては、従前から、窓口での預貯金の払戻しの際に、通帳の所持及び届出印の印影と払戻請求書の印影との照合により払戻請求者の受領権限を確認する運用が一般的に行われていたものと認められ、預貯金者も、このような運用を前提として、通帳及び届出印を適切に保管することが求められていたということができるところ、上記のような運用は、上記のような預金者側の一般的な行動の在り方や銀行の窓口における大量の預貯金の払戻し等の事務を迅速かつ円滑に処理する必要があることに鑑みれば、現在においても合理性を有するというべきであるから、銀行は、基本的には、通帳の所持及び届出印の印影と払戻請求書の印影との同一性を確認すれば、正当な権限に基づく払戻請求であると認めて払戻しに応じることにつき必要な注意を尽くしたということができるというべきであり、払戻請求をしている者につき上記のように通帳の所持等の事情がある場合には、その者が預貯金者本人ではないということは、それのみでは、正当な権限に基づく払戻請求であることにつき疑いを抱くべき事情には当たらない」と述べ、Y₄については、改正前民法478条による免責を認め、Xらの請求を棄却した。他方、Y₅については、当時、「内部的に、貯金口座の名義人の同居の家族以外の者が代理人として貯金の払戻しの請求をする場合には、50万円未満の払戻しの場合でも、貯金者本人の委任状を求めるものと定めるとともに、そのような取扱いをすることを一般に公表していたことが認められることから」、このような取扱がなされるようになってからの払戻しについては Y₅ が無過失であったとは認められず、弁済の効力を有するものとは認められないとして、その限度で

Xらの請求を認容した。

7 契約の成立・解釈・解除

(1) 契約交渉段階の義務違反

[10] 東京地判平31・1・30金法2132号88頁（請求一部認容〔控訴〕）は、エンターテインメント業界や流通業界向けに特化した銀行のATMに係るサービスの開発・提供を業とするX社が、パチンコホール等に自らの勘定系システムに接続されるATMを設置し、自らまたは自らと提携する金融機関に預金口座等を開設した者に対し、当該ATMを通じて出金および残高照会のサービスを提供するという事業（本件事業）をY銀行と提携し行うことを継続的に（AがYに本件事業を働きかけた平成23年10月から、Yの取締役会において本件授業を行わないことが決定される平成27年11月までの間）交渉・協議していたものの、結局、Yがこれを行わなかったことから、Yに対して、①主位的には、XとYの間では、YがXにATMを設置、正常に稼働することを目的としてATM運用システムを保守・管理する業務を委託し、委託手数料等を支払う旨の契約（本件契約）が成立していたとして、この契約に基づくYの債務不履行を理由に、Xが本件契約を履行するために出捐した費用（約16.3億円）相当の損害分につき賠償請求等をするとともに、②予備的には、本件契約が成立していなかったとしても、XとYとの間の本件契約の締結に向けた交渉は、Xをして、本件契約が確実に締結されるものであると誤信させる程度に達しており、Yは、Xに対し、一定の事由が発生した場合にはXとの契約締結に至らない可能性を告知すべき信義則上の義務を負っていたにもかかわらず、当該義務に違反したため、Xは、主位的請求と同様の損害を受けたとして、不法行為に基づき、同額の損害賠償金等の支払を求めた事案である。本判決は、①の点については、事実関係に照らせば、XとYが本件契約を締結したと認めることはできないとして、Xの主位的請求は理由がないとしたが、②の点については、キックオフミーティング（平成26年11月）までの交渉過程等に照らせば、その時点において、Xにおいては、YがXと業務提携をして本件事業を行うであろうとの合理的な期待を有するに至ったと認められる一方、Yにおいても、Xがそのような期待を抱いていることを認識し、また、Xが本件事業のために、一定の金銭的出捐を伴う準備行為に着手する予定であることを認識していたものと認められることから、かかるXの期待は法的に

保護されるべきものであり、Yには、Xと誠実に業務提携に係る契約締結に向けた交渉を継続し、仮に本件契約を締結せずに予定通りに本件事業を開始しない可能性があるのならば、Xに対し、あらかじめXにその原因となる事由を具体的に告知すべき信義則上の義務があったというべきところ、Yはこの信義則上の義務に違反したと認められるので、XがYと提携して本件事業を行うものと合理的に期待し、出捐した費用については賠償する義務を負うと判示した。もっとも、Xは、業務提携を委託する時点で、Yが風評リスク（当時パチンコ店へのATM設置が国会等で問題にされていた）を懸念していることを現に認識しており、Yに対して、何をもって風評リスクの顕在化と捉え、どのような事情があれば風評リスクが顕在化したものとして本件事業を行わないことになるのかを確認することが十分可能であったにもかかわらず、そのような確認をしないまま、本件事業および業務提携の開始に向けた種々の準備行為を継続したことなどから、Xが自ら損害を招いたという面も否定しえず、損害のすべてをYに負担させることは衡平の観念に反するので、Yが負担すべき損害を過失相殺によって5割（約3104万円）に減じるのが相当であるとした。

(2) 契約の解釈・合意の有無

[11] 大阪地判平31・1・25判時2436号80頁（請求棄却〔確定〕）は、Xら（11名）が、個人事業者として、Y（NHK）の放送受信料の集金、放送受信契約の締結等の契約取次等の業務を受託し、その委託契約に基づき、Yから業務委託報酬（事務費）の支払を受けていたが、その事務費に消費税相当額が含まれるとの合意が存在していないにもかかわらず事務費に消費税が課されることから、消費税相当額の報酬を受領していないとして、Yに対して、①主位的に、消費税法に基づき、消費税相当額の報酬の支払を求め、そうでないとしても事務費の決定につき、Yに優越的地位の濫用を理由とする不法行為または協議・説明義務違反の債務不履行があったなどと主張して、不法行為または債務不履行に基づき同額の損害賠償等の支払を求めるとともに、②予備的に、業務委託契約上必要な事務費決定のための協議が十分になされてこなかったと主張して、業務委託契約に基づき、十分な協議を求め、それがなされない場合、優越的地位の濫用を理由とする不法行為に基づく損害賠償請求として、主位的請求と同額の支払を求めた事案である。本判決は、消費税法は消費税の納税義務者は事業者であると定めており（同

法5条1項）、同法は、本件業務委託契約において役務を提供する事業者であるXらが、それに対する対価を支払う消費者にすぎないYに対して、消費税相当額を請求する権利については何ら定めておらず、消費税率が5％から8％に上がった際に制定された「消費税の円滑かつ適正な転嫁の確保のための消費税の転嫁を阻害する行為の是正等に関する特別措置法」によって、この消費税の基本的性格が変容したということはなく、新たに事業者に消費税の転嫁を請求する権利が認められるようになったと解することもできないことから、Xらは、Yに対し、消費税法に基づいて消費税相当額分の金銭を請求することはできないとして、Xらの請求をいずれも棄却した。

[12] 東京地判令元・12・20金判1590号41頁（請求棄却〔控訴〕）は、Yが運営する仮想通貨取引所Aにおいて仮想通貨であるビットコインを保有するXが、ビットコインのブロックチェーンネットワークにおいて発生したハードフォークによりビットコインから分岐した新仮想通貨ビットコインゴールドについて（ブロックチェーンが複製された結果、旧チェーンにおけるビットコインアドレスと1対1で対応する形で転換されたビットコインゴールドアドレスに、保有するビットコイン残高と同じ残高のビットコインゴールドがあるものとして記録される状態となったことから）、開発者からその付与を受けたYに対し、XとYとの間の仮想通貨管理契約においてはハードフォークにより生じた新コインをYがXに移転させる旨の明示または黙示の合意があったとして、Xのウォレットに保有されていたビットコインの残高と同じ残高のビットコインゴールドの移転を求めた事案である。本判決は、まず、①仮想通貨利用契約の条項および説明書にハードフォークにより生じた新コインの取扱いに関する規定や説明が見当たらないこと、②本件説明書中の取引のルールおよび仕組に関する項目において、「当社が取扱う仮想通貨の概要」にビットコインゴールドが含まれていないこと、③新たな仮想通貨の取扱いを開始する際には、その都度、上記「当社が取扱う仮想通貨の概要」の一部改正がされていることなどから、本件においては、新コインをYがXに移転させる明示の合意があったとは認められないとしたうえで、さらに、④現在まで、Yがビットコインゴールドに対応する電子情報処理組織を開発整備しておらず、ビットコインゴールドの出金に必要な電子情報処理組織が備わっていないこと、⑤仮想通貨の取扱いに関する規則上、新たな仮想通貨の取扱いを開始する場合には、

一般社団法人日本仮想通貨交換業協会（現：日本暗号資産取引業協会）への事前の届出を要すると定められているものの、Yがビットコインゴールドに関しその事前届出を行ったことがないことなどから、黙示の合意があったとも認められないとして、YのXに対するビットコインゴールドを移転する義務を否定し、Xの請求を棄却した。

(3) 特約による解除

[13] **東京地判平31・3・5**金法2130号81頁（認容〔確定〕）は、X社が、いわゆるファクタリング取引の方法により資金調達を行おうと考えているY₁社から相談を受けたA社（Xの親会社）を介して、Y₁との間で、同社が障害福祉サービス事業によってZ（大阪府国民健康保険団体連合会）等に対して取得する介護給付費等を対象とする債権譲渡契約（本契約）を締結し、Y₁の代表取締役であるY₂との間でも本契約に係る連帯保証契約を締結したが、Y₁が期日を過ぎても第三債務者であるZによりY₁の口座に入金された譲渡対象債権に係る弁済金（回収代金）をX名義の口座に送金せず、それを保持し続け、Aを介してその支払を求めても応じなかったことから、Xは、Y₁の債務不履行により本契約を解除したと主張して、Y₁に対し、解除に基づく原状回復請求権または不当利得返還請求権に基づき支払済みの譲渡代金や本契約の解除手数料等の支払等を求めるとともに、Y₂に対して、XとY₂の間の本契約に係る連帯保証契約に基づき、同額の連帯支払を求めた事案である。本判決は、契約期間が最低6ヶ月とされ、継続的契約とみることができる本件ファクタリング取引につき、Yには、譲渡済みの債権に係る弁済金を引き渡さないという義務違反の重大性に加え、支払期日以降、Yらが、X側の督促に対して誠実に対応していたとは言い難いことをも考慮すると、本契約を解除する旨の意思表示を表明した本件通知書が到達した時点で、Yは本契約上の義務の履行を怠ったもので、その懈怠は重要であると認められることから、Xは、本契約の特約に基づき（同契約10条3項ただし書が規定する「義務の履行の懈怠が重要である場合」に該当するとして）、改めて履行の催告をすることなく同契約を解除することができるとして、Xの請求を認容した。

8 各種典型契約

(1) 消費貸借・消費寄託

[14] **東京高判平30・4・18**判時2431号=2432号86頁（取消・請求認容〔上告・上告受理申立て〕）は、XがYとの間で締結した金銭消費貸借契約に基づき、貸金3000万円等の返還を求めたところ、Yが自ら代表取締役を務めるA社を借主とする契約書（A社の押印はない）を書証として提出し、Aが借主であると主張した事案において、契約前・契約時・契約後の事情（契約書交付に関するYの供述の信用性、Y個人名義の口座への入金、YがB社に3000万円を貸し付けた旨の不実の契約書の提出、契約締結時のAの決算報告書への3000万円の借入金の不計上）等を総合考慮した結果、借主をY個人と認め、A社を借主とした原判決を取消し、Xの請求を認容した。

[15] **東京地判平30・7・25**判タ1470号208頁（認容〔控訴・後和解〕）は、破産会社Aの破産管財人Xが、Aの社債を購入したYに対して、社債金の償還のほかに利息制限法による制限利率を超える利息の支払を受けたことにより過払金が生じているとして、その返還等を求めた事案において、本件各社債（いずれも金額1000万円、利率は年96％と年36％）は、「社債という形式を採っているものの、Y一人に発行され、償還期限は1年後、利息は社債発行日の翌日から償還期日まで付され、それが年12回、毎月特定の日に支払われる約定であったことからすると、利息の約定のある通常の金銭消費貸借契約と何ら変わるところはない」と述べ、本件各社債の利息契約に利息制限法の適用を認め、同法所定の制限利率を超える利息を受領したYを悪意の受益者（704条）と認定し、Xの不当利得返還請求を認容した。

[16] **東京地判平31・2・26**金法2129号86頁（認容〔確定〕）は、公証人がYとAの出席のもと作成した、①YはAに1300万円を年利3％で貸し付けること、②XはAの債務につき連帯保証すること、③AとXに金銭債務の不履行があれば直ちに強制執行に服する旨陳述したことなどを内容とする強制執行認諾文言付公正証書について、同証書上の連帯保証人とされたXが、本件金銭消費貸借契約の不成立を主張し、この証書に基づくXに対する強制執行の不許を求めた事案において、本件公正証書には金銭交付による「消費貸借契約」と記載されているにもかかわらず、訴訟の後になって、Yはこれを従前からのY・A間の複数の金銭消費貸借に係る貸金債務を消費貸借の対象とした「準消費貸借契約」であると主張を変更させ、また、主債務者であるAからYへの送金が公正証書記載の最後の弁済期から2年以上も経過してからなされ、その送金額（合計92万円）も大幅に異なるうえ、ほぼ同時期にYからAへの振込み（合計約87万円）もなされているなどの事情

を総合すれば、Y・A間の1300万円の旧債務はそもそも存在しなかったと認めるのが相当であるとして、Xの請求を認容した。

[17] 東京地判令元・12・17金法2133号86頁（請求棄却〔控訴〕）は、X社が、Y銀行との間で締結した普通預金契約に基づき、Yに対して預金の払戻し等を求めた事案において、本件訴えはYが「犯罪利用預金口座等に係る資金による被害回復分配金の支払等に関する法律」4条1項に基づく預金等に係る債権の消滅手続の開始を予告した後に提起されたものであることから、本件口座につき、Yにおいて同法2条4項2号に規定する「犯罪利用預金口座等（資金移転先口座）」であると疑うに足りる相当な理由があることにつき主張立証責任を負うが、Xの普通預金口座は、一定期間の取引につき、入金額の大部分を振込先口座からの資金移転が占め、実体のない投資スキームにより顧客から集めた資金をXに環流させる目的で利用されており、Yが取引停止措置を行った時点における口座残高の一部につき資金移転された資金との実質的同一性が認められることから、資金移転先口座と疑うに足りる相当な理由が存在するとして、Xの請求を棄却した。

なお、このほか、銀行の普通預金口座に関するものとして、普通預金口座の預金債権の帰属とその口座の開設を行った銀行がなした口座名義人の債権者への払戻し拒絶と債権者不確知を理由とする供託の有効性等が問題となった [18] 東京高判令元・9・18金判1582号40頁（控訴棄却〔確定〕）もあるが、これについては事案の内容を含め詳細は注目裁判例研究・取引1（片山直也）に譲る。

(2) 賃貸借

賃貸借に関するものとして、建物の一部についての転貸借契約の予約契約（賃貸物件の引渡しをもって予約完結の意思表示とみなし、支払済の予約金は予約完結時に敷金に充当される旨の内容）を締結した者とその後に当該建物の所有権を取得した者との間で、引渡しの有無（転貸借契約の成否）等が問題となった [19] 東京地判平30・7・2判タ1471号207頁（認容〔控訴・後控訴棄却〕）と、転貸建物の賃貸人が賃借人の賃料未払を理由に原賃貸借契約を解除した場合の転借権の消滅と建物明渡請求の可否が問題となった [20] 東京地判平31・2・21判タ1468号171頁（一部訴え却下、一部認容〔控訴・後取下げ・確定〕）があるが、これらの事案の紹介については、不動産裁判例の動向 [15][14] に譲る。

(3) 請負

[21] 東京地判平30・2・2判タ1467号233頁（一部認容〔控訴・後和解〕）は、Xが、Yとの間でY所有の3Dプリンターを用いて住宅模型90個を複製製造してXに納品する旨の契約を締結したものの、①Yが履行期3日前に履行期における履行ができない旨の意思を明示したことは債務不履行等にあたり、また、②YがXからの追加発注に応じなかったことは交渉過程における信頼関係を不当に破棄したもので債務不履行または不法行為にあたるとして、XがYに対し損害賠償を請求した事案である。本判決は、①の点につき、「債務不履行の有無を判断する基準時は原則として履行期であるが、履行期到来前であっても、債務者が債務を履行しない意思や履行できない認識を明示するなどして、履行期に債務が履行されないことが確定したと認められる場合で、履行期に履行がなされるように適切に準備する義務に違反したと認められるとき」は、債務者は債務不履行責任を負うところ、本件において履行遅滞が避けられない状況に至ったのは、もっぱらYの製造管理の不十分さに起因すると認められることから、Yは履行期に履行がなされるように適切に準備する義務に違反したとして、Yの債務不履行責任を認めた。他方、②については、「当事者の言動、当事者間の交渉の経緯や進捗状況等に照らし、一方当事者が契約締結についての期待を抱き、そのような期待が法的保護に値する正当なものといえる場合において、他方当事者が正当な理由なく交渉を打ち切ったといえるときには、当該当事者は、信義則に基づく誠実交渉義務に違反し、発注予定者の法的保護に値する利益を侵害したものとして不法行為が成立」するが、本件においては、YがXに対して、追加注文に係る契約締結をXに期待させるような積極的言動や行動がなかったことから、Xの期待は法的保護に値せず、また、Xからの追加注文をYが拒否したのは、品質や納期に対する認識の違いやYへの指示の厳しさ（高圧的な態度）等によるものであることから、Yによる契約締結拒否は不当であるとまではいえないとして、交渉過程における信頼関係の不当破棄を理由とする債務不履行責任または不法行為責任を否定した。

(4) 委任

[22] 千葉地松戸支判令元・5・30判タ1468号163頁（請求棄却〔確定〕）は、宗教法人Yが運営する霊園内において、建墓工事を行う権限、永代使用権の設定契約を締結する権限、墓所を分譲・販売等

する権限をYから独占的に付与された石材業者Aより、その権限の一部をYの同意を得た上で更に付与された指定石材店Xが、自ら永代使用権を販売して独占的に建墓工事を請け負う権限を取得したにもかかわらず、Yが建墓工事の施工業者としてXを指定せず、他の業者が同工事を施工することを承認したことから、Xが、上記権限を侵害され、利益を得る機会を喪失したとして、Yに対し、不法行為に基づく損害賠償を求めた事案である。本判決は、まず、不法行為の成否の判断の前提として、Y・A間の本件契約の解除の有効性を検討するべく、この契約を委任契約（643条）および準委任契約（656条）に該当すると認定したうえで、これは委任者たるYの利益のみならず、受任者たるAの利益のためにも締結されたものといえるが、「受任者たるAが著しく不誠実な行動に出る等やむを得ない事由があるときはもちろん、かかる事由がない場合であっても、委任者たるYが本件契約の解除権自体を放棄したものとは解されない事情があるときは、Yは、民法651条1項により解除することができる」と述べ、本件においては、Aに各種独占的な権限を定めた約定は解除権の放棄を明示的に定めたものではなく、本件契約はYの利益のために締結されたものであり、その内容はYが運営する霊園の経営の重要な事務をAに委ねるものであり、AとYとの間には強い信頼関係が認められ、本件契約を締結することのAにとっての利益は投下資本の回収等の経済的価値であり、本件契約が解除されることによるAの不利益は、別途、Yから損害の賠償を受けることによって填補を図ることができることから、「本件契約においては、Yが解除権自体を放棄したものとは解されない事情があると認めるのが相当である」として、本件契約の解除は有効であるとした。そして、本件契約が解除されたことにより、以後、Aの独占的工事権限や独占的販売権限も消滅し、その一部であるXの独占的工事請負権限も消滅したため、Yが建墓工事の施工業者としてXを指定せず、X以外の業者が同工事を施工することを承認したとしても、違法な法益侵害にはあたらないとして、Xの請求を棄却した。

さらに、委任ではないものの、委任との近接性が認められる事務管理に関するものとして、[23] 津地判令元・6・20判時2442号103頁（本訴認容、反訴棄却〔確定〕）は、構造改革特別区域法に基づき学校設置認可を受けたY（株式会社立高等学校）が不適切な単位認定を行ったことから、その学校設置を認可した地方公共団体Xが履修回復措置を行った場合において、Xによる履修回復措置は「義務なく他人のために事務の管理」を行ったものにあたり、事務管理が成立するとして、履修回復のために支出した費用の償還請求を認容した。

9 団体

[24] 東京地判平30・3・13判タ1467号225頁（一部認容〔控訴・後和解〕）は、新潟県南魚沼郡にあるリゾートマンションの区分所有者全員で構成される管理組合法人Xが、同マンションの区分所有者Yに対して、Yが代表を務める車検切れの社用車をマンション共用部分の屋外駐車場に放置し催告後も撤去しなかったことから、駐車場不正使用料として1日5000円の支払を義務づける違約金規定をX管理組合法人施設等使用細則において新たに定め（本件改訂）、これに基づき254日分の違約金127万円の支払等を請求した事案である（当初、Xは放置車両の撤去を請求していたが、Yが撤去したため、この部分の訴えを取り下げた）。本判決は、「本件改訂の必要性及び合理性と、これによってYが受ける不利益を比較して、Yが受忍すべき程度を超える不利益を受けるとまでは認められない」ことから、本件改訂が一部の区分所有者に「特別の影響」（区分所有法31条1項）を及ぼすものとは認められないため、本件改訂についてはYの承諾を要しないとしつつも、本件自動車が放置されたことにより重大な具体的損害が生じたと認めるに足りる証拠はなく、また、本件マンションで最も高額な駐車場使用料が月額7500円であるなどの諸事情を斟酌すると、「区分所有者による自治の尊重という観点を踏まえても、日額5000円（月額約15万円）という違約金額は高額に過ぎ、相当性を欠くといわざるを得ず、本件条項の違約金額のうち日額2500円を超える部分は、民法90条に反して無効である」と判示した。

また、今後、高齢化の進展に伴い同じような事態が生じた際の参考になりうる事案として、[25] 札幌地判平31・1・22判時2424号92頁（認容〔確定〕）がある。これは、マンション管理組合の管理者Xが、管理規約に定める管理費等を長期間滞納している区分所有者であるYに対して、区分所有法59条1項に基づきYの区分所有権および敷地利用権の競売の請求をしたものの、この請求を集会において決議するために、Yにあらかじめ弁明の機会（同法59条2項、58条3項）を付与するべく通知を送付した時点で、Yは意思能力を欠く常況にあり、成年後見人が選任されていなかった事案である。本判決は、このような状況にあったことから、Yにおいてその内

容を了解できる能力を有していなかったとして、本件訴えの提起はYに対する弁明の機会を付与しないままされた瑕疵ある決議に基づくものであるとしつつも、この瑕疵は、本件訴え提起後にYのために選任された特別代理人に対して、臨時総会において本件訴訟を継続する決議を行う予定である旨の通知書を送付したことによりなされた弁明の機会の付与とそれを前提とした臨時総会決議によって治癒されたとして、Xの請求を認容した。

[26] 東京高判令元・11・20 金判 1589 号 24 頁（原判決変更〔上告受理申立て〕）は、マンション管理組合 Y_1 の理事長であり区分所有者であるXが、総会決議を経て漏水対策と称してマンション全体の大規模修繕工事の施行をしたものの、Xの退任後に理事長に就任した Y_2〜Y_4 がこの工事の施工はXの私利を図るためになされた不正・背任行為にあたると主張し、Y_1 の総会において決算書に Y_1 のXに対する未収金債務として工事費用 1800 万円余りを計上する旨の決算が承認されたことから、Y_1 に対して、この債務不存在の確認を求めるとともに、Yらに対し、その過程において Y_2〜Y_4 が作成してマンション各戸に配布または掲示板に掲示した文書が名誉毀損にあたるとして損害賠償等を求めた事案である。原審（東京地判平 30・11・28）は、大規模修繕工事の施工は Y_1 の総会で有効に可決されたものであることから、Xの債務不存在確認請求を全部認容し、文書の名誉毀損性も肯定した。

これに対し、本判決は、総会で有効に可決されたこと自体は肯定しつつも、諸般の事情（Xの転売意図、漏水対策以上の不必要な大規模修繕工事の推進、工事費用の借入れによる Y_1 の債務の増加、Xの職務遂行の方法等）を総合した結果、Xの職務遂行は、総組合員の利益を目的とすることを装いつつ、その実はXの私的利益（将来の総組合員の利益を犠牲にした上での高値転売）を図ったもので、善管注意義務違反にあたると判示し〔工事代金全額が損害にあたるが、そこから防水工事費と工事代金から防水工事費を控除した全額の半分を損益相殺として控除し〕、名誉毀損については、公然性、違法性を欠くとして、Xの請求を全部棄却した。

10 専門家の責任

(1) 弁護士

[27] 東京地判平 30・9・10 判タ 1470 号 184 頁（一部認容〔確定〕）は、Xが敗訴的な和解をした事件の再審請求をしたいと考え、他の貸金の返還等に係る事件（Z_1 事件、Z_2 事件）を含め、A事務所に客員参与として所属していた Y_1（元弁護士）に相談し、Y_1 に 500 万円を貸し付けていたところ、Y_1 がB事務所に移り、そこで唯一の弁護士である Y_2 名義で Z_2 事件の和解書を作成して 825 万円の和解金を受領したが、Yらが、Xに 2500 万円もの着手金の支払を定める覚書等を作成させ、着手金支払債務との相殺を主張し、500 万の貸金の返還と 825 万円の預り金の引渡しを拒絶したことから、Xは、①主位的に、（i）825 万円の預り金につき、Y_2 に対しては委任契約による受取物引渡請求権に基づき、Y_1 に対しては債権侵害の不法行為を理由とする損害賠償請求権に基づき、連帯支払を求め、（ii）500 万円の貸金につき、Y_1 に対しては消費貸借契約による貸金返還請求権に基づき、Y_2 に対しては債権侵害の不法行為を理由とする損害賠償請求権に基づき、連帯支払を求めるとともに、②予備的に、弁護士法 72 条に違反する非弁活動をするなどの一連の違法な行為により、合計 1325 万円の損害を被ったとして、Y_1 に対しては（共同）不法行為を理由とする損害賠償請求権に基づき、Y_2 に対しては共同不法行為または使用者責任を理由とする損害賠償請求権に基づき、連帯支払を求めた事案である。本判決は、Xの Y_1 に対する 500 万円の貸金債権の返還を認めるとともに、B法律事務所の開設の経緯や事務処理の実態、Y_2 名義の書面の存在やXが依頼した訴訟事件の裁判期日に Y_2 がX代理人として複数回出頭していること等の事情から、Xと Y_2 との間に委任契約が締結されたものと認められるとして、Xの Y_2 に対する 825 万円の預り金の引渡請求を認容した。もっとも、その余の不法行為等（709 条、719 条、715 条）を理由とするXの請求については、Y_1 による貸金の返還拒絶には理由がなく、また Y_2 による債権侵害は認められず、本件貸金の借入れもB法律事務所に Y_1 が移る前のことであり、外形的に見て Y_2 の事業の執行についてなされたものと認めることができず、Y_2 が Y_1 の借入れに何らかの形で関与したことを裏付ける証拠もないことから、いずれの請求も棄却した。

(2) 司法書士

[28] 東京高判令元・5・30 判時 2440 号 19 頁（控訴棄却〔確定〕）は、Aらが所有する土地につき、AらからB社（本件 1 売買）、BからY1社（本件 2 売買）、Y_1 から Y_2 社への売買（本件 3 売買）がなされることを前提に、X社が Y_3 社の仲介により Y_2 から購入し（本件売買）、一括決済および連件申

請が行われる予定であったが、最終買主であるXが Y_2 に売買代金4.8億円を支払ったものの、Aらが本件1売買の契約を締結していなかったため（Aらの権利証が偽造であり、Aら所有の土地売買が真の所有者でない者による取引であることが明らかになったため）、本件土地について本件売買契約に基づく所有権移転登記をすることができなかったことから、Xが、①Y_2 に対して、本件売買契約の解除による既払金の返還と違約金等の支払を求め、②Y_3 に対して、仲介者としての義務違反による債務不履行または不法行為に基づく損害賠償を請求するとともに、③Y_2 の代表取締役である Y_4 と、④Y_1 およびその代表取締役である Y_5 に対して、不法行為等に基づく損害賠償を請求し、⑤本件1売買に係る所有権移転登記申請手続を受任した司法書士 Y_6 と、⑥本件2売買、本件3売買および本件売買に係る所有権移転登記申請手続を受任した司法書士 Y_7 に対して、調査義務違反による不法行為に基づく損害賠償を請求し、⑦Xの依頼により各売買の一括決済に立ち会った司法書士法人 Y_8 に対して、その社員であるCの調査義務違反による債務不履行または不法行為（使用者責任）に基づく損害賠償を請求した事案である。原審（東京地判平30・9・13）は、Xの請求のうち、①②の Y_2 および Y_3 自身が認め相当因果関係があるとした損害についての請求を認容し、⑤の委任関係のない後件の登記権利者Xからの前件の司法書士である Y_6 に対する調査義務違反に基づく損害賠償請求も認容したものの、その余の③④⑥⑦の Y らに対する請求はいずれも棄却したことから、Xおよび Y_6 が控訴した。

本判決も、この原判決を維持し、「司法書士は、依頼者から書類の真否確認を特に依頼された場合や、当該書類の偽造・変造が一見明白である場合、専門的知見等に照らしてその真否を疑うべき相当な理由がある場合には、当該書類の真否についても調査確認すべき義務を負」い、連件申請においては、前件と後件の登記手続が密接な関連性を有し、前件の登記が完了することが後件の登記に必要不可欠であることから、前件の司法書士は、委任関係のない後件登記権利者に対しても調査確認義務を負うというべきところ、本件権利証は、偽造が一見明白であったとまでは認められないが、その記載や齟齬につき、登記申請時の当該司法書士や所有者本人に照会するなどの方法で本件権利証の真否に係る調査確認をすべき義務を負っていたのに、これを怠ったものと認められるため、Y_6 には、本件権利証の真否に係る調査確認義務を怠った過失があるとし

て、⑤の Y_6 に対する請求のみを認めた。

また、いわゆる地面師詐欺事件として、[29] 東京地判令元・11・11金法2140号70頁（認容〔確定〕）は、不動産業者Xが土地所有者になりすましたAを所有者本人と誤認して土地取引を行い、1.9億円余りの損害を被ったことから、この取引の不動産登記手続を受任し、運転経歴証明書（高齢等の理由で免許の取消しを申請した者に交付される証明書）等をもって本人の同一性確認をした司法書士Yに対し、委任契約上の注意義務に違反したとして、損害のうち2500万円の支払等を求めた事案である。本判決は、司法書士の職責として、不動産登記法23条4項の趣旨（本人確認情報を作成し、これを登記申請の要件とすることによって、不実の登記を防止すること）等から、「資格者代理人である司法書士は、本人確認情報を作成し、それを登記官に提供して登記申請を行う場合であって、登記申請人である者と面識がない場合には、本人確認をするに際し、本人確認書類の原本の外観、形状、体裁及び記載内容を十分に検分し、偽造を疑うべき不審な点がないかどうかに注意を払い、不審な点が認められる場合には、更に調査を行うなどして、合理的な根拠に基づき本人確認を遂げる義務を負う」ところ、本件において、Yは「一見して偽造を疑うべき不審な点を漫然と見逃し、その結果として、合理的な根拠に基づき本人確認を遂げるに至らず、本件売主が登記名義人であるAと同一人であるという誤った判断をしたのであるから、司法書士の職責である本人確認義務を怠り、委任契約上の注意義務に違反したと認めることができる」として、Xの請求を認容した。

(3) 税理士

[30] 東京高判令元・8・21金判1583号8頁（控訴棄却〔上告・後上告取下げ・上告受理申立て〕）は、不動産の賃貸および管理等を目的とする株式会社Xが、法人税、消費税および地方税の確定申告手続を委任するなどして税務顧問契約を締結していた税理士法人Yに対して、①Xに約11億円の貸金等債権を有していたA（Xの前代表）の相続税の節税にあたり、Xにより有利な方法があるにもかかわらず、Yがその助言指導をせずに、Xに多額の債務消滅益が生じ、法人税が課税されるリスクがある方法（デット・エクイティ・スワップ〔DES〕）を実行したことにより本来支払う必要のなかった法人税等相当額計約3億円の損害等を被ったことから、また②Xの税務申告書を作成・提出した際に、Yが事実と異なる税務申告を行ったために修正申告を余儀なくされ延

滞税の損害が生じたことから、さらに③Yが役員事前確定届出給与制度についての助言指導を怠ったために、Xが役員給与について同制度を利用できず不要な納税義務が生じたことから、税務顧問契約の債務不履行または不法行為に基づき損害賠償等を請求した事案である。本判決は、①の点につき、Yには「具体的な説明をし、法人税及び相続税の課税負担を少なくし、より節税の効果が得られる清算方式を採用するよう助言指導する義務があった」とし、②の点につき、「Yは、Xと税務顧問契約を締結した税務の専門家なのであるから、事実に即した内容での申告を行う義務があることは当然であり」、事実に反した確定申告を行ったことは、顧問税理士としての義務に違反したものであることは明らかであるとし、③の点についても、「Xから積極的に本件届出給与制度を利用する意思を伝えられず、明示的に問い合わせや相談を受けていない場合であっても、Xが本件届出給与制度を利用する機会を失することがないように、Xに対し同制度の利用意思の有無について確認し、または同制度の利用に関する注意喚起等を行うなどの助言指導をすべき義務を負って」いたとして、原審同様、Xの請求をすべて認め、Yの控訴を棄却した。

11 保険契約

保険契約の特約等に関する裁判例として、以下のものがある。

[31] 東京地判平30・3・26判タ1467号214頁（認容〔確定〕）は、海外旅行傷害保険契約の被保険者Aが渡航先のフィリピンにおいて、ジプニー（フィリピン全土でみられる乗合タクシー）より転落し、病院搬送後、肺炎による敗血症性ショックにより死亡した場合において、事故の偶発性（傷害死亡保険金がでる）についての立証責任は保険金請求者にあるとしたうえで、転倒前後の事実関係や病状の経過等からAの死亡の機序を保険金受取人Z（Aの妻）の債権者であるXの主張通り認定し、偶然の事故によるものとして、保険会社Yに対するXの請求を認容した。

[32] 東京地判平30・5・30判タ1469号234頁（請求棄却〔控訴〕）は、カヌーに乗船中の水難事故により死亡したAの相続人であるX₁・X₂（両親）が、X₁が保険会社Yとの間で締結していた個人用自動車総合保険の交通乗用具危険補償特約に基づき、Yに対し、Aの死亡に係る保険金の支払を求めたところ、事故発生当時の状況等からすると、Aが行っていた練習が類型的にみて危険の程度が通常の使用と異ならない単なる体力維持のための基礎練習であったとみることはできないことから、本件事故は、同特約における免責条項にいう、交通乗用具を「競技のための練習」のために使用したことによって生じたものと認められるとして、Xらの請求を棄却した。

[33] 高松地丸亀支判平30・12・19判時2424号99頁（本訴一部認容・一部棄却、反訴棄却〔控訴〕）は、Y₁が運転する自動車事故の被害者であるAの相続人Xらが、Y₁およびY₂（本件事故車両の自動車検査証上の使用者・所有者）に対して、709条および自賠法3条に基づき連帯して損害賠償金等の支払を求めるとともに、Y₁との間で自動車保険契約を締結していた保険会社Y₃に対し、同契約に付帯する他車運転危険補償特約に基づき損害賠償金と同額の保険金等の支払を求めたのに対し、反訴として、Y₃が、実際は本件事故車両の所有者はY₁であり同特約の適用外であったとして、この特約の適用を前提にAおよびAの入院していた医療機関等に対して支払った金員の返還・求償を求めた事案において、Y₃によるAおよび医療機関等への支払は、Y₁のAに対する損害賠償債務の履行として、保険契約者であるY₁の指示によりY₃が行ったものであることから、自己の名による弁済とはいえず、Y₃による第三者弁済には該当しないので、不当利得ないし500条の適用または類推適用を理由に、Y₃が支払った金員の返還・求償をXらに対して求めることはできないとした。

[34] 大阪高判令元・5・30判タ1469号89頁（控訴棄却〔上告・上告受理申立て〕）は、損害保険会社XがYとの間で締結した個人総合自動車保険契約に基づき、Yが当事者となった交通事故につきYに保険金を支払ったところ、当該交通事故はYが酒気帯び運転をしていた際に発生したものであることから、保険約款上の酒気帯び免責条項の適用を認め、Xによる不当利得を理由とする既払の保険金相当額等の返還を認めた。

[35] 名古屋地判令元・6・26判時2440号81頁（一部認容、一部棄却〔控訴〕）は、Xが路上に車を駐車していたところ、Yが運転する車に追突されたことから、車の所有者であるYの妻Aが締結していた自動車総合保険契約に基づき、損害保険会社に対して、Yに対する不法行為に基づく損害賠償金と同額の支払を直接請求した事案において、本件事故に至る経緯・状況等から、X主張の交通事故は、被保険者YがXと共謀のうえ、故意にY車をX車に追突させたことによって発生したものであると認定して、Xの請求を棄却した。

[36] 大阪地判令元・5・23判時2428号114頁（請求棄却〔確定〕）は、勤務先から徒歩で帰宅途中に交通事故にあったXが、保険会社Yとの間で締結していた自動車保険契約に付された弁護士費用特約に基づき、加害者に対する損害賠償請求を弁護士に委任し、その際負担した費用等をYに請求したところ、本件交通事故は労災保険法上の通勤災害にあたり、当該事故による傷害は上記弁護士費用特約が免責条項として定める「労働災害により生じた身体の障害」に該当する（労働災害には通勤災害をも含む）として、Yの保険金支払義務を否定し、Xの請求を棄却した。

12　消費者契約等

[37] 東京高判平30・11・28判時2425号20頁（控訴棄却〔上告・上告受理申立て〕）は、適格消費者団体Xが、携帯電話の利用に係る通信サービスを提供するY社に対し、消費者契約法12条3項に基づき、Yが不特定かつ多数の消費者との間で締結する各契約における約款の変更条項（「当社は、この約款を変更することがあります。この場合には、料金その他の提供条件は、変更後の約款によります。」との条項）が同法10条に規定する消費者契約の条項（消費者の権利を制限しまたは消費者の義務を加重する条項）に該当すると主張して、本件変更条項を含む契約の申込みまたは承諾の意思表示の停止を求めるとともに、これらの行為の停止または予防に必要な措置を求めた事案である。本判決は、原審（東京地判平30・4・19）がXの請求を斥けたのと同様、①本件各契約の特殊性からすると、個別の同意を得ることなく一方的に契約内容の変更を認めることは、コストの増加を回避でき、不特定多数の相手方の利益（均一的な内容の給付を可能にする）にも資し、②現に、既存顧客との個別合意がなくとも、既存の契約に変更の効力を及ぼすことができるとする裁判例が存在し、③改正民法548条の4第1項も、一定の要件のもと、個別の合意をすることなく、定型約款の変更により契約内容を変更しうる旨を定めており、④一定の合理的な範囲においては、「当事者の個別の同意がなくても約款を変更できる場合がある」という約款法理が確立しているものと認めるのが相当であることから、「本件変更条項が、法令中の公の秩序に関しない規定の適用による場合に比して、消費者の権利を制限し又は消費者の義務を加重する条項である（法10条前段）とは認められない」として、Xの控訴を棄却した。その際、本判決が、本件変更

条項自体は価値中立的なものであり、「消費者の権利を制限し、又は消費者の義務を加重するかは、変更される条項の内容次第であるから、法10条該当性も、変更後の内容につき判断されるべきである」と述べているように、変更後の内容の合理性についてではなく、変更することを予定するだけの変更条項のみを問題としたため、法10条の該当性が否定されたものと考えられる。

[38] 東京地判平31・3・20金法2137号88頁（請求棄却〔確定〕）は、アパートの経営等をしているXが、Y信用金庫から受けた融資において、その返済期限前に繰上返済する際にYが手数料を収受する旨の特約は消費者契約法の規定等により無効であるとして、Yが得た手数料を不当利得としてその返還を求めた事案である。本件では、「消費者」として消費者契約法の適用があるか否かが問題となったが、本判決は、「Xは会社員として勤務する傍ら、海外からの訪日客に短期間アパートを賃貸する事業を営んでいるものであり、Xの本件各借入れは、同事業に係る物件の建築等の資金……及び同事業で使用する車両の購入資金を調達するためであったことが認められる」ため、「Xは、当該事業のために本件各借入れに係る消費貸借契約を締結したものであるから、消費者契約法2条1項の括弧書の規定により、『消費者』とされる個人から除外されることになる」と述べたうえで、「Xは、より有利な条件で上記資金の借入れをするため、金融機関との間で借り換えを繰り返していたものと認められるところ」、繰上返済時の手数料について定めた本件特約についても、契約の相手方当事者との格差からその内容を十分に理解できないまま、Yとの間で当該消費貸借契約を締結したものとまでは認められないので、「Xは、本件各借入れに係る消費貸借契約について、消費者契約法2条1項で定義されている『消費者』に該当しないから、同法10条の規定は適用されない」として、Xの請求を棄却した。

　以上のほかに、投資名目で行われた美容機器付音響機器等の連鎖販売取引が問題となった [39] 名古屋地判平31・4・16判時2426号47頁（一部認容、一部棄却〔確定〕）と、宗教的効果等があるとする高額商品の組織的・継続的販売が問題となった [40] 大阪地堺支判令元・5・27判時2435号62頁（一部認容、一部棄却〔控訴〕）があるが、いずれも取引的不法行為に関する裁判例として、事案の紹介については不法行為裁判例の動向 [37]、[35] に譲る。

（なかの・くにやす）

担保裁判例の動向

大澤　慎太郎　早稲田大学教授

現代民事判例研究会財産法部会担保パート

1　はじめに

　「判決がない」とは、ここしばらく担保裁判例の動向における各期の枕詞になりつつあるが、今期も担保関係の判決は極めて少なく、これまでに例を見ないほどである。これは、別稿たる担保「評釈」（加藤雅信教授）の対象判決（横浜地判令元・10・30判時2444号3頁）が、本来であれば次号の検討対象となるはずのものを用いざるを得ない事情に顕著に表れている（なお、「担保裁判例の動向」では、本判決は次号において扱われる）。かろうじて見出せた判決は2つとなるものの、そのうちの1つ（和歌山地判令元・5・15判タ1471号130頁）は、前号にて既に紹介済み（水津太郎教授）であるため、実質的には1つである。もはや「動向」という言葉も空しいが、この貴重な1つについて概観する。

2　保証人の求償権行使と留保所有権に基づくその対象自動車の引渡請求との関係

　[1] 東京地判平30・1・30判タ1466号218頁は、自動車（以下、「本件車両」という）の売買代金債務に係る所有権留保付の立替払債務について代位弁済した保証人が、その買主たる主たる債務者に対して、代位弁済により取得した求償債権全額の支払と、これを担保する留保所有権に基づく本件車両の引渡しとを求めるに当たり、後者において対抗要件を具備（本件車両の登録）する必要があるか否か（①）、および、この両者を同時に求めることができるか否か（②）が、それぞれ問われたものである。本判決は①につき否定し、②について肯定した。事案と判旨は次の通り。

　Yは、訴外A自動車販売会社から本件車両を購入するに当たり、訴外B信販会社との間で、B社がその代金を立替払し、YがB社に対してその代金額および手数料等を含む金額を各月にて分割弁済するこ

と、Yが一般の支払停止をした際には当該分割弁済に係る債務につき期限の利益を失い、残金全額および遅延損害金を直ちにB社に支払う旨の立替払契約（以下、「本件立替払契約」という）を締結した。Yは、X信販会社との間で、本件立替払契約によりYがB社に対して負う債務（以下、「本件立替払債務」という）につき、Xが連帯保証する旨の保証委託契約（以下、「本件保証委託契約」という）を締結し、これに基づき、X社とB社との間で本件立替払債務を主たる債務とする連帯保証契約が締結された。本件保証委託契約には、本件車両の所有権は、B社がA社に対して本件立替払契約に基づき立替払をしたことによってB社に移転するとともに、X社のYに対する求償権の担保として、X社が保証債務の全額をB社に弁済したときにX社に移転し、Yが本件保証委託契約に基づきX社に債務を完済するまでXに留保される（以下、「本件留保所有権」という）旨の条項が含まれていた。B社による立替払の後、Yは一般の支払停止をしたことから本件立替払債務につき期限の利益を喪失したため、Xが本件保証委託契約に基づきその全額を代位弁済した。そこで、XはYに対して、本件保証委託契約に基づき、上記代位弁済によって取得した求償債権（以下、「本件求償権」という）の全額および遅延損害金の支払と、本件留保所有権に基づく本件車両の引渡しとをそれぞれ求めた。これに対して、Yは、①につき、別除権行使のために再生手続開始前時点での登記または登録等の具備を求める民再45条の趣旨および最二判平22・6・4民集63巻4号1107頁[1]（以下、「平成22年判決」という）の趣旨は、個人再生手続開始決定前の準備段階および立替払をした信販会社の保証会社にも妥当するとして、X社が本件車両の登録をしない限り、本件留保所有権に基づく本件車両の引渡しは認められないとし、また、②につき、一方で、本件求償権の全額が弁済されれば本件留保所有権は消滅し、他方

で、本件留保所有権に基づく本件車両の引渡しが認められれば本件車両の価格相当額を控除した範囲でしか本件求償債権の履行は認められないのであるから、両者を同時に求めることはできない旨を主張し、これを争った。

本判決は、①につき、ＸＹは本件保証委託契約の当事者であって、本件留保所有権につき対抗関係にないとしてＹの主張を排斥し、②について次のように判断してＹの主張を同じく退け、Ｘの請求を認容した。すなわち、本件保証委託契約には、Ｘが本件車両を引き取ったときは、その査定価格または客観的な価格をもって本件求償債権等に充当されることに同意し、過不足が生じた際には直ちにＸＹ間で精算がなされる旨が規定されているところ、この約定によれば、「Ｘが、本件保証委託契約に基づき保証債務の全額を履行したことにより移転した本件車両の留保所有権に基づき、Ｙに対し、本件車両の引渡しを求め、その引渡しを受けた場合、上記保証債務の履行に基づき取得した求償債権は、これにより当然に消滅するものではなく、Ｘが、上記査定価格又は客観的に相当な価格をもって充当することにより、消滅すると解され……他方、Ｘの本件車両に対する留保所有権は、求償債権の担保として認められるものであるが、求償債権の支払義務が判決で命じられることにより消滅するものではなく、その給付を受けるなどして、被担保債権である求償債権が消滅したときに、附従性により消滅するものであり、かつ、本件保証委託契約上、原告が、留保所有権を行使して、本件車両の引渡しを求めることにつき、特に制約は認められない……本件保証委託契約に基づく原告の被告に対する求償債権と本件車両の引渡請求権とは、両立するものであり、両請求の給付を命じることに支障はないと解される」とした。

なお、本判決は、「上記のように解したとしても、口頭弁論終結後に、Ｙが本件車両の引渡義務を履行し、求償債権に充当されたときは、同請求権につき、請求異議事由（民執35条2項）に該当すると解され（なお、Ｘが本件車両の引渡しを受けた後、速やかに充当しない場合には、上記……約定の趣旨に照らし、Ｙは、Ｘに対し、求償債権に充当すべき旨を請求でき

ると解するのが相当である。）、他方、Ｙが求償債務の全部を履行したときは、本件車両の引渡請求権につき、請求異議事由に該当すると解され、それぞれ請求異議の訴えにより、強制執行の不許を求めることができると解されるから、被告主張の不都合が生じるとはいえない」とも述べる。

本判決の価値は②の判断部分に見出すべきであろうけれども、その前提として、本判決が、①につき、ＸＹは本件保証委託契約の当事者であって、本件留保所有権につき対抗関係にないという形式的な理由のみでＹの主張を排斥している点には、疑問の余地がある。Ｘは、（連帯）保証人として本件立替払債務を代位弁済したのであるから、「法定代位」であることを理由として、本件車両に係る登録が不要であるとした方が良かったのではないだろうか（その意味では、Ｙの援用する平成22年判決よりは、最一判平29・12・7民集71巻10号1925頁の方に親和的である）。本件事案における留保所有権の移転をどのように評価するかにもよるけれども、本判決によれば、（法定）代位に当たって対抗要件の具備が不要となる理由を、一般的に「当事者性（第三者性の欠如）」に求める余地が生じ、これは代位（法定代位）の基本的な理解と異なることになる。また、仮に、「当事者性」に力点を置いたとしても、それだけで対抗要件が不要になるというわけでもない。例えば、Ｙの援用する民再45条が、民事再生手続における別除権の行使につき登記等の対抗要件を備えることを求めていることの意義は、必ずしも別除権者と再生債務者との間の第三者性にあるわけではなく、再生債務者に対する他の債権者との間の権利の優劣を問うものであるほか、いわゆる「権利保護資格要件」としての対抗要件（登記）を要求する趣旨と捉えることもできる[2]。もちろん、未だ破産手続や民事再生手続等に付されているわけではない本件におけるＹを、再生債務者等と単純に同一視すべきではない。しかし、何かと議論のある平成22年判決との関係性[3]や、破産手続または民事再生手続等との連続性を考慮すると、「当事者性」という理由付け（だけ）ではいささか不安が残る。

（おおさわ・しんたろう）

---

1) 本最高裁判決は、自動車の売買契約において、当該自動車に係る所有権留保付の売買代金債務を信販会社が立替払した後、買主が民事再生手続に付された場合において、信販会社がその取得した留保所有権を当該再生手続において別除権として行使する（当該自動車の引渡しを求める）には、原則として、再生手続開始の時点で当該自動車につき信販会社を所有者とする登録がされていなければならない旨を述べるものである。本判決については、『本誌Ⅱ 2010年後期』（142-145頁）にて荒木新五教授による評釈がある。

2) 山田真紀「本件判解」最判解民事篇平成22年度(上)387頁以下において議論を一覧できる。

3) 自動車の所有権留保をめぐる「三者間契約型」の事案の場合、自動車の買主と、その買主から委託を受けて売買代金を立替払した信販会社との関係が問われる訳であるから、その意味では、およそ本件事案と同様に「当事者性」を問題視することになりうる。

不動産裁判例の動向

松尾　弘　慶應義塾大学教授
現代民事判例研究会財産法部会不動産パート

はじめに

　今期の対象裁判例のうち、不動産に関する裁判例として16件を抽出した（最高裁判決3件、高裁判決4件、地裁判決9件）。今期の特徴ある事件類型として、①不動産所有権関連では、土地所有権・建物所有権に基づく請求が権利濫用になるか否かが争われたもの（[1][2]）、建物の共有持分権の効力が問題になったもの（[3][4][5]）、および区分所有権の効力が問題になったもの（[6][7][8]）が注目される。このうち、[4]は共有持分権に基づく建物の占有が自主占有に転換する要件を示したものである。

　②不動産利用権関連では、河川法の許可に基づく公水使用権（許可水利権）が、排他的に流水を占用する物権的権利といえるか否かが争われた（[10]）。また、他人所有地を掘削して温泉を湧出させた者による温泉権の取得が争われた（[11]）。

　③不動産取引関連では、高齢者から不動産を不当に廉価で購入した取引が公序良俗違反とされた例（[12]）、売主のなりすましによる地面師詐欺（[13]）、権利証の偽造による取引（[14]）等、違法取引が問題になっていることが目を引く（何れも判決確定）。

1　不動産所有権

(1)　土地所有権に基づく明渡請求

　土地の二重譲渡に起因する問題として、都市計画区域内で宅地開発分譲業者Aが公園として整備し、地元の自治体B町（後にC町と合併してY市）に帰属させたが、所有権移転登記が未了であった2筆の土地（土地 a = 95㎡、土地 β = 202㎡）につき、Y市が地域ふれあい公園条例に基づいて公告した。一方、Aは破産手続開始決定を受け、破産管財人Dが土地 a・β をXに譲渡し、移転登記した。XがYに土地 a・β の所有権確認、遊具等の撤去・土地明渡

請求、賃料相当損害金の支払を請求した。第一審は、Yの所有権取得は登記なしにXに対抗できる、Xは背信的悪意者である等のYの主張を否定し、Xの所有権確認請求を認める一方、Xの土地明渡請求および賃料相当損害金の支払請求を権利濫用として否定した。XY双方の控訴に対し、原審は、土地 a・β についてY市公園条例に基づく「公告」により、都市公園法2条の2に基づく「公告」があったと解し、都市公園を構成する土地物件については私権の行使ができないこと（都市公園法32条）を理由に、XY双方の控訴を棄却した。Xの上告に対し、最高裁は、Y市条例に基づく「公告」によっては都市公園法2条の2の「公告」があったとはいえないとして原判決を破棄し、Xの土地明渡請求および賃料相当損害金の支払請求が権利濫用に当たるか否か等について審理を尽くさせるため、原審に差し戻した（[1] 最一判令元・7・18 判時2431=2432号73頁）。重大な私権制限を生じる都市公園法の「公告」の要件を厳格に解する一方、Y市公園であることを知りながら土地を取得して明渡等を求めたXの所有権主張に権利濫用法理を適用したものである[1)]。

(2)　建物所有権に基づく明渡請求

　X（夫）・Y（妻）が婚姻後、X名義で購入し、登記したマンション a に、XからYに対する離婚請求の認容判決が確定した後も、Yが長女Aと居住していたことから、Xが所有権に基づく明渡しおよび不当利得または不法行為を理由に賃料相当損害金の支払を請求した。判決は、マンション a がX・Yの共有と推定される旨のYの主張を否定し、Xの単独所有と認めたうえで、Yによる財産分与請求に対する審判が近く下されることが予想される中で、XがYに明渡請求することは、権利濫用に当たるとして明渡請求を棄却する一方、月額7万円の賃料相当損害金の支払請求を認めた（[2] 札幌地判平30・7・26 判時2423号106頁〔確定〕）。所有権に基づく明

渡請求については権利濫用を理由に否定する一方で、不法（無権原）占有による賃料相当損害金の支払請求を認めることは、権利濫用法理が一種の強制調停の機能を果たしているとみることができる[2]。

(3) 共有持分権

(a) 夫婦の同居協力扶助義務に基づく居住権　建物aを共有するX_1（持分10分の9）およびX_2（同10分の1。X_1の父）が、X_1と次第に不和になったY（X_1の妻）に対し、Yが建物aで子Aと同居し、鍵を付け替えてX_1らの立入りを拒絶したことから、各自の共有持分権に基づき、建物aの明渡しおよびX_1らに対する立入拒絶以降の賃料相当損害金の支払を求めた。判決は、①夫婦が共同生活の場と定めた建物が、その一方が所有する建物であるときは、他方は、権利濫用に該当するような特段の事情がない限り、夫婦の同居協力扶助義務（民法752条）に基づき、婚姻関係が解消されない限り、同建物に居住する権原が認められると解し、YはX_1が建物aに対してもつ共有持分について、これを使用する権原を有し、Yがそれを行使して建物aに居住することが権利の濫用に該当するような特段の事情は認められないと判断して、X_1はYに対して建物aの明渡しおよび賃料相当損害金を請求できないとした。また、②Yが共有者の一人であるX_1の共有持分権に基づいて建物aを使用する権原をもつことから、他の共有者であるX_2も当然には建物aの明渡しおよび賃料相当損害金の支払を求めることができない（最二判昭63・5・20集民154号71頁参照引用）とした（[3] 東京地判平30・7・13判タ1471号189頁〔確定〕）[3]。本件では、X_1とYとの間で離婚手続が進んでおり、離婚自体には争いがないことから、離婚が成立したときは「本件の問題も解決することが見込まれる」ことも、Yの居住の権利濫用性を否定する要因として考慮されている。

(b) 共同相続人の占有の自主占有への転換　XがA（訴訟承継前被告で、XおよびY_1・Y_2の実母）に対し、Aが遺産分割未了の亡夫B（XおよびY_1・Y_2の実父）名義の建物a（延床面積約120㎡）の賃料を独占していたことはXの共有持分権を侵害すると主張し、Xの法定相続分に相当する賃料相当損害金および不法行為を理由とする遅延損害金の支払を請求した。訴訟係属中にAが死亡し、その訴訟承継人であるY_1・Y_2に対し、Xは、亡Aの損害賠償債務の各法定相続分に相当する290万円弱の賃料相当損害金および遅延損害金の支払を請求した。一方、建物aの敷地（175.60㎡）（A、BおよびAとX・Y_1・Y_2の養父Cの共有名義）については、B死亡に際し、CがX・Y_1・Y_2には「相続分がないことの証明書」を用いてBの持分を全部Aに移転する旨の共有持分移転登記を行った。判決は、建物aの敷地のBの共有持分を全部Aに移転登記した時点で、土地と「強い利用上の一体性」をもつ建物aについても、Xに対する所有の意思の表示が認められ、X・Y_1・Y_2との共有者としての占有（自主占有ではない）から自主占有に転換し、その後20年の経過により、建物aについてAの時効取得が成立するから、Aは起算日＝Bの敷地持分権のAへの移転登記日に遡って建物aを所有していたことになり、Xの共有持分は認められないとした（[4] 東京地判平30・7・12判タ1471号196頁〔確定〕）。本判決は、共有者による共有物の占有が自主占有に転換することを認めうる要件を示した判例（最三判昭54・4・17集民126号541頁）に対し、その基準によっては自主占有とは認められない事案においても、自主占有への転換を認めた事例として注目される[4]。

(c) 相続税の納付をめぐる共同相続人間の不当利得返還請求　Aが死亡し、その共同相続人7名の間で行われた遺産分割協議につき、これを無効とする判決が後に確定し、新たに遺産分割審判がされた事案で、当初の無効な遺産分割協議に基づいて賃貸不動産（駐車場）を取得した共同相続人Y_1～Y_5が賃借人から受領した賃料に対し、共同相続人XがY_1～Y_5は悪意の占有者（民法190条1項）に当たるとして、不当利得返還請求をした。これを認容した原審（高松地判平30・5・15金法2107号72頁）が維持された（[5] 高松高判平31・2・28金法2130号72頁）。しかし、当初の無効な遺産分割協議に基づいてXおよびY_1～Y_5が相続税を申告して納付した後に、同遺産分割協議を無効とする確定判決が下され、新たに遺産分割審判がされた場合、新たな遺産分割審判を前提に相続税額を計算すると納付済みの相続税額の方が過大になる相続人Y_1～Y_5から、納付済み相続税額が過少になるXに対する不当利得返還請求については、原審はこれを棄却し、本判決も原審を認容した（[5]）。理由は、Y_1らは国に対して不当利得返還請求権をもち、それは更正の請求の制度によって行使すべきところ、期間内にそれをしなかったことから、Xが増額更正を受けなかったとしても、それはXの反射的利益にとどまり、不当利得にいう「受益」に当たらないとした。Y_1らの上告受理申立てに対しては、不受理決定がされた。Y_1らが税法所定の更正請求をしなかったことにより、Y_1らの損失とXの利得との因果関係が認めら

れないと解することもできると考えられる[5]。

(4) 区分所有権

(a) 管理組合理事長の善管注意義務違反　マンション α（昭和56年築。12戸）の管理組合の理事長 X が、管理組合 Y₁ の総会決議を得て大規模修繕（工事代金約1672万円。うち1000万円を住宅金融支援機構からの借入れでまかなった）を実施したが、それが X の私的利益（自己の住戸を転売するための交換価値の下落防止ないし上昇）を図る目的で行われたとして、X の退任後、Y₁ が X に損害賠償請求したのに対し、X が Y₁ を相手に損害賠償債務の不存在確認を請求した。また、X は Y₁ および Y₂〜Y₄（Y₁ の役員）を相手に、名誉毀損を理由とする損害賠償および謝罪文の掲示も請求した。原審が X の債務不存在確認請求および Y₁ らに対する損害賠償請求の一部を認めたのに対し、Y₁ らが控訴した。判決は、X にはマンション全体の利益を装って私的利益を隠蔽すべく Y₁ の総会決議を得て大規模修繕を実施した点に善管注意義務（民法644条）違反があると認め、その債務は909万円余を超えては存在しないとし、X のその余の請求を棄却した（[6] 東京高判令元・11・20判時2446号3頁。X は上告受理申立て）[6]。

(b) 区分所有権等の競売請求　マンション β の管理組合の管理者 X₁（後に X₂）が、区分所有者 Y（平成16年以降特別養護老人ホームに入所し、口頭弁論終結時点で90歳であり、遅くとも平成28年5月以降は会話ができず、事理を正確に判断する能力を欠いた状態）に対し、平成28年1月〜平成30年6月分までの管理費等合計44万円余と訴状送達日の翌日からの管理規約所定の遅延損害金の支払、弁護士費用等の諸費用60万円余と民法所定の遅延損害金の支払、および Y による長期間の管理費等の滞納が区分所有者の共同の利益に反することを理由に、区分所有法59条1項に基づく Y の区分所有権および敷地利用権の競売を請求した。判決は、意思能力を欠く常況にある Y に対する通知をもって区分所有法58条3項に基づく弁明の機会が付与されたとはいえない点で、競売請求の訴え提起を議決した集会決議には瑕疵があるが、訴え提起後に Y のために選任された特別代理人（民訴法35条）に弁明の機会を付与し、集会決議で訴訟手続を継続する旨の決議をしたことにより、当該瑕疵は治癒されたとし、管理者 X₂ の請求を認容した（[7] 札幌地判平31・1・22判時2424号92頁〔確定〕）。X₁（後に X₂）の競売請求等が、財産法上の請求であり、それに対する弁明行為が、本人の自由意思によることを要する一身専属的な身分法上の行為と異なり、代理に親しまないものではないと判断されたことによるものと解される[7]。

(c) 集会決議の不遵守と不法行為　区分所有建物5棟からなる総戸数544戸のマンション γ の団地管理組合法人 A では、専有部分の電気料金を削減すべく、A が一括して電力会社 B との間で高圧電力の供給契約を締結し、団地建物所有者等が A との間で専有部分において使用する電力の供給契約を締結して電力供給を受ける方式（高圧一括受電方式）へと変更する旨の決議がされたが、高圧受電方式へ変更するために、B と個別契約を締結している団地建物所有者等の全員がそれを解約する必要があるところ、Y₁・Y₂ がこれを拒んだ。X はこれにより、X の電気料金が削減されないという損害を被ったと主張し、Y₁・Y₂ に対し、不法行為に基づく損害賠償として、9100円余および遅延利息の支払を請求した。第一審および原審がこれを認容したことから、Y₁・Y₂ が上告した。最高裁は、A の前記集会決議は、区分所有法66条が準用する共用部分に関する同17条1項または18条1項の決議としての効力をもたず、個別契約の解約を義務づけるものではなく、また、前記決議によって個別契約の解約を義務づける細則は、区分所有法66条が準用する同30条1項の「団地建物所有者相互間の事項」（区分所有法30条1項）に当たらず、集会決議によって設けることのできる規約に当たらないことを理由に、Y₁・Y₂ が解約申入れをしないことは X に対する不法行為を構成しないとし、原判決を取り消し、X の請求を棄却した（[8] 最三判平31・3・5判時2424号69頁〔破棄・自判〕）。Y₁・Y₂ が区分所有権を取得した時点において、専有部分において使用する電力の供給契約の締結も解約も、専有部分の使用に関するもので、各区分所有者に委ねられるべき事項であり、それらは他の専有部分、団地共用部分等に影響を及ぼす性質のものとは通常考えられていなかったことが決定的な理由であると考えられる[8]。

2　不動産利用権

(a) 分収育林契約の解釈　国有林野に生育する樹木の分収育林制度（国有林野の経営管理に関する法律17条の2〜17条の6。原則1口50万円で杉、檜等を国と共有し、育成後に木を競売にかけて収益の一部を分配する仕組み。通称「緑のオーナー制度」）に基づき、Y（国）との間で分収育林契約を締結し、同樹木を国と共有し、またはその持分を承継取得し

た X₁ 〜 X₃₃ が、契約書および管理経営計画所定の時期に Y が「主伐」を実施しなかったことが債務不履行に当たることを理由に、契約解除に基づく原状回復請求として、Y に対し費用負担金の返還および契約締結日以降の遅延損害金の支払を請求した。判決は、本件各分収育林契約で用いられている「主伐」の用語は、分収木を伐採することを意味しているものの、同契約上「分収（主伐）の時期」として特定の年度が定められていることから直ちに X₁ らが主張するように主伐による分収が行われるべき時期に Y が分収木を伐採して製品販売方式によって売却すべき義務を負っているとはいえず、債務不履行は認められないとして、X₁ らの請求を棄却した（[9] 大阪地判令元・5・10 判時 2428 号 47 頁〔控訴、一部確定〕）。林価が低迷する中で、分収育林契約の解釈が問題になった事例である[9]。

(b) 公水使用権 土地改良区 X が、河川法 23 条の許可に基づいて X が取水した水が流れる水路への Y₁ らの排水（し尿等を浄化槽で処理したもの）により、当該水路の流水についての当該土地改良区の排他的管理権が侵害されたとして、Y₁ らに対し、不当利得を理由に、当該水路の使用料相当額および遅延損害金の支払を請求した。第一審は X の請求を棄却した。これに対し、原審は、河川法 23 条の許可を受けて河川の流水を占用する権利は、排他的に流水を占用する物権的な財産上の権利であるとし、本件水路の流水について排他的管理権をもち、これに基づいて第三者に対し本件水路への排水を禁止することができるゆえに、Y₁ らの排水により X の排他的管理権が侵害されたとして、X の請求を一部認容した。Y₁ らの上告に対し、最高裁は、公水使用権は公共用物たる公水上に存する権利であるから、その使用目的を満たすために必要な限度の流水を使用し得る権利にすぎず（最三判昭 37・4・10 民集 16 巻 4 号 699 頁を参照引用）、その限度を超えて他人による流水の使用を排斥する権限を含むものではないとして、原判決を取り消し、X の請求を棄却した（[10] 最一判令元・7・18 判時 2433 号 57 頁〔破棄・自判〕）。本判決については、秋山靖浩「不動産」民事判例 20 号 66 頁参照）。河川法 23 条の許可水利権は、その権利内容を侵害する第三者に対して妨害排除請求等が認められるという点では物権的効果をもちうるが、その内容自体が水路の排他的利用を認めたものとまではいえない。もっとも、本件の背景には、国から本件水路の譲与を受けて管理権限をもつ Z 市と、本件水路を農業用の用排水路として維持・管理し、その費用を組合員から徴収してきた X との法的

関係の不明確さが存在する[10]。X・Y₁ らの使用に応じた公平な費用負担のあり方を明確にする制度改革の余地があると考えられる。

(c) 温泉権 旅館建物の賃借人が、他人所有の敷地の人口掘削によって温泉権を取得したとし、これを代物弁済によって取得したと主張する X が、同建物と敷地を取得した Y に対し、温泉権の確認と不法行為を理由とする損害賠償を請求した。判決は、これを棄却した第一審判決を維持した（[11] 東京高判令元・10・30 金判 1587 号 22 頁。本判決については、田中淳子「不動産」本誌 98 頁参照）[11]。

3 不動産取引

(1) 不動産売買契約

(a) 不動産売買契約が公序良俗違反を理由に無効とされた例 Y（本件売買契約当時 25 歳。男性）は、X₁（昭和 8 年生まれの女性で、本件売買契約当時 82 歳。年金が唯一の収入）が所有するマンション a（X₁ が 1 人で居住。時価 2500 万円）を 350 万円で購入し（本件売買 1）、X₂（大正 13 年生まれの女性で、本件売買契約当時 92 歳）が所有する土地 β・建物 γ（X₂ が 1 人で居住。時価 1 億 1865 万円余）を 700 万円で購入し（本件売買 2）、それぞれ移転登記手続を済ませた。Y は本件売買契約と同時に、各物件の明渡しまでの間 X₁・X₂ に賃貸する旨の賃貸借契約も締結した（X₁ に対しては a につき月額 22 万 2000 円とした。X₂ からは β・γ の賃料として 13 万 5000 円を受領した）。X₁・X₂ は、Y に対し、本件売買 1・2 は公序良俗違反を理由にそれぞれ無効であると主張し、移転登記の抹消登記手続を請求するとともに、Y の不法行為を理由に慰謝料各 200 万円、弁護士費用各 100 万円を請求した。また、X₂ は、本件売買 2 と同時に Y と締結した β・γ の賃貸借契約による明渡猶予期間中の賃料として Y に支払った 13 万 5000 円につき、同賃貸借の無効を理由とする返還および遅延損害金の支払も請求した。判決は、本件売買 1・2 は公序良俗に反して無効であると認め、X₁・X₂ の抹消登記手続請求および X₂ の賃料返還請求を認めた。その際、①本件売買 1・2 は代金額が著しく低額である一方、X₁・X₂ には損失が非常に大きい内容であること、②高齢で理解力が低下していた可能性のある X₁・X₂ に対して十分な説明をしないまま不合理な内容の契約を締結させ、暴利を得ようとしたものであるとして、公序良俗違反を認定した。また、Y がかかる公序良俗違反の契約を締結した行為は、X₁ の a および X₂ の β・γ の「財産権を侵害

する不法行為」に該当すると認めつつ、損害については、弁護士費用として、各不動産の固定資産税評価額、事案の内容等を考慮して、X₁ に 50 万円、X₂ に 100 万円の請求をそれぞれ認めた。一方、慰謝料請求については、抹消登記手続請求が認められていること、各不動産の明渡しを余儀なくされるには至らなかったこと等に鑑み、否定した（[12] 東京地判平 30・5・25 判タ 1469 号 240 頁〔確定〕）。本件は、①特別の人的関係等のない一般の不動産取引において、買主が売主から各々時価の約 7 分の 1 および約 17 分の 1 で購入するという著しい給付の不均衡、および②判断力が低下していた可能性がある高齢者の軽率、無経験等に乗じて十分な説明をせずに不合理な内容の契約を締結させるという状況の濫用に着目して、「暴利」行為性を認め、公序良俗違反を理由に売買の無効を認めたものと解される。これは、「他人の窮迫軽卒若しくは無経験を利用し著しく過当なる利益の獲得を目的とする法律行為は善良の風俗に反する事項を目的とするものにして無効」とする判例法理[12]に照らしても妥当な判断といえよう。さらに、Y が売買契約と同時に購入物件を X₁・X₂ に貸し付け、明渡しまで賃料を支払わせる約定をしたこと（X₂ からは実際に賃料を取得）は、用意周到な悪質性の高い取引といえる。結果的には、移転登記が抹消され、明渡しを免れ、既払賃料の返還も認められたことで、X₁・X₂ は財産上の損害はないとしても、何ら自ら行為を起こしたわけでもない者が、一方的に無効な取引に巻き込まれるという不条理に対する精神的苦痛に対しては、不法行為を理由とする損害賠償を認める余地も、必ずしも否定すべきでないように思われる。

(b) 司法書士の注意義務 (1)　不動産業者である X が、土地所有者 A になりすました者 B から売買取引における代金等の名目で 1 億 9000 万円余り（代金 2 億円のうち、合計 1 億 9000 万円および諸経費 20 万円余）を詐取されたことから、同取引において不動産登記手続を受任した司法書士 Y（報酬として 310 万円余を X から受領した後、一部返済したが、16 万円余が未返済）に対し、売主の本人確認義務を怠り、委任契約上の注意義務に違反したとして、債務不履行を理由に、損害の一部である 2500 万円および訴状送達日の翌日から支払済みまで商事法定利率年 6 分の割合による遅延損害金の支払を請求した[13]。判決は、X の請求を認容した。いわゆる地面師詐欺の事件であり、Y は B が偽造した A 名義の運転経歴証明書に、真正の運転経歴証明書にない「運転免許証」の記載がある等、偽造を疑うべき不審な

点があったにもかかわらず、さらに調査を行って合理的根拠に基づく本人確認をする義務を怠り、不動産の所有者たる売主 A になりすました B を A 本人と判断した点に注意義務違反があるとされた（[13] 東京地判令元・11・11 金法 2140 号 70 頁〔確定〕）。なお、Y は X も偽造に気付かなかったことを指摘したが、本判決はこれが過失相殺を基礎づける事情になりうるとしても、X の請求は損害の 13％強にすぎず、X の過失割合が 86％を超えることはないことから、結論に影響がない旨も付言している。

(c) 司法書士の注意義務 (2)　A が所有する宅地（193.38㎡）を B に（第一売買）、B が C に（第二売買）、C が D に（第三売買）、D が X に売却し（第四売買）、同一日に移転登記手続を行ったいわゆる連件取引で、A の権利証が偽造されたものであり、そのために A から B への所有権移転ができず、結局 X は所有権も取得できなかった。X は、①売主 D に対して第四売買契約の解除による既払代金相当額 4 億 8000 万円および約定違約金 1 億 200 万円、②第四売買の仲介業者 E に対して支払済みの報酬 1658 万円余、③第四売買による登記申請手続を受任した Y に対して支払済みの報酬 13 万円余、および④第一売買の所有権移転登記手続を受任した F に対し、弁護士費用 4000 万円の損害が発生したとして、不法行為を理由とする同額の損害賠償を請求した。①・②については第一審で X の請求が認容され、D・E は控訴しなかった。③・④について第一審は、F には権利証の真否に係る調査確認義務を怠った過失があるとし、不法行為を理由とする X の損害賠償請求（前記④）を認容する一方、Y は前件の登記手続書類の真否については前件の司法書士の調査を信頼するのが通常であり、特段の事情がない限り、前件書類の真否について調査確認義務を負わないとし、X の損害賠償請求（前記③）を棄却した。判決は X の控訴を棄却した（[14] 東京高判令元・5・30 判時 2440 号 19 頁〔確定〕）。本判決は、①連件申請における前件の司法書士の調査確認義務は、委任関係のない後件の登記権利者にも及ぶこと（不動産登記規則 67 条参照）、②後件の司法書士は、特段の事情がない限り、前件の登記義務者の本人確認義務を負わないことを確認した[14]。

(2) 転貸借契約の効力

(a) 原賃貸借契約の解除　Y₁ 会社は所有する建物（4 階建て共同住宅）のうち、2 階の 1 部屋（建物部分 1）、3 階の 2 部屋（建物部分 2）および 1 階中央部分（建物部分 3）を A（Y₁ の株主兼役員）に

賃貸し、Aはこのうち建物部分2をX会社（サブリース等不動産事業者）に転貸した。Y₁はAによる建物部分2の転貸を予定し、Xへの転貸後も何ら異議を述べなかった。A死亡後、その妻Y₂が転貸人Aの地位を承継した。①Y₁は、AおよびY₂の賃料不払による Y₁・Y₂間の賃貸借契約の解除を理由に、Y₂に建物部分1・2・3の明渡しと未払賃料の支払を、Xに対し本件建物の明渡しを請求した（第一事件）。Y₂は建物部分3をY₁に明け渡した。一方、②Xは、Y₁のY₂に対する第一事件訴訟が詐害訴訟に当たるとしてこれに独立当事者参加（民訴法47条1項）し、Y₁およびY₂に対し、Y₂のY₁に対する賃料債務の不存在およびXがY₂・X間の転貸借契約に基づく賃借権をもつことの確認を請求した（第二事件）。さらに、③Xは、Y₁の代表者およびY₂が共謀してXに対して虚偽の法律構成に基づく建物明渡請求をしたとして、Y₁、Y₁代表者およびY₂に対し、共同不法行為を理由とする損害賠償を請求した（第三事件）。本件はこれら3件が併合された事件である。判決は、①第一事件につき、Y₁のY₂に対する建物部分1・2の明渡請求および未払賃料の支払請求を認める一方、建物部分2に関するY₁・Y₂間の賃貸借の解除については、「債務不履行解除の形式がとられているものの、転借人であるXとの関係では、Y₁とY₂の合意による解除と評価すべきもの」とし、原賃貸借の合意解除によっても転借人Xの権利（賃借権）は消滅しないとし（最一判昭37・2・1集民58号441頁を参照引用）、Y₁のXに対する明渡請求を棄却した。②第二事件につき、Y₂のY₁に対する賃料債務の不存在確認請求については、確認の利益がないとして却下する一方、XのY₁に対する賃借権の確認請求については、Xの賃借権が消滅しない結果（前述①参照）、Y₁はA（Y₂）X間の賃貸借契約の「賃貸人の地位を承継すると解するのが相当」とし、Xの賃借権確認請求を認容した[15]。③第三事件に関しては、AおよびY₂の債務不履行を理由とするY₁のY₂に対する建物部分1・2・3の賃貸借契約の解除の主張がおよそ事実的・法律的根拠を欠くとはいえないとし、Xの請求を棄却した（**[15] 東京地判平31・2・21判タ1468号171頁**〔控訴後、取下げ、確定〕）。本判決は、建物の賃貸人から賃借人に対する賃料不払を理由とする賃貸借契約の解除による建物明渡請求および未払賃料支払請求を認容する一方で、転借人との関係では原賃貸借契約の合意解除と評価し、その場合には賃貸人が転貸人の地位を承継するという法的構成を提示した点に特色がある。

（b）　転貸借の承継　A₁・A₂の所有建物α（地上9階、地下1階の駅ビル）を賃借して引渡しを受けたBは、平成25年9月5日、X（パチンコ店等を経営する会社）との間で、建物αの一部（1階の一部および地下1階部分。本物件）について転貸借の予約をした。そこでは、①期間は平成26年2月1日から平成41年1月31日までの15年間、②賃料月額1500万円、③本物件でXが計画する営業の開始日は平成26年9月1日（予定）、④BがXに本物件を引き渡すことをもって予約完結の意思表示とみなすものとされた。Xは同月6日、予約金1億5000万円および工事協力金1億円の合計2億5000万円をBに支払った（予約金は予約完結時に敷金に充当するものとされた）。XはBが合意していた駐車場の開設が遅れていたが、平成26年3月7日、Bと減額合意した賃料500万円を支払った。一方、建物αの所有権は、平成26年8月29日付けでAからYに移転され、それと同時に、Bとテナント（Xを含む）との賃貸借契約（転貸借契約）上の貸主の地位はYに移転するものとし、BとAとの原賃貸借契約は、Aを承継したYとBの間で合意解約された。BX間の転貸借契約には、BがXのために建物α内に300台、隣接する市営駐車場内に300台分の駐車場を確保する旨の特約が付されていたが、駐車場が確保できなかったことから、Xは本物件への出店を断念し、平成26年11月25日、その旨をBの関連会社Cの担当者に通知した（同特約の債務不履行を理由とするYX間賃貸借の解除の意思表示）。XはYに対し、BX間の本物件の転貸借契約に基づいて差し入れた敷金1億5000万円と本物件の明渡後である平成26年12月1日から支払済みまで年6分の割合による遅延損害金の支払を求めた。Yは、BがXに本物件を引き渡しておらず、Xが予約を完結していないため、転貸借契約は不成立で、敷金返還債務を含む転貸借契約の貸主の地位を承継しないと反論した。しかし、判決は、Bが平成26年3月1日、本物件の旧テナントの退去が完了し、Xが何時でも立ち入れるようになったことをメールで通知し、同月7日、XがBと減額合意した500万円の賃料を支払い、Xの関係者が内装工事の準備のために本物件に自由に出入りしていたことから、同月1日時点で、建物転貸借の予約完結要件としての引渡しおよび転貸借契約の成立を認め、Xの請求を認容した（**[16] 東京地判平30・7・2判タ1471号207頁**〔控訴〕）。本判決の論理は、①BX間での本物件の引渡し（平成26年3月1日）により、②BX間の転貸借契約が成立し、③Yによる建物αの所有権取得の時点（同

年8月29日）で、Xの転借権が存続し（同年11月25日の債務不履行解除まで存続）、かつXの転借権の対抗要件たる占有（借地借家法31条）も継続していたから、④Yの建物αの所有権取得により、賃貸人たる地位がBからYに当然に移転したというものである[16]。もっとも、本件では、YがA₁・A₂から建物αの所有権を取得する前に、平成26年5月26日、YとBが不動産共同事業契約を締結し、Yが建物αの所有権をA₁・A₂から取得したときは、YはBがA₁・A₂と結んでいた賃貸借契約を合意解除するとともに、Bがテナントと結んだ転貸借契約における敷金返還債務を承継する旨合意している。その後、

同年8月29日、YはA₁・A₂から建物αの所有権を取得し、A₁・A₂から承継したBとの賃貸借契約を合意解除した。その際には、本物件に対する転貸借予約の完結およびXの転借権の対抗要件の有無にかかわらず、YはBとの合意によってBX間の転貸借（Bの賃借権は消滅しているから、賃貸借）ないしその予約上の地位を承継したものと解する余地もある[17]。

（まつお・ひろし）

---

1) もっとも、土地所有権に基づく明渡請求を権利濫用とする場合の効果には幅がある。それが占有者の権原を創出するものでない以上、賃料相当損害金の支払請求は認めるか（後述(2)[2]判決参照）、賃料相当損害金の請求も否定するか、その間にXYの和解等による解決に期待するか（一種の調停促進機能）。権利濫用法理には限界がある以上、Yの権原の問題に決着をつけることが望まれよう。
2) しかし、Yに利用権が認められるわけではない。裁判官に利用権を付与する権限を認める立法が必要であるとの提案もある。山野目章夫編『新注釈民法(1)』（有斐閣、2018年）200頁、208頁〔平野裕之〕。なお、夫婦が婚姻中に取得した財産、とりわけ居住用不動産については、その取得名義の如何を問わず、夫婦の共同財産としての実質を認めることを検討する余地もあろう。
3) 夫婦の生活の根拠である居住建物が、一方の所有である場合に、他方の非所有配偶者の居住権を夫婦の同居協力扶助義務（民法752条）に基づいて認めることは、学説および裁判例の多数が支持している（二宮周平編『新注釈民法(17)』（有斐閣、2017年）195頁〔神谷遊〕）。婚姻が破綻している場合も、明渡請求を否定した裁判例もある（東京地判昭47・9・21判時693号51頁、東京地判平元・6・13判時1347号58頁）。
4) 共同相続人の1人による遺産に含まれる土地の占有が、建物の建築によって自主占有への転換を認めた例として、大阪高判平29・12・21（上告棄却・不受理。確定）判時2381号79頁（松尾弘「判批」民事判例18（2018年）96頁参照）がある。
5) なお、遺産分割未了のまま法定相続分に従った相続税申告をした後に、遺産分割調停が成立した事案で、過大に納税した共同相続人から、過小な納税となった共同相続人への不当利得返還請求を否定した原判決に対し、控訴審裁判所が不当利得返還請求権の成立可能性を強く示唆し、和解を勧告した結果、和解が成立（請求額の約3分の1の支払）した例につき、松尾弘＝益子良一『新訂 民法と税法の接点』（ぎょうせい、2007年）159-164頁（高荒敏明）参照。
6) 工事代金1627万円のうち、損益相殺として、①Y₁が有用性を肯定する防水工事費197万円余を控除し、さらに、②①を控除した額の半額につき、将来あるかも知れない修繕工事費用の支出を免れたとして、①・②控除後の715万円余の修繕工事費用の支出につき、Xは善管注意義務違反による損害賠償責任を負うとした。加えて、マンション管理士に対する相談報酬6万円弱、不必要な融資に対する借入金保証料30万円弱、住宅金融支援機構に対する返済利息159万円弱、合計909万円余を損害と認めた。
7) 本判決が引用する、最二判昭33・7・25民集12巻12号1823頁参照。
8) これに対し、専有部分の電気料金削減可能性が奪われることによる金銭的負担が、専有部分の使用に影響を及ぼしうるという観点からの反論可能性を示唆するものとして、平野秀文「判批」ジュリスト1544号（2020年）67頁参照。
9) もっとも、この緑のオーナー制度については、国の説明義務違反を理由とする国家賠償請求を一部認容した判決が確定している（最三決平28・10・18 LEX/DB 25544945）。
10) 本判決に付された小池裕裁判官の補足意見参照。
11) 同判決は、多額の資本を投下し、土地所有者から掘削の承諾を得た者でも、掘削によって温泉を掘り当てれば当然に物権としての温泉権を原始取得するものではなく、慣習法の成立を要するとした。もっとも、元の土地所有者との合意によって債権的に温泉利用の権限を取得していたと主張する余地は認めた。その債権侵害を理由とする主張の余地はある。
12) 大判昭9・5・1民集13巻875頁（昭和7年に貸主が借主に500円を貸し付け、約2ヶ月弱の期限までに弁済しなかったときは貸主が借主の委任状をもって保険会社に対して生命保険契約を解約して返戻金（980円）を受領し、または被保険者を貸主名義に変更の上同保険契約を継続することができ、かつ清算義務を負わない旨を約定した。判旨は、農を業とする借主の無知と窮迫に乗じ、貸金の倍額にも等しき返戻金あることを秘し特に短期間の弁済期を定めて貸金し、その返還をしないときは同返戻金が貸金に比して過不足を生じても借主は貸主に対し不足金を支払はない一方で剰余金の支払を請求しない旨の特約をさせたことは、民法90条によって無効とした。
13) 本件では、売主Aと称するBが登記済証を所持しておらず（理由は転居に際して紛失）、資格者代理人による本人確認情報の提供（不動産登記法23条4項1号、附則7条）としてYによって登記申請が行われ、申請が受け付けられたことから、前記代金支払等が行われた。しかし、印鑑登録の無断変更の被害に遭っていたAが、Yによる前記登記申請の直前に、法務局に対して不正登記防止申請書を提出していたことから、登記官がAと面談し、Aが本件売買契約の締結も登記申請もしていないことが判明し、前記登記申請は権限のない者によることを理由に、却下された（不動産登記法25条4号）。
14) この点については、先例として、東京地判平27・12・21判タ1425号282頁、東京地判平29・11・14判時2392号20頁等がある。
15) 賃貸人が転借人に対し、原賃貸借契約の合意解除を対抗できない場合における法律関係の構成については、最一判平14・3・28民集56巻3号662頁に対する最判解説平成14年度356-357頁注33（矢尾渉）参照。
16) 大判大10・5・30民録27輯1013頁、最一判昭33・9・18民集12巻13号2040頁。民法（平成29年改正）605条の2第1項参照。
17) 最二判昭46・4・23民集25巻3号388頁。民法（平成29年改正）605条の4参照。

不法行為裁判例の動向

新堂明子　法政大学教授
現代民事判例研究会財産法部会不法行為パート

はじめに

　不法行為裁判例は、最新専門領域裁判例（環境裁判例、医事裁判例、労働裁判例）を除いても、50件を超えている。

　名誉、債権侵害、契約侵害、取引的不法行為、国家賠償法1条1項に関する裁判例がまとまった数ある。

　最高裁判決としては、後掲 [2]（民集登載）、[29]（集民登載）がある。

　注目すべき裁判例としては、後掲 [17]（ベネッセ個人情報流出事件判決）、[41]（N国党スラップ訴訟事件判決。注目裁判例研究・不法行為1）、[43]（ハンセン病家族訴訟熊本地裁判決。注目裁判例研究・不法行為2）がある。当該事案の背景事情に注目すべき裁判例としては、後掲 [40]（東芝不正会計問題の発生前後の株価下落）がある。

1　不法行為一般

(1)　故意または過失
後掲 [18] 名古屋地判令元・6・26。
(2)　権利または法律上保護される利益の侵害、違法性
なし。
(3)　因果関係
なし。
(4)　損害賠償の範囲
　[1] 京都地判平31・3・26判タ1466号187頁。Y₁会社（一般貨物自動車運送事業等を業とする株式会社）の従業員であるY₂が運転する大型貨物自動車が、高速道路において、トンネル照明設備更新工事に伴う交通規制を行っていたX会社（総合警備保障業務等を業とする株式会社）の車列に突っ込み、X会社の車両を損壊し、X会社の従業員の5名を死

傷させた（「本件事故」、「本件事故現場」）。X会社側に何ら落ち度はなく、Y₂の前方不注視等の過失が本件事故の原因であった。本件事故後、X会社の高速道路警備部門においては、前記5名の死傷者に加え、退職希望者、転属希望者が相次ぎ、その人員が40名から19名まで減少したことなどから、本件事故現場における高速道路警備業務請負契約（「本件契約」）は、本件事故から2か月間中断し、2か月後に再開されることなく合意解除され、また、本件事故後、本件契約以外のもので合意解除されたものがあった。ちなみに、X会社は、本件事故から10か月後ころ、高速道路警備業務から完全に撤退した。本件事故について、X会社とYらおよび任意保険会社との間で、X会社の車両全損額等については示談が成立したが、それ以外の損害については示談が成立しなかった。そこで、X会社は、Y₂に対して709条に基づき、Y₁会社に対して715条に基づき、営業損害（4160万余円）の賠償を求めた。これに対し、Yらは、X会社は交通事故による企業損害（間接損害）の賠償を求めているにすぎず、X会社の請求は認められない、などと主張した。本判決は、X会社が本件契約に基づく高速道路警備業務を本件事故から合意解除までの2か月間にわたって実施できなかったことによる利益の喪失については、本件事故との間に相当因果関係があるとして、損害（500万円）の賠償を認めた。本判決は、さらに、交通事故の加害者においては、一般に被害者の事業上の損害は通常予見可能な損害とは認めがたいとされるが、本件は、従業員と保有車両を侵害されることで請負契約の履行自体に関しても侵害を受けた企業が、加害者に対して、その請負業務の停止に伴う事業損害を請求している事案であって、全く事案を異にするとしたうえで、Y₂においては、X₁会社の従業員と保有車両が侵害されるという結果は十分に予見可能であり、ひいては、本件事故現場での工事ないし高速道路警備業務が2か月間にわたって中断されることも

予見可能である、よって、中断期間における高速道路警備業者の利益喪失は、本件事故と相当因果関係のある損害であるとした。

(5) 損害賠償額の算定

[2] 最二判令元・9・6民集73巻4号419頁。交通事故の被害者Aに対して高齢者の医療の確保に関する法律（「高齢者医療確保法」、「法」）による給付（「後期高齢者医療給付」）をした後期高齢者医療広域連合Xが、上記事故の加害者Yに対し、法58条によりAのYに対する不法行為に基づく損害賠償請求権を代位取得したとして、損害賠償金および弁護士費用ならびにこれらに対する交通事故の日から支払済みまでの遅延損害金の支払を求めた。本判決は、第1に、後期高齢者医療広域連合は、加害者に対し、後期高齢者医療給付により代位取得した不法行為に基づく損害賠償請求権にかかる債務について、後期高齢者医療給付が行われた日の翌日からの遅延損害金の支払を求めることができるとした。なぜならば、後期高齢者医療給付は、損害の元本を填補するものであり、損害の元本に対する遅延損害金を填補するものではなく、後期高齢者医療広域連合は、損害金元本の支払請求権を代位取得するものであり、損害金元本に対する遅延損害金の支払請求権を代位取得するものではない、からである。以上の多数意見に対し、草野耕一裁判官の意見は、一般論として、不法行為の直後から様々な損害が現実化し、その時点から遅延損害金が発生するものといえるが、本件については、損害が現実化する都度給付がされてきており、その給付日以前には遅延損害金は発生しておらず、当該期間についてはそもそも遅延損害金は発生していない、としている（私見はこれに賛成する）。本判決は、第2に、Xの損害賠償請求のうち弁護士費用相当額にかかる部分は失当であるとした。なぜならば、弁護士費用相当額の損害賠償請求権は代位によって移転する権利の範囲に含まれない、からである（匿名コメント）。

[3] 福岡地小倉支判平31・3・12判時2425号70頁（いわゆるアスベスト国賠訴訟。環境裁判例の動向[3]）。不法行為に基づく損害賠償請求債務は、損害の発生と同時に何らの催告を要することなく遅滞に陥るところ（最三判昭37・9・4民集16巻9号1834頁）、XがY（国）に対し石綿由来の肺がんの発症を損害として慰謝料等の賠償を請求した（「本件請求」）、いわゆるアスベスト国賠訴訟の事案に対し、本判決は、本件請求においては、肺がん発症が損害であって、肺がん発症の日を遅延損害金起算日とするのが相当であり、本件における原告について

は、肺がんと診断された日を肺がん発症の日とし、遅延損害金起算日とするのが相当であるとした。

2　責任無能力者の監督義務者等の責任

(1) 民法714条

なし。

(2) 民法709条

後掲 [7] 横浜地判令元・7・26。
後掲 [8] 大津地判平31・3・14。

3　使用者責任（715条）

(1) 事実的不法行為

[4] 福岡地判平31・4・23判時2427号58頁（①事件判決、②事件判決）。

①事件は、指定暴力団（暴力団員による不当な行為の防止等に関する法律（「暴対法」）3条所定の指定を受けた暴力団）Uの構成員に刃物で襲撃されたX₁が、組長ら幹部であるYら（Y₁（総裁＝組長）、Y₂（会長）、Y₃（理事長））は前記構成員を指揮監督してUの威力を利用した資金獲得活動に従事させており、本件襲撃はX₁の親族の関わる工事の利権獲得を目的に行われたものであるなどと主張して、715条の使用者責任等に基づき、Yらに対して損害賠償を求めた事案である。①事件の判決は、第1に、本件襲撃は、Y₂（会長）の指示のもと、Uの資金獲得を目的として、地元業界団体に関わる利権を得ようとして行われたもので、Uの事業の執行として行われたものであると認め、第2に、本件襲撃を指示したY₂（会長）だけでなく、Y₁（総裁＝組長）、Y₃（理事長）についても、使用者の立場にあったと認定した。

②事件は、U（①事件と同じ）の構成員に拳銃で襲撃された元警察官のX₂が、本件襲撃はUの幹部であったY₁（総裁＝組長）、Y₂（会長）、Y₃（理事長。U傘下の暴力団であり、Y₁およびY₂の出身母体であるVの組長を務めていた）、およびY₄（Vの若頭を務めていた）が共謀して、前記構成員に指示して行われたものであるなどと主張して、719条の共同不法行為責任に基づき、Yらに対して損害賠償を求めた事案である。②事件の判決は、本件襲撃は、Y₁（総裁＝組長）により決定され、Y₂（会長）、Y₃（理事長）、Y₄へと順次された指示に基づいて行われたものであり、Y₄において本件襲撃の具体的な計画をし、必要な道具の準備をし、前記構成員に指示して現に本件襲撃を実行したものであって、Yらおよび前記構成員の各行為はいずれも709条の不法行為に該当

し、本件襲撃はこれらの行為が関連共同してなされていることから、719条の共同不法行為に該当するとし、したがって、Yらは、本件襲撃によるX₂の損害について、連帯して賠償責任を負うとした。

(2) 取引的不法行為

[5] 東京地判平30・11・27判タ1471号165頁。Y銀行の従業員（「本件従業員」）は、Xらに対して架空投資案件への投資（「本件投資」）を勧誘し、Xらから出資金名下に金員を受領した（「本件加害行為」）。Xらは、Y銀行に対し、(1)715条1項に基づき、Xらが詐取された金額から配当金名下に受領した金額を控除して算出した各損害金の支払を求めるとともに、選択的に、(2)709条に基づき、Y銀行が従業員に対する指揮監督権および施設管理権の行使を怠り、本件従業員の不法行為を中止させなかったとして、同額の損害賠償を請求した。本判決は、(1)について、最三判平22・3・30判時2079号40頁、判タ1323号111頁を参照したうえで、本件加害行為はY銀行の事業の範囲内の行為であるといえず、さらに、本件加害行為が客観的・外形的にみて本件従業員の担当する職務の範囲内のものであるともいえないとした。(2)について、Xらの主張は採用することができないとした。

[6] 大阪地判平31・3・26判時2429号39頁（取引裁判例の動向[6]）。Xら（旅行者）とY（旅行業を営む株式会社）は、「歩かずに行く8000m峰五座〔ヒマラヤ山脈の8000mを超える5つの山。チョモランマ等〕大展望」とする募集型企画旅行契約を締結した（「本件旅行契約」、「本件旅行」）。しかし、出発4日前（平成27年4月25日）、現地時間12時頃（24時間制。以下同じ）、ネパール西部でマグニチュード7.8の地震が発生し（「本件地震」）、翌26日（出発3日前）、チベット自治区人民政府（「人民政府」）のホームページ上に、旅程上の主要道路につき交通規制実施通告が発出されたことが掲載された。しかし、Yの従業員らは、本件旅行を代行していた現地の旅行社の責任者に確認を依頼するなどした結果、本件旅行は安全に催行が可能と判断し、翌27日（出発2日前）、Xらに対し、予定どおり本件旅行を実施すると連絡した。翌々日（同年4月29日）、Xらは、本件旅行のために日本を出発した。しかし、Yの従業員＝添乗員は、Xらに、旅程上の主要道路の一般車両が通行禁止になっていることを伝えた（同年4月30日）。Xらは、早期に帰国することを決め（同年5月1日）、帰国の途についた（同年5月3日）。

Xらは、出発前のYの従業員の情報収集および提供が不十分であったために解除の機会を逸したとし

て、Yに対し、使用者責任または債務不履行に基づく損害賠償として、出発前に解除していれば返金されたはずの代金相当額、慰謝料および弁護士費用の支払を求めた。

本判決は、旅行会社は、旅行者に対し、旅行サービスの手配および旅程管理という旅行契約上の主たる債務に付随する義務として旅行の安全かつ円滑な実施の可否に関する情報について、適時適切にこれを収集および提供する義務を負うとしたうえで、Yは、本件旅行の出発前に前記交通規制についての情報を収集し、これをXらに提供する義務を負っていたところ、その情報を収集および提供しなかったYにはその義務違反があったとした。さらに、Yの義務違反とXの解除権不行使との間の因果関係を肯定し、旅行代金から取消料（半額）を控除した残額、慰謝料各2万円、弁護士費用各3万円の損害を認めた。

本判決は、債務不履行に基づく損害賠償として、慰謝料と弁護士費用を認めた点が注目される（匿名コメント）。

4 工作物責任（717条）

なし。

5 共同不法行為（719条）

[7] 横浜地判令元・7・26判時2442号76頁。本件は、川崎市内の河川敷で被害者V（13歳）がA₁（18歳）、B₁（17歳）、C₁（17歳）（「被告少年ら」）に殺害された事件（「本件事件」）について、Vの母X₁、他4名が、A₁の父母A₂およびA₃、B₁の母B₂、C₁の父母C₂およびC₃（「被告親権者ら」）には監督義務違反があると主張して、被告少年らおよび被告親権者らに対し、709条、719条1項前段に基づき損害賠償を求めた事案である。本判決は、被告少年らの共同不法行為責任を認めるとともに、A₂およびA₃とB₂に監督義務違反の責任があるとしたが、C₂およびC₃に監督義務違反の責任はないとした。被告少年らと被告親権者らがそれぞれ同居しているのは共通していたが、被告少年らそれぞれの粗暴性、暴力傾向および不良交友の程度、飲酒等の状況ならびに被告親権者らのこれらに対する認識可能性の違いによって監督義務違反にかかる結論が分かれた（匿名コメント）。

[8] 大津地判平31・3・14判時2424号82頁。V（事件当時16歳）が、琵琶湖のヨットハーバーの突堤（「本

件現場」）でA₁、B₁、C₁（いずれも事件当時18歳。「A₁ら」）と遊んでいたところ、A₁は、突堤上でVの肩付近を手で押してVを琵琶湖内に転落させ、よって、Vを溺水により死亡させた（「本件事件」）。本件事件については、共同正犯による傷害致死の疑いでA₁らを逮捕拘留の上、所要の捜査が行われ、その後、A₁については第一種少年院送致、B₁、B₂については不起訴処分となった。Vの母であるXは、(1)A₁らに共同不法行為が成立し、(2)A₁の監督義務者である A₂、B₁の監督義務者であるB₂とB₃、C₁の監督義務者であるC₂（「A₂ら」）がA₁らに対する監督義務を怠ったとして、A₂らに共同不法行為が成立すると主張し、不法行為に基づく損害賠償9150万余円等を求めた。本判決は、(1)について、A₁らの間にVを不意に琵琶湖に突き落とすことについて主観的な意思の連絡があったことが認められ、A₁らの間に関連共同性が認められるとして、A₁による暴行はA₁らによる共同行為であるから、B₁、C₁はA₁とともに共同不法行為責任を負うとした。(2)について、未成年者が責任能力を有する場合であっても、その監督義務者に監督義務違反があり、これと未成年者の不法行為によって生じた損害との間に相当因果関係を認め得るときには、監督義務者は709条に基づき損害賠償責任を負うが、その検討では、具体的結果との関係における予見可能性および結果回避可能性を踏まえて判断すべきであるとしたうえで、A₁らについて非行傾向があったことをもって、A₂らにおいて、A₁らが本件事件のようなことをひきおこすことを具体的に予見することができたとはいえないし、かつ、A₂らが、A₁らに対し、非行行為をしないよう監督指導を尽くしていれば本件事件の発生を防止することができたともいいがたいとして、A₂らに709条に基づく損害賠償責任を認めることはできないとした。そして、本判決は、Xの損害を7829万余円等と認め、A₁らに対し、709条および719条に基づき、その賠償責任を認めた。

後掲[20]福島地判平31・2・19。

後掲[36]東京高判令元・9・19。

6　名誉、プライバシー

(1)　名誉

[9]東京地判平28・8・30判タ1468号244頁。Xは、ある刑事事件の主任弁護人を務めていた。Yは、フリージャーナリストであり、Xの弁護活動について批判する記事（「本件記事」）を執筆し、同記事がZ会社（補助参加人）発行の週刊誌に掲載され

た。そこで、Xは、本件記事により名誉を毀損されたとして損害賠償を請求した。本判決は、まず、事実摘示と意見および論評とからなる本件記事の内容は、一般の読者が本件記事を読んだ場合には、Xに対する社会的評価を低下させるものであるとした。つぎに、真実性または相当性の抗弁について、本件記事における摘示事実の一部は真実であり、また、本件記事における摘示事実の一部は真実であるとはいえないが、そのように信じたことに合理的な理由があるとした。さらに、本件記事における論評部分の表現が人身攻撃に及ぶなど意見ないし論評としての域を逸脱したものとはいえないとした。

[10]那覇地判平30・12・11判時2425号75頁。X（元県副知事）による教員および学校事務職員採用試験における合格口利き（「本件口利き」）をめぐって、Xは、Y（元県教育長）に対し、Yが本件口利きの事実を報告する文書を作成して県に提出するとともに、本件口利きの事実にかかる情報を新聞社に提供するなどしたために、X自身の名誉が毀損されたと主張して、不法行為に基づく損害賠償を求めた。これに対して、Yは、Xに対し、反訴として、(1)Xが前記文書の内容が虚偽であるなどとする記者会見を開いたために、Yは虚偽の情報を流布した人物であるとの印象が広まり、Y自身の名誉が毀損されたと主張して、不法行為に基づく損害賠償および謝罪広告を求めるとともに、(2)Xが前記文書の内容が虚偽であるとして本訴事件を提起した行為、および、XがYを名誉毀損罪で告訴した行為は、いずれも不法行為に当たるとして、不法行為に基づく損害賠償を求めた。本件の主な争点は、本件口利きの事実の真実性の有無、XおよびYによる名誉毀損行為の有無、謝罪広告の要否、Xによる本訴事件提起および告訴の違法性の有無である。本判決は、本件口利きの事実を真実と認め、Xの本訴請求を棄却した。本判決は、反訴請求中、(1)について、Xの記者会見によってYの名誉が毀損されたとして、Xの不法行為責任を認めたが、謝罪広告の必要性については否定した。(2)について、Xが本訴事件を提起した行為、および、XがYを名誉毀損罪で告訴した行為は、著しく相当性を欠き違法であるとして、不法行為の成立を認めた。

[11]大阪地判令元・9・12判時2434号41頁。Yは、ツイッター上に他人が投稿したツイートを何らのコメントも付さずそのままリツイートした（「本件投稿」）。Xは、Yによる本件投稿がXに対する名誉毀損に当たるとして本訴請求をし、Yは、Xによる本訴提起行為（「本件提訴」）が訴権を濫用する「ス

ラップ」訴訟に当たるとして反訴請求をした。本判決は、本訴請求について、第1に、何らのコメントも付加せず元ツイートをそのまま引用するリツイートは、リツイートの投稿者が、自身のフォロワーに対し、元ツイートの内容に賛同する意思を示して行う表現行為であると説示したうえで、本件投稿の行為主体（責任の帰属主体）はYであり、第2に、本件投稿は、事実を摘示したものと認められ、第3に、本件投稿は、Xの社会的評価を低下させるものであるとして、本件投稿は名誉毀損に該当すると判断した。そして、本件投稿について違法性阻却事由は認められず、Xの損害を33万円と認定した。本判決は、反訴請求について、本訴請求を一部認容したことから、Yの主張する「スラップ」（訴権の濫用）の前提を欠くとして、請求を棄却した。

[12] 東京高判令元・11・27 判時 2437 号 26 頁。Xは保育事業を営む社会福祉法人である。Y₁社（東洋経済新報社）は経済関連ニュースを中心とするウェブサイト（「本件サイト」）を運営する出版会社であり、Y₂はその代表取締役、Y₃は本件サイトの編集長、Y₄は本件で問題となった記事（「本件記事」）を執筆したフリーライターである。Xは、「『業界4位　Z保育園の"不都合な真実"』、『偽装工作』で認可を取得していたことが判明」などの虚偽事実の記載（「本件記載」）がされた本件記事が本件サイト上に公開されたことによって、Xの社会的評価が低下したと主張して、Yらに対し、719 条等に基づく損害賠償を請求するとともに、723 条に基づく名誉回復処分として、Y₁社および Y₄に対して本件記載の削除を求め、Y₁社に対して本件サイト等への謝罪広告の掲載を求めた。本判決は、第1に、「偽装工作」の記載部分は「事実の摘示」であり、真実性・相当性の抗弁はいずれも成立しないとして、330 万円の損害賠償を命じたほか、第2に、本件記載の削除を命じた。さらに、原判決が、謝罪広告を本件サイトトップページ上のトップニュースの先頭記事部分に1か月間掲載することを命じたのに対し、本判決は、第3に、訂正記事を本件サイトに掲載されている本件記事の本文部分の冒頭に本件記事の掲載期間中掲載することを命じた。本判決は、ウェブサイト上の記事による名誉毀損であることを考慮し、名誉毀損部分の削除を命じた上で、削除部分と削除の理由を公表するほうが、謝罪を公表するよりも、名誉回復措置として効果的で適切であるとしたものと考えられる（匿名コメント）。

[13] 東京高判平 30・10・18 判時 2424 号 73 頁。本件は、懲戒解雇無効確認等請求事件（「別訴」）に

おいて、別訴被告会社の従業員であり、別訴被告会社申請の証人として尋問を受けたXが、別訴原告の訴訟代理人弁護士Yから反対尋問を受けた際のYの発言（Xが前職である駅長をしていたときに約 3000 万円の大金を横領し、それが発覚したために、前勤務先を退職したのではないか、などの発言。「本件各発言」）により名誉を毀損されたと主張し、不法行為に基づく損害賠償として慰謝料 300 万円を請求した事案である。本判決は、まず、本件各発言はXの社会的評価を低下させるものであるとした。そして、民事訴訟における反対尋問において証人の証言の信用性を弾劾する目的で証人の名誉を毀損する質問が行われた場合において、正当な訴訟活動として違法性が阻却されるか否かを判断するための要素を列挙したうえで、本件各発言については、正当な訴訟活動として違法性が阻却されると認めることができないとして、慰謝料 100 万円を認めた。

(2) プライバシー

[14] 札幌地判令元・12・12 判時 2440 号 89 頁。本件は、Xが、Y（グーグル）に対し、(1) Yの検索サイトにおいて、Xの氏名に強姦などの語を加えた条件で検索すると、検索結果として、Xが逮捕された事実など（「本件事実」）の内容が書き込まれたウェブサイトの URL など（URL 等情報）が表示されることから、Xのプライバシーが侵害されているとして、人格権に基づき、検索結果の削除を求め、(2) XとYとの訴外の交渉において、YがXの URL 等情報の削除を求める要請に応じなかったことについて、不法行為に基づき、損害賠償金 130 万円等の支払を求めた事案である。本判決は、(1) について、最三決平 29・1・31 民集 71 巻 1 号 63 頁を引用し、第1に、本件事実は、本件口頭弁論終結時において、社会における正当な関心事として、公表する社会的意義は乏しくなっていること、第2に、検索結果の表示を維持する必要性よりも本件事実を公表されないXの法的利益が優先することは明らかであると述べ、検索結果の削除に関する請求の一部を認容した。(2) について、Yが検索結果を削除する必要があるとの認識を有するに至らなかったとしてもやむをえず、当該認識を欠いたことにつき過失があったと認めることはできないとして、不法行為に基づく損害賠償請求を棄却した。

7　その他の人格的利益

(1) 家族関係に関するもの

[15] 東京高判令元・9・25 判タ 1470 号 75 頁。

妻Xと夫Y₁は平成15年に婚姻した夫婦であり、3人の子供がいる。Y₁は、3年間の予定で米国NY州に在外勤務することになり、平成25年3月に家族全員で渡米し、NY州に居住した。平成25年10月ころには、Y₁およびY₂の不貞行為が始まった。平成25年12月には、Y₁はY₂の住居で寝泊まりするのを常とするようになり、Xおよびその子ら3人との自宅には週末などに時々帰宅するだけになった。このころ、Y₂がY₁の子を懐妊し、平成26年9月、Y₂はY₁の子を出産した。平成27年12月、Yらおよびその間の子は、3人で帰国し、日本国内における官舎での同居生活を開始した。そのころ、Xおよびその子ら3人は、Yらとは別に帰国した。Xおよびその子ら3人は、日本国内における収入源も居住先もないため、Xの実家に身を寄せざるを得なかった。その背景には、Y₁が、Xおよびその子ら3人を意図的に遺棄することを決断し、彼らの帰国後の住居の手配をいっさい行わなかった、という事情がある。Y₁は、帰国後、Xに対する生活費の送金をせず、また、Xに対して離婚請求訴訟を提起したが、請求棄却判決、控訴棄却判決の言渡しがあった。

Xは、Y₁およびY₂に対し、婚姻生活の平和を侵害する不法行為を請求原因として慰謝料500万円等の賠償の支払を求めた。原判決は、本件の準拠法は法の適用に関する通則法（「通則法」）17条により加害行為の結果発生地である米国NY州の法律となり、NY州法では配偶者が他方配偶者およびその不貞行為の相手方に対して不貞行為を理由とする損害賠償を請求することができないと判断して、Xの請求を全部棄却した。本判決は、本件の法律関係の性質は不法行為である、不法行為の準拠法は加害行為の結果発生地である、複数の結果発生地がある場合における不法行為の準拠法は最も重要な結果が発生した地の法であるとしたうえで、本件では、最も重要な結果が発生した地は日本であり（本件の不法行為はNY州と日本において行われた一連の一個の不法行為であり、不貞行為期間はNY州2年3か月、日本約3年6か月である）、準拠法は日本法であると判断した。そして、Y₁およびY₂は、連帯して、慰謝料300万円等を支払うべきであるとした。

(2) 性に関するもの

[16] 東京地判平29・8・18判タ1471号237頁。X（女性、初婚、30歳）とY（男性、初婚、34歳）は、平成27年4月に婚姻し、平成28年4月に協議離婚した。XとYは、平成25年12月から交際を開始し、平成26年8月から同居を開始しているが、この間

も含め離婚まで、両者の間には一度も性交渉がなく、身体的接触すらもなかった。Xは、Yが性交渉を拒絶したこと等を原因として婚姻関係が破綻し、離婚に至ったと主張して、不法行為に基づき慰謝料500万円等を求めた。本判決は、夫婦間の性交渉等の重要性についてはこれを肯定しつつ、性交渉等がなかったという一事をもって、その主たる原因を有するYからXへの不法行為責任を認めるのではなく、Xにおいて、性交渉等がないことにより相当の不安を感じており、これをYに伝え、YもXのこのような真情を察していたにもかかわらず、Yにおいて、特段態度を変えなかったこと等を踏まえ、婚姻関係の破綻を招来させたYにはXに対する不法行為が成立するとして、慰謝料50万円等を認めた。本判決は、婚姻の本質は両性が永続的な精神的および肉体的結合を目的として真摯な意思をもって共同生活を営むことであるという伝統的な考え方は維持しつつも、たんに性交渉（肉体的結合）がないとの一事をもって不法行為が成立するとしたものではなく、XY間の種々の事情をあわせ考慮して不法行為の成否を判断したものである（匿名コメント）。

(3) ベネッセ個人情報流出事件判決

[17] 東京高判令元・6・27判時2440号39頁（ベネッセ個人情報流出事件判決）。本件は、Y₁（株式会社ベネッセコーポレーション）に個人情報を提供したXらが、Y₁がY₂（株式会社シンフォーム。Y₁の子会社）にその管理を委託し、Y₂がさらに外部業者に再委託し、再委託先の従業員が当該個人情報を外部に漏洩させたこと（「本件漏洩」）につき、Y₁およびY₂に対して、当該個人情報の管理に注意義務違反などがあったとして、共同不法行為に基づき慰謝料等の支払を求めた事案である。本判決は、まず、Y₂には、業務用パソコンからMTP対応スマートフォンへのデータの書き出し（持ち出し）を制御する措置を講ずべき注意義務があったにもかかわらず、これを怠った過失があり、Y₁には、Y₂に対する適切な監督をすべき注意義務があったにもかかわらず、これを怠った過失があり、Yらの不法行為は客観的に関連するから共同不法行為が成立するとした。そして、原判決が、Xらに慰謝料請求権を認め得るほどの精神的苦痛が生じたとは認められない、としたのに対して、本判決は、本件漏洩について、一方で、不快感および生活の平穏等に対する不安感を生じさせるものであること、個人情報が適切に管理されるであろうとの期待を裏切るものであること、他方で、実害が発生したとは認められないこと、直ちに被害の拡大防止措置が講じられていること、

顧客の選択に応じて500円相当の金券を配布するなどとして事後的に慰謝の措置が講じられていることを総合的に考慮して、Xらが受けた精神的損害に対する慰謝料は各2000円と認めるのが相当であると判断した。

8 交通事故

[18] 名古屋地判令元・6・26判時2440号81頁は、保険契約における故意免責を認めたものである。XおよびY₁は、Xが運転するポルシェ（「X車」）に、Y₁が運転する日産キューブ（「Y₁車」）が追突する交通事故（「本件事故」）が発生したと主張している。第1事件において、Xは、(1)Y₁に対し、不法行為に基づく損害賠償請求権に基づき、賠償金等の支払を求めるとともに、(2)Y₁の配偶者との間で、Y₁を被保険者とし、Y₁車を対象とする自動車総合保険契約（「本件保険契約」）を締結していたY₂会社（損保ジャパン）に対し、本件保険契約の普通保険約款（「本件約款」）に基づく直接請求権に基づき、賠償金等の支払を求めた。第2事件において、Y₂会社（損保ジャパン）は、Y₁に対し、保険事故は発生しておらず、かりに発生したとしても、Y₁の故意によって発生したものであって、本件約款における故意免責が存在すると主張して、本件事故による保険金支払債務が存在しないことの確認を求めた。本判決は、第1事件における、(1)について、当事者間に争いがないことを前提に、Xの人身事故についての請求額を一部認容し、(2)について、本件事故は、XとY₁との共謀（被保険者であるY₁の故意）によるものであると認定し、Y₂会社の故意免責の主張を認めた。本判決は、第2事件について、確認の利益が認められることを前提に、第1事件における判断を踏まえ、Y₂会社のY₁に対する債務不存在確認請求を全部認容した。

9 学校関連事件

(1) 私立学校関連事件

[19] さいたま地川越支判令元・6・13判時2441号29頁。学校法人Yは、私立中高一貫校であるZ₁中学校およびZ₂高等学校を設置し、学校教育を実施している。本件は、Z₁中学に在籍していたX（中学3年生）が、Yに対し、Z₁中学の校長がXに対してした退学処分（「本件退学処分」）が違法なものであり、不法行為および債務不履行に当たるとして、これによって被ったとする転校先学校への学校納入

金や慰謝料等の損害賠償金合計277万余円の支払を求める事案である。Yによれば、本件退学処分の理由は、Xは、最寄り駅でライターを拾い、そのまま寄宿舎内に持ち込み、その後の1週間近く、数人で複数回にわたり同ライターを使って遊び、同ライターを使って寮室の床を焦がしたこともあった（「本件行為」）、ということである。本判決は、最三判昭49・7・19民集28巻5号790頁（昭和女子大学事件判決）を参照し、本件についての詳細な検討の結果、本件退学処分は、社会通念上合理性を欠き、Z₁中学の校長には懲戒権行使に当たっての裁量権の逸脱が認められ、本件退学処分は違法であるとし、財産的損害（総計126万余円）、精神的損害（50万円）、弁護士費用（18万円）などの賠償を認めた。

[20] 福島地判平31・2・19判時2425号58頁。本判決は、私立高校の柔道部内において、同部員Yらが同部員Xに対し、1年半の間、嫌がらせ等の言動を継続的かつ執拗に行っていたことを認め、このYらの一連の言動は、悪ふざけの限度を超えたいじめ行為に該当するものであり、不法行為を構成する違法なものであるとして、Yらは、709条および719条1項に基づき、Yらの一連のいじめ行為によりXが被った損害について、連帯して賠償すべき責任があるとした。

(2) 公立学校関連事件

[21] 札幌地判平31・4・25判時2437号86頁。北海道立高等学校（「本件高校」）に在学していた亡A（「本件生徒」）が自殺したことについて、本件生徒の母であるXが、Yに対し、国賠法1条1項または在学契約の債務不履行に基づいて、損害賠償を求めた。本判決は、第1に、B教諭の指導が本件生徒に対する体罰等に当たる、あるいは、生徒指導として許容される限度を超えているとは認められないとして、その指導が安全配慮義務違反ないし国賠法1条1項の適用上の違法な行為を構成することはないとし、第2に、C教頭らは、全校アンケートを実施し、聞き取り調査を行った上で、Xに対して、本件生徒の自殺の原因として考えられる事情の説明を行ったものであり、その説明内容に誤りがあったとは認められない等から、Yに、調査報告義務違反があったとは認められないとしつつ、全校アンケートの回答結果の中に、本件生徒の自殺の原因に関する有益な情報が含まれていたのであれば、在学契約における信義則上の義務として、Xに対して報告すべきであるにもかかわらず、全校アンケートの回答原本を廃棄したC教頭の行為は、上記のような情報の有無を確認する機会を失わせるものであり、Xに対する調

査報告義務違反を構成するものであるとした。

[22] 名古屋地判平31・4・18判タ1469号221頁。愛知県立高校の陸上部の部活動においてハンマー投げの練習中、Aがハンマーの投てき動作に入り、Xがつぎに投てきするために待機していたところ、投てき動作中のAのハンマー（「本件ハンマー」）のワイヤーが破断して、本件ハンマーのヘッド部分（金属球）がXの足に当たり、Xは障害を負った（「本件事故」）。本判決は、第1に、本件ハンマーは国賠法2条1項の「公の営造物」に当たるとしたが、その設置または管理の瑕疵があるとはいえないとした。第2に、ハンマー投げ練習場（「本件練習場」）について、ハンマー投げ練習場として通常有すべき安全性を欠いており、国賠法2条1項の設置または管理の瑕疵があると認めた。第3に、陸上部顧問教諭（「本件教諭」）について、本件練習場において適切に防護用の囲い、ネット等を設置し、管理すべき義務に違反した過失を認め、また、かりにハンマーが飛んできても安全性が確保される場所を待機場所として選定し、当該場所での待機を部員に指示する義務に違反した過失を認めた。

[23] 京都地判令元・10・24判時2440号72頁。本判決は、京都市立高校のソフトボール部員であるXがノック練習中、捕球時に左手小指を骨折した事故（「本件事故」）につき、Xは本件事故前に左手親指および左手小指を負傷しており身体状態に問題があったところ、監督教師であるAがXに対して強度の高いノック練習を行ったことによって本件事故が発生したとし、AのXに対する安全面への配慮に欠けるところがあったとして過失を認めた。

10　安全配慮義務

[24] 東京高判平30・4・26判時2436号32頁（取引裁判例の動向[8]）。団地の植物管理工事（樹木の剪定等）が元請会社Y₃に発注され、元請会社Y₃から第1次下請会社Y₄に下請けに出され、さらに、Y₄から第2次下請会社Y₁に下請けに出された。本件は、Y₁の従業員として作業していたX₁が、高さ約5メートルの樹木から転落して受傷し、重篤な後遺障害が生じたことについて、Y₁とその代表者Y₂のほか、Y₄、Y₃も相手に、安全配慮義務違反等を理由とする損害賠償を求めた事案である。本判決は、本件作業において、作業員の安全確保のためには、「一丁掛け」といわれる安全性の徹底に欠ける安全帯ではなく、「二丁掛け」といわれる安全帯の使用とその徹底が求められるべきところ、Y₁はX₁に対

し二丁掛けの安全帯を提供し、その使用方法を指導し、本件作業にこれを使用させる義務に違反した（債務不履行および不法行為）と認めた。そして、本判決は、第1次下請会社Y₄について、Y₄とY₁の作業員との間には、特別な社会的接触の関係を肯定するに足りる指揮監督関係があったと認め、上記安全配慮義務違反（債務不履行および不法行為）を認めた。そして、本判決は、元請会社Y₃について、Y₄についての認定と同じ認定をし、上記安全配慮義務違反（債務不履行および不法行為）を認めた。

[25] 福井地判令元・7・10判タ1470号169頁。本件は、公立中学校の教員（「亡D」）が長時間労働等により精神疾患を発症し、自殺したことに関して、遺族が地方公共団体に対し校長の安全配慮義務違反に基づく損害賠償を求めた訴訟である。公立中学校の教育職員が長時間労働等により過労死した場合、公立の義務教育諸学校等の教育職員の給与等に関するする特別措置法（「給特法」）等が前提とする教育職員の職務等の特殊性から、教育職員が所定勤務時間外に行った業務については、自主的な活動と評価され、かかる業務につき安全配慮義務違反が認められないのではないかが問題になりうる（匿名コメント）。本判決は、亡Dの時間外勤務は専ら担当業務またはそれらに関連する事務に充てられ、亡Dはこれらの業務を所定勤務時間外に行わざるを得なかったと認定し、亡Dはこれらの業務に自主的に従事していたとはいえないとした。そして、校長は、亡Dの業務時間および業務内容が過重なものとなっており、亡Dの健康状態を悪化させうるものであったことを認識可能であったと認めた上で、安全配慮義務の履行を怠ったものと言わざるを得ないとした。

11　専門家責任

(1)　司法書士

[26] 東京高判令元・5・30判時2440号19頁（取引裁判例の動向[28]）。本件は、Aら所有の土地（「本件土地」）について、AらからBへの売買（「本件1売買」。なお、司法書士Y₆が、本件1売買にかかる所有権移転登記申請手続を受任した）、BからY₄への売買（「本件2売買」）、Y₄からY₁への売買（「本件3売買」）、Y₁からXへの売買（「本件4売買」。Y₃が本件4売買を仲介した。なお、司法書士Y₇が本件2～4売買にかかる所有権移転登記申請手続を受任した）がされ、Xは売買代金を支払ったものの、Aらが本件1売買の契約を締結していなかったため、本件土地について本件4売買に基づく所有権移転登記

をすることができなかったとして、Yらに対し、不法行為に基づく損害賠償（5億円超）を請求した事案である。

原審は、前件の司法書士Y₆に対する請求を認容し、その余のYらに対する請求をいずれも棄却した。XおよびY₆が控訴した。

控訴審も、前件の司法書士Y₆に対する請求を認容し、控訴を棄却した。理由はつぎのとおり。第1に、連件申請においては、前件の登記が完了することが後件の登記に必要であることに鑑み、前件の司法書士は、委任関係のない後件登記権利者に対しても、調査確認義務を負う。第2に、本件1売買の権利証（「本件権利証」）は、偽造が一見明白であったとまでは認められないが、その記載や齟齬につき、その真否を疑うべき相当な理由がある場合に該当すると認められるので、Y₆は、その記載や齟齬につき、その真否についても調査確認すべき義務を負っていたのに、これを怠ったものと認められる。第3に、よって、Y₆には、Xとの関係においても、本件権利証の真否にかかる調査確認義務を怠った過失がある。

(2) 弁護士

[27] 東京地判平30・9・10判タ1470号184頁（取引裁判例の動向[27]）。Xは、平成26年頃、D法律事務所に所属していた非弁護士＝元弁護士であるY₁に事件の相談をするようになり、平成26年11月頃、Y₁に500万円を貸し付けた。Y₁は、平成27年1月に活動の拠点をB法律事務所に移したため、Xは、B法律事務所を訪ねて、Y₁に引き続き事件の相談をしていた。Y₁は、その事件について、その相手方との間で、B法律事務所の唯一の弁護士であるY₂名義の和解書を作成し、和解金として合計825万円を受領し、Y₂名義の領収書を交付するなどした。Xは、この間に、B法律事務所に宛てて、着手金として2500万円を支払うことを約束する旨の覚書（「本件覚書」）を作成するなどした。

Xは、Y₁に対し、500万円の貸金の返還請求権を有し、Y₂に対し、825万円の預り金の引渡請求権を有しているところ、Yらが、Xに本件覚書などを作成させ、着手金支払債務との相殺を主張して、500万円の貸金の返還および825万円の預り金の引渡しを拒絶することによって、Xによる両債権の行使を困難にしたなどと主張して、(1)主位的には、(a)825万円の預り金について、Y₂に対しては委任契約の受取物引渡請求権に基づき、Y₁に対しては債権侵害の不法行為による損害賠償請求権に基づき、連帯支払を求め、(b)500万円の貸金について、

Y₁に対しては貸金返還請求権に基づき、Y₂に対しては債権侵害の不法行為による損害賠償請求権に基づき、連帯支払を求めた。(2)予備的には、非弁活動をする（弁護士法72条）などの一連の違法な行為により、合計1325万円の損害を与えたとして、Y₁に対しては共同不法行為による損害賠償請求権に基づき、Y₂に対しては共同不法行為または使用者責任による損害賠償請求権に基づき、1325万円の連帯支払を求めた。

本判決は、(1)(a)（XのY₂に対する委任契約による損害賠償請求）については、XとY₂との間に委任契約が成立したとして、請求を認容した。(1)(b)（XのY₂に対する債権侵害による損害賠償請求）については、XのY₁に対する貸金返還請求に対するY₁の履行拒絶は理由がないものであるから、Y₁の履行拒絶によりXのY₁に対する貸金返還債権の行使が困難になったということはできないとして、請求を棄却した。(2)（XのY₂に対する共同不法行為または使用者責任による損害賠償請求）については、Y₁の500万円の借入は、Y₁が活動の拠点をB法律事務所に移す前のことであって、外形的に見て、Y₂の事業の執行についてされたものではなく、また、Y₂がY₁の500万円の借入に関与したこともないとして、請求を棄却した。

弁護士は、非弁護士から事件の周旋を受け、非弁護士に自己の名義を利用させてはならない（弁護士27条）。本件では、Y₂はY₁に自己の名義を利用させていたと評価されてもやむを得ないであろう。しかし、取締法規違反から直ちに私法上の契約の効力が無効となると解するのは、契約の相手方との関係では相当でない。本判決は、上記のとおり、XとY₂との間に委任契約が（有効に）成立したとして、その義務の履行請求を認容したものである（匿名コメント）。

(3) 税理士

[28] 東京高判令元・8・21金判1583号8頁（取引裁判例の動向[30]）。Xの顧問税理士であったYが、Xの課税リスクについて説明を怠り、役員事前確定届出給与制度について助言を怠ったことについて、また、Yが事実と異なる申告をしたため、そののち、Xが修正申告を余儀なくされ、延滞税等を支払ったことについて、本判決は、Yに、税務顧問契約の債務不履行責任または不法行為責任を認めた。

12 債権侵害、契約侵害

前掲 [27] 東京地判平30・9・10。

[29] 最三判平 31・3・5 判時 2424 号 69 頁（不動産裁判例の動向 [8]）。マンションの団地管理組合法人の総会において、専有部分の電気料金を削減するため、団地管理組合法人が一括して電力会社との間で高圧電力の供給契約を締結し、マンションの団地建物所有者等が団地管理組合法人との間で専有部分において使用する電力の供給契約を締結して電力の供給を受ける方式（いわゆる高圧一括受電方式）への変更をする旨の決議がされ、さらに、高圧一括受電方式への変更をするためには、個別に電力会社との間で専有部分において使用する電力の供給契約（「個別契約」）を締結している団地建物所有者等の全員がその解約をすることが必要とされているため、団地建物所有者等に個別契約の解約申入れを義務づける旨の決議がされた。これらの決議を受けて、Yら以外の団地建物所有者等は個別契約の解約申入れをした。しかし、団地建物所有者であり、本件決議に反対していたYらは個別契約の解約申入れをしていなかった。そこで、団地建物所有者であるXが、Yらがその専有部分についての個別契約の解約申入れをすべしとするこれらの決議に基づく義務に反してそれをしないことによって、高圧一括受電方式への変更がされず、Xの専有部分の電気料金が削減されないという損害を被ったとして、Yらに対して、不法行為に基づく損害賠償を求めた。

本判決は、これらの決議における、団地建物所有者等に個別契約の解約申入れを義務づける部分は、建物の区分所有等に関する法律（「法」）66 条において準用する法 17 条 1 項または 18 条 1 項の決議として効力を有するものとはいえない、また、法 66 条において準用する法 30 条 1 項の規約として効力を有するものとはいえないとして、Yらは上記決議に基づく上記義務を負うものではなく、Yらが上記解約申入れをしないことはXに対する不法行為を構成するものではないとした。

本判決は、不法行為を構成しないとしたが、かりに、不法行為を構成するとすれば、電力会社と団地管理組合法人との間の契約と団地管理組合法人とXとの間の契約が連鎖し、その契約またはその連鎖をYらが侵害したと構成できるように思われる。

[30] 千葉地松戸支判令元・5・30 判タ 1468 号 163 頁（取引裁判例の動向 [22]）。霊園（「本件霊園」）を経営する宗教法人Yは、石材業者Aに対し、本件霊園内における建墓工事を行う権限、永代使用権の設定契約を締結する権限および本件霊園内の墓所の分譲、販売等をする権限を独占的に付与し（「本件契約」）、さらに、Aは、Xに対し、本件契約によって Y から A へと付与された上記の権限の一部を付与した（「本件資格付与契約」）。Xは、Fに対し、本件霊園内の墓所（「本件墓所」）についての永代使用権を販売したことによって、Fから、独占的に本件墓所の建墓工事（「本件建墓工事」）を請け負う権限を取得したにもかかわらず、Yが、本件建墓工事の施工業者としてXを指定せず、他の業者がその工事を施工することを承認したことから、X以外の業者によって本件墓所の建墓工事は施工された。Yは、Aに対し、651 条 1 項に基づき、本件契約を将来に向かって解除するとの意思表示をした（「本件解除」）。本件は、Xが、上記の権限を侵害され、利益を得る機会を喪失したとして、Yに対し、不法行為に基づく損害賠償を求めた事案である。本判決は、本件契約の法的性質は委任契約および準委任契約に該当するとしたうえで、本件契約は、委任者（Y）の利益のみならず、受任者（A）の利益のためにも締結されたものであるが、本件契約においては、Yが解除権自体を放棄したものとは解されない事情があるとして、本件解除は有効であるとした。そして、本判決は、本件契約が解除されたことにより、以後、Aの上記の権限も消滅し、その一部であるXの上記の権限も消滅したとし、本件においては、Yが、本件建墓工事の施工業者としてXを指定せず、X以外の業者がこれを施工することを承認したとしても、Yの上記行為が違法な法益侵害に当たるとは認められないとした。

[31] 大阪高判令元・7・25 金判 1587 号 35 頁。Yは、平成 25 年 11 月頃、コンタクトレンズ販売店「スマートコンタクト大阪駅前店（「旧大阪駅前店」）」を開店し、Xに対し、その運営を委託した。Xは、Yに対し、平成 28 年 4 月 1 日付けで、旧大阪駅前店の運営委託にかかる契約を解除するとの意思表示をし、他方、Yは、Xに対し、平成 28 年 6 月 7 日付けで、同契約を解除するとの意思表示をした。Xは、平成 28 年 10 月 2 日までには、旧大阪駅前店の運営を終了し、同日、Yに対し、同店舗の物件を明け渡した。Yは、平成 28 年 10 月 6 日、旧大阪駅前店と同じ場所で、コンタクトレンズ販売店「スマイル大阪駅前店」を開店し、他方、Xと契約関係にある別会社が、旧大阪駅前店がある同じビルの同じ階で、コンタクトレンズ販売店「スマートコンタクト大阪駅前店」を開店した。Yは、販売宣伝のために、チラシ（「Y作成チラシ」）を作成し、配布した（なお、Xも、以前、販売宣伝のために、チラシ（「X作成チラシ」）を作成し、配布していた）。Xは、平成 28 年 8 月までには、各店舗の従業員には、店舗を

閉鎖することを説明するとともに、Xの他の店舗に移動して勤務してほしいと伝えたところ、上記従業員らの一部は、Yの代表と連絡をとり、同人と、「スマイル大阪駅前店」で働くこと等の話をした。そして、上記従業員らの一部は、Xを退職し、「スマイル大阪駅前店」で勤務するようになった。

本判決は、つぎのとおり、Xの請求をすべて棄却した。第1に、X作成チラシには創作性が認められず、著作物性は認められから、Y作成チラシによるXの著作権、著作人格権侵害を理由とする、XのYに対する不法行為に基づく損害賠償請求には理由がない。第2に、Yが自己ないし第三者をして社会通念上自由競争の範囲を逸脱する方法でXの従業員を引き抜いたとは認められから、YによるXの従業員の引抜きを理由とする、XのYに対する不法行為に基づく損害賠償請求には理由がない。第3に、XとYとの間で、Xをフランチャイザー、Yをフランチャイジーとするフランチャイズ契約が成立していたとは認められないから、同契約上の競業避止義務違反を理由とする、XのYに対する債務不履行に基づく損害賠償請求には理由がない。第4に、信義則上の競業避止義務違反を理由とする、XのYに対する不法行為に基づく損害賠償請求にも理由がない。第5に、XもYも営業の自由を有するとして、顧客の勧誘方法が社会通念上自由競争の範囲を逸脱したものであったとは認められないから、Yの違法な競合行為を理由とする、XのYに対する不法行為に基づく損害賠償請求には理由がない。

13　取引的不法行為

(1)　交渉破棄

[32] 東京地判平30・2・2判タ1467号233頁（取引裁判例の動向[21]）。本件は、Xが、Yに対し、YにおいてYが有する3Dプリンターを用いて住宅模型（「本件製品」）を複数製造してXに納品することについて、債務不履行または不法行為に基づいて損害賠償を請求した事案である。Xは、(1)本件製品90個の製造にかかる損害賠償請求をし、(2)(1)を超える本件製品の製造（「90個超製造」）にかかる損害賠償請求をした。

本件における主要な争点は、(1)について、履行期において履行できない旨の意思を履行期前に明示したことを理由とする債務不履行責任または不法行為責任の有無にあり、(2)について、交渉過程における信頼関係の不当破棄を理由とする債務不履行責任または不法行為責任の有無にある。

本判決は、(1)について、履行期前であっても、債務者が債務を履行しない意思や履行期までに履行できない認識を明示するなどして、履行期に債務が履行されないことが確定したと認められる場合で、履行期に履行されるように適切に準備する義務に違反したと認められるときは、債務者は債務不履行責任を負うとしたうえで、本件においては、履行期に債務が履行されない状況に至ったのは専らYの製造管理の不十分さに起因するから、Yは履行期に履行されるように適切に準備する義務に違反したとして、Yの債務不履行責任を認めた。(2)について、当事者の言動、当事者間の交渉の経緯や進捗状況等に照らし、一方当事者が契約締結についての期待を抱き、そのような期待が法的保護に値する正当なものといえる場合において、他方当事者が正当な理由なく交渉を打ち切ったといえるときには、不法行為が成立するとしたうえで、本件においては、一方で、Xの契約締結についての期待は法的保護に値しないなどとし、他方で、YがXからの追加注文を拒否したことは不当であるとまではいえないとし、Yの債務不履行責任または不法行為責任を否定した。

[33] 東京地判平31・1・30金法2132号88頁。エンターテインメント業界や流通業界向けに特化したATMにかかるサービスの開発および提供を主たる業務とするXは、平成23年10月8日、Y銀行に対し、Xと提携をして（「本件提携」）、Xがパチンコ店にATMを設置し、預金口座等開設者に対し、それらのATMを通じて出金および残高照会のサービスを提供するとの事業（「本件事業」）を行うことを働きかけ、Y銀行は、本件事業および本件提携に向けた検討を開始した。交渉は一時中断することもあったが、平成26年10月22日、代表者間で面談し、平成26年11月18日、Xは、Y銀行との間で、事業開始に向けたキックオフミーティングを行った。同ミーティング後、XとY銀行は、それぞれのシステムに改修を加え、本件提携に必要なATM運用システムの開発およびテストを行い、平成27年6月2日には、本件事業を開始しうる状態となったことが確認された。ところが、平成27年1月末以降、「赤旗」において、本件事業につき、批判的な記事が掲載され、また、平成27年4月以降、国会でも、日本共産党の議員から、本件事業につき、問題視する趣旨の質問がされた。その後も、XとY銀行は、本件事業の開始に向けて協議を重ねたが、Y銀行は、平成27年11月25日、取締役会において、本件事業を行わない旨を決定し、平成27年12月18日、Xに対し、その旨を連絡した。そこで、Xは、Y銀

行に対し、契約準備段階における信義則上の義務違
反を主張して、損害賠償を求めた。本判決は、Y銀
行の交渉破棄が信義則違反に当たるとし、不法行為
による損害賠償責任を認めつつも、50％の過失相殺
を行った。

(2) 暴利行為

[34] 東京地判平30・5・25判タ1469号240頁（取
引裁判例の動向[3]）。Xは、Yとの間で、その所有
する不動産（「本件不動産」）の売買契約（「本件売買」）
を締結した。その代金額（350万円）は、本件不動
産の固定資産税評価額（1211万3615円）や想定取
引価格（2000万円）と比較すると著しく低額であっ
た。本判決は、第1に、本件売買は代金額が著しく
低額である一方で、Xにとっては損失の非常に大き
い内容のものであり、Yは、当時82歳と高齢で理
解力が低下していた可能性のあるXに対して、十分
な説明をしないまま上記の不合理な内容の契約を締
結させ、暴利を得ようとしたものであるとして、本
件売買は公序良俗に反し無効であるとした。第2に、
上記のYの行為は、Xの本件不動産という財産権を
違法に侵害する不法行為に該当するとしたうえで、
Xは本件不動産を違法に奪われたことによる相当程
度の精神的苦痛、精神的損害を被ったと認めつつ、
そのような精神的苦痛は本件不動産の所有権が保全
されることにより慰謝されうる性質のものであると
して、Xの慰謝料(200万円)の賠償請求を認めなかっ
た。

[35] 大阪地堺支判令元・5・27判時2435号62頁。
Xは、Yの従業員の勧誘に応じ、平成28年8月8
日から同年10月26日までの間に6回にわたり天
珠（天然石に薬草等を混ぜ合わせたもので文様を染み
込ませ焼き上げたもの）を買う旨の契約（「本件契約
1ないし6」。購入した天珠を「本件商品1ないし6」）
を締結し、代金を支払った。Yの従業員は、Xをし
て、本件契約1で本件商品1を購入させ、さらに、
それを清める儀式である浄化と称する機会を設けて
来店に誘って、本件契約2ないし6で本件商品2な
いし6を高額で購入させていた。Xは、本件契約1
ないし6はYの従業員による不法行為によりされた
ものであると主張して、損害賠償として売買代金合
計300万8880円等の支払を求めた。本判決は、本
件契約1については、詐欺行為に当たらないとして、
不法行為を否定した。本件契約2ないし6について
は、実質的暴利行為、販売目的の隠匿、目的隠匿勧
誘、長時間勧誘、反復継続性を認め、社会相当性を
欠くとして、不法行為を認定した。

(3) いわゆる取り込み詐欺行為

[36] 東京高判令元・9・19判時2438号50頁。
本件は、Xらが、納品された商品の代金を支払う意
思がないのにXらに商品を発注し、Xらに商品代金
相当額の損害を与える、いわゆる取り込み詐欺をし
ていたA社からXらの納品した商品を継続的に買い
受けていたYに対し、商品代金相当額等の支払を求
めた事案である。いわゆる取り込み詐欺とは、詐欺
を行う者（本件ではB）が、活動していない会社（本
件ではA社）を利用し、代金を支払う意思がないの
に継続的に業者（本件ではXら）に商品を発注し、
納品された商品を売却して代金を取得した後で当該
会社を倒産させ、その後は別の会社の名義を利用し
て同様の行為を繰り返すことをいう。本判決は、ま
ず、Yの代表者には、Bの取り込み詐欺について故
意または少なくとも過失があったと判断し、また、
Yの関与の態様としても、幇助（719条2項）にと
どまらず、Bの取り込み詐欺とYの買受け行為との
間に客観的な関連共同性があることを認め、共同不
法行為の成立を認めた（719条1項前段）。

(4) 連鎖販売取引

[37] 名古屋地判平31・4・16判時2426号47
頁。Xは、Y₁会社から、4回にわたり、連鎖販売
取引として美容機器付音響機器等を購入した（「本
件取引1」（前記機器1台20万余円）、「本件取引2」（前
記機器1台20万余円）、「本件取引3」（前記機器23
台等合計500万余円）、「本件取引4」（前記機器40台
等合計834万余円）。まとめて「本件取引」または「本
件各取引」）。

そこで、Xは、Y₁会社、Y₂（Y₁会社の代表取締
役）、Y₃（Y₁会社の元取締役で、Y₁会社の会長と名乗っ
ていた者）に対し、(1) 主位的に、不法行為等に基
づき、(2) 予備的に、特定商取引法（「法」）40条1
項（クーリングオフによる解除）等による不当利得
等に基づき、売買代金相当額等の支払を求めた。さ
らに敷衍すれば、Xは、(1)(a)Y₁会社の事業の仕組
み自体（連鎖販売取引）が公序良俗に反する、また、
前記機器は対価に見合った価値がなく、Y₁会社の
取引は実質的に無限連鎖講に当たり公序良俗に反す
る、よって、本件各取引には違法性が認められる、
(b) 本件取引3および4の際、Y₁会社の会員や社員
らは、実際には連鎖販売取引であるのに、これらの
取引はY₁会社に対する出資であり、毎月分配金を
受け取ることができる旨の説明をし、Xをそのよう
に誤信させ、これらの取引をさせた、よって、本件
取引3および4には違法性が認められる、(2) 本件
各取引において交付された書面（「本件契約書」）に

は不備があり、法37条2項の書面が交付されたとはいえないから、法40条1項のクーリングオフ期間は経過しておらず、クーリングオフによる解除が認められる、などと主張した。

本判決は、(1)(a)について、連鎖販売取引は、法によって規制はされているものの、それ自体が禁止されているものではないので、また、前記機器がおよそ対価に見合った価値がないとまではいえないので、Y₁会社の取引は公序良俗に反するものではないとした。(1)(b)について、Y₁会社の会員や社員らは、実際には連鎖販売取引であるにもかかわらず、それを秘して、あたかも出資により毎月分配金を得ることができるかのように事実と異なる説明をして、Xを誤信させて、本件取引3および4を行わせたのであるから、投資名目で勧誘行為を行ったY₁会社の会員や社員らの行為は違法であり、投資名目での勧誘行為は会社ぐるみで行われていたと認められるから、本件取引3および4については、Y₁会社は709条、Y₂、Y₃は719条の責任を負うとした。(2)について、本件取引3および4については(1)の判断のとおりであり、(2)の判断をする必要がないため、本件取引1および2についてのみ(2)の判断をし、Xの主張を認めた。

(5) ビットコイン売買および取引所サービス

[38] 東京地判平31・1・25判時2436号68頁（取引裁判例の動向[7]）。本件は、Xが、仮想通貨であるビットコインの販売、買取り（「売買サービス」）および取引所の運営（「取引所サービス」）を主な事業として行っていたYが運営するウェブサイト上にビットコインの取引用アカウント（「本件口座」）を開設して、Yが提供する売買サービスおよび取引所サービスの利用を主な内容とする契約をし（「本件契約」）、ビットコインの売買、Yに預託している金銭の出金等の取引を行っていたところ、何者かが、平成29年2月22日午前6時14分45秒から同日午前7時21分19秒までの間に、Xに無断で、本件口座において、XがYに預託していた金銭（「Xの預託金」）をビットコインと交換し（「本件交換」）、これをXの了知しないビットコインアドレス宛てに送付したこと（「本件引出し」）について、(1)第1次的には、消費寄託契約に基づき、本件交換がされる前の時点におけるXの預託金4545万4702円等の支払を求め、(2)第2次的には、Yが、Xとの契約上、不正アクセス者による機密取得および不正取引の防止のためのシステム構築義務を負っていたにもかかわらず、これを怠ったとして、債務不履行に基づき、(3)(2)のYの義務違反がXに対する

不法行為を構成するとして、不法行為に基づき、本件交換および本件引出しによって失ったXの預託金4545万4641円等の支払を求める事案である（選択的併合）。

なお、Yの利用規約においては、パスワードまたはユーザーIDの管理不十分、使用上の過誤、第三者の使用等による損害の責任は登録ユーザーが負うものとし、Yはいっさいの責任を負わない旨の規定、Yは売買サービスおよび取引所サービス、ならびにビットコインの価値等につきいかなる保証およびいかなる責任も負わない旨の規定などの規定があった（「本件免責規定」）。

本判決は、つぎのとおり判断して、Xの請求を棄却した。(1)について、本件契約において、Yが、Xに対し、いったんビットコインの売買に使用された金銭についてその返還義務を負っているとは認められないから、本件契約は消費寄託契約の性質を有するとはいえない。しかし、Xは、Xの意思に基づきビットコインの売買に使用された金銭についてその返還を求めることはできないが、Xの意思に基づかずにビットコインの売買に使用された金銭についてその返還を求めることができる。そこで、(1)との関係においても、(2)(3)について検討する必要がある。(2)(3)について、Yは、本件交換および本件引出し当時、信義則上利用者財産の保護のために十分なセキュリティを構築する義務を負っていたから、Yにおいて、上記義務に違反していると認められる特段の事情がある場合には、本件免責規定は適用されないと解される。そこで、特段の事情として、Yにシステム構築義務違反があるかを検討するに、その事実は認められない。よって、(1)については、本件免責規定が適用されることにより、Yは、Xの預託金の返還義務を負わないこととなり、(2)(3)については、Yの義務違反は認められないこととなる。

(6) 説明義務違反

[39] 名古屋高判令元・8・22金法2133号74頁。X（38歳、Xの父の経営する会社にて専務取締役、本件取引まで投資経験なし、年収約500万円、預貯金約1800万円）は、Y₁会社との間で、平成24年7月24日、商品先物取引委託契約を締結し、平成24年11月29日まで商品先物取引を継続し、約1500万円の損失を被ったため、Y₁会社の従業員Y₄～Y₆に709条、Y₁会社に715条、Y₁会社の代表取締役Y₂およびY₃に会社法429条1項の責任を追及した。本判決は、第1に、不招請勧誘禁止違反、適合性原則違反、説明義務違反はないが、新規委託者保護義務違反、過当取引、指導・助言義務違反、信任・誠実公正義務

違反があるとし、第2に、内部管理体制整備義務違反（平成20年に受けた行政処分の理由となった違法勧誘と同様の違法勧誘を従業員が繰り返していた）があるとし、最後に、過失相殺を4割とした。

[40] 大阪地判令2・3・27金判1592号20頁。本件は、東芝不正会計問題の発生前後に、Y₁会社（株式会社東芝）の株式24万株（「本件株式」）を流通市場で購入し、そののち、売却したXが、本件株式の価額の下落によって損害を被ったとして、Y₁会社およびY₁会社の代表執行役であったY₂に対し、(1)Y₁会社が提出した有価証券報告書等に重要な事項についての虚偽の記載がされていたことを理由に、Y₁会社について、金商法21条の2第1項、または民法709条に基づき、Y₂について、金商法24条の4、22条もしくは民法709条、または会社法429条2項1号ロもしくは1項に基づき、(2)不適切会計問題に関する過年度修正額見込み等につき、適時かつ正確な開示を怠ったことを理由に、民法709条に基づき、損害賠償を請求した事案である。

時系列については、つぎのとおり。

以下、平成27年

2月12日　Y₁会社は、証券取引等監視委員会から、金商法26条1項に基づく報告命令を受けた。

4月3日　Y₁会社は、「特別調査委員会の設置に関するお知らせ」を開示した（「4月開示」）。

5月8日　Y₁会社は、「第三者委員会設置のお知らせ」を開示した（「5月8日開示」）。

5月14日　Xは、本件株式を購入した（441円／株。代金合計1億0612万9660円）。

5月13日　Y₁会社は、「現時点で判明している過年度修正額見込み及び第三者委員会設置に関する補足説明」を開示した（「5月13日開示」）。

7月20日　Y₁会社は、「第三者委員会調査報告書の受領及び判明した過年度決算の修正における今後の当社の対応についてのお知らせ」を開示した。

8月18日　Y₁会社は、「新経営体制及びガバナンス体制改革策並びに過年度決算の修正概要及び業績予想についてのお知らせ」を開示した。

9月7日　Y₁会社は、2014年度決算発表、「財務報告に係る内部統制の開示すべき重要な不備に関するお知らせ」を開示した。

9月11日　Xは、本件株式を売却した（約321円／株。代金合計7671万3058円）。

本判決は、(1)について、本件株式取得後の株価の下落が、X主張の虚偽記載に起因して生じたものであったとしても、Xは、かかるリスクを引き受けて本件株式を取得したといえるから、X主張の虚偽

記載とXに生じた損害との間には相当因果関係はないとした。(2)について、Y₁会社は、平成27年2月12日に証券取引等監視委員会から金商法26条に基づく報告命令を受け、そののち、4月開示、5月8日開示、5月13日開示をそれぞれ行っており、それぞれの公表内容は、それぞれの時点における確定した事実または判明した事実の概要等について、その時々に入手していた資料に基づいて、できるかぎりの開示をしていたといえるから、X主張のような不適切な開示はなかったとした。

14　不当訴訟

前掲[11]大阪地判令元・9・12。

[41] 千葉地松戸支判令元・9・19判時2437号78頁（N国党スラップ訴訟事件判決。注目裁判例研究・不法行為1）。

15　製造物責任法

[42] 東京地判平30・2・27判タ1466号204頁。本件は、Yの輸入、製造および販売にかかる人工呼吸器（「本件人工呼吸器」）が作動を停止したことによりその使用者Aが死亡する事故（「本件事故」）が発生したところ、本件事故の原因は本件人工呼吸器のAC電源コードが通常予見される方法で使用されていたにもかかわらず断線したことにあり、本件人工呼吸器には欠陥があったと主張するAの相続人であるXらが、Yに対し、製造物責任法3条に基づき、損害賠償を求めた事案である。本判決は、本件事故においては、本件製品について、Aが通常の使用方法に従って使用していたにもかかわらず電源が消失し、作動を停止したことによるものであるということはできず、その他に本件製品およびその電源コードに欠陥が存在し、これによって本件事故が生じたと認めることはできないとした。

16　国家賠償法（公立学校関連事件を除く）

(1)　国家賠償法1条1項
(a)　立法不作為

[43] 熊本地判令元・6・28判時2439号4頁（ハンセン病家族訴訟熊本地裁判決。注目裁判例研究・不法行為2）。

(b)　行政関係

前掲[43]熊本地判令元・6・28（ハンセン病家族訴訟熊本地裁判決）。

[44] 東京高判平31・4・10判時2428号4頁。本判決は、所管の政策に反対する内容の請願行為をした民間企業Aの取締役Xについて、その請願行為を理由にAへの発注停止を示唆してXが取締役を自発的に辞任するよう追い込んだ国家公務員の行為は、請願を理由とする差別待遇であって、憲法16条の保障を無視したものであり、その職務に関して国賠法1条に反する行為（違法な行為）に当たると判断した。

本判決は、被害者のXが、国家公務員の違法行為の時点（平成21年および22年）で、国賠法1条違反行為をした公務員がどの部局のどのような役職者かが分からず、それを解明する証拠もなく、証拠を取得する手がかりも分からなかったが、その後に弁護士のアドバイスにより行った関係者のインタビューの結果（平成26年から27年までの間）、特定の部局の幹部が加害者であると確信し、その後に訴訟を提起した場合（平成27年10月15日）に、消滅時効の起算点はインタビュー終了時であると判断した（国賠法4条、民法724条前段）。

[45] 東京地判平29・8・31判タ1466号240頁。租税特別措置法所定の外国子会社合算税制における納税者に有利な課税要件事実にかかる税務所長がした調査、ならびに認定および判断について、本判決は、税務署長が、職務上通常尽くすべき注意義務を尽くすことなく漫然と調査、ならびに認定および判断をして更正処分等をしたとはいえず、国賠法1条1項所定の違法はないとした。

[46] 津地判令元・5・16判時2442号89頁。本件は、Y₁県（三重県）が実施した公共工事（「本件工事」）のための総合評価方式一般競争入札（一般競争入札のうち、入札における落札者の決定において、価格その他の要素（技術的要素等）を総合的に判断して、発注者にとって最も有利なものをもって申込みをした者を落札者とする落札者決定方式。「本件入札」）に参加し、落札に至らなかったXが、Y₁県については、(1) 入札参加者が提出した技術提案に対してY₁県が行った評価が不合理で恣意的であり、裁量を逸脱している、(2) 本件工事における総合評価方式技術審査会（「技術審査会」）委員の選任が不適切なものであると主張し、本件入札に参加したY₂会社については、Y₁県に不当な圧力をかけ、不合理な評価を行わせ、本件入札を落札したと主張し、Y₁県およびY₂会社が共同不法行為責任を負うとして、Y₁に対し、国賠法1条1項に基づき、Y₂会社に対し、709条に基づき、損害賠償の連帯支払を求めた事案である。本判決は、(1) について、その評価権者である地方公共団体の長の合理的な裁量判断によって決定すべきであり、その裁量判断に逸脱、濫用があった場合には、職務行為上の注意義務違反が認められ、その地方公共団体は国賠法1条1項所定の損害賠償義務を負うとしたうえで、詳細に事実を認定し、XおよびY₂会社の技術提案に対する評価が恣意的であるとはいえず、合理的な評価が行われたと判断した。本判決は、(2) について、Y₁県の技術審査会設置要領の要件を検討したうえで、本件入札の技術審査会委員の選任が同要領の同要件を満たしており、その選任について恣意的なものとは認められないと判断した。Y₂会社については、X主張のY₁県の職員に対して不当な圧力をかけた事実は認められないと判断した。

[47] 名古屋高判平30・10・11判時2434号23頁。生活保護の実施を受けていたX（当時62歳）は、月2社以上の企業面接を受けること等の書面による指示（「本件指示」）を受け、弁明手続を経た後、本件指示に従わないことを理由に生活保護の廃止処分（「本件廃止処分」）を受けた。Xは、本件廃止処分の取消しを求める審査請求等をしたところ、処分行政庁は、本件廃止処分を取り消した。本件は、Xが、違法な本件廃止処分により精神的苦痛を被った等と主張して、Yに対し、国賠法1条1項に基づき慰謝料等の支払を求めた事案である。第一審は、Xの請求を、5万5000円の限度で認容し、その余の請求を棄却した。第二審は、おおむね第一審判決書を引用し、Yの控訴、Xの附帯控訴を棄却した。第一審および第二審は、一方で、Xに対し、企業面接を月2社以上受けることを求める本件指示の内容について、Xにとって客観的に実現不可能または著しく実現困難であるとまでは認められないとしたが、他方で、処分行政庁は、Xに対し、本件指示違反を理由として保護の変更、停止または廃止をすることができるが、当該処分が著しく相当性を欠く場合には、裁量権を逸脱または濫用したものとして違法となると解すべきであり、処分の根拠となった指示の内容相当性等を総合考慮して、裁量権の逸脱または濫用の有無を判断するのが相当であるとしたうえで、本件では、処分行政庁は、本件廃止処分において、保護の停止を経ることなく保護を廃止することの必要性や緊急性が具体的に検討されていたものとは認め難いとして、本件指示違反を理由に本件廃止処分を行ったことは著しく相当性を欠き、裁量権を逸脱または濫用したものであるとして違法と判断し、国賠法上の違法も肯定した。

[48] 名古屋地判令元・7・30判時2436号88頁。

本件は、スリランカ国籍のXが、退去強制令書の発布処分を受けた後、平成23年6月3日に難民不認定処分を受け、同年7月5日に難民不認定処分に対する異議申立てをし、その申立てが棄却された場合は難民不認定処分に対して取消訴訟等をする意向を示していたにもかかわらず、強制送還されたことにより、Xの裁判を受ける権利が違法に侵害されたとして、Y（国）に対し、国賠法1条1項に基づき、損害賠償金合計330万円の支払を求めた事案である。

Xは、(1)難民不認定処分に対して取消訴訟等をする意向を有していたXを強制送還の対象に選び、強制送還を実施したこと、(2)強制送還の告知の際に、スリランカに送還されても難民不認定処分の取消訴訟を追行できる旨の虚偽の説明をされたことが違法であると主張した。本判決は、(1)について、入管法61条の2の6第3項に定められた場合や、退去強制令書発布処分の取消訴訟または無効確認訴訟を提起して裁判所による執行停止の決定を得た場合以外に強制送還を停止する義務はなく、Xを強制送還したことについてYに義務違反は認められないとした。(2)について、Xに対して説明を行った入国警備官が、Xが取消訴訟を提起する意向を有していることを十分に認識しえたのに、Xが送還されることにより取消訴訟の訴えの利益が失われることになるにもかかわらず、送還されても訴訟代理人による訴訟追行が可能である旨の誤った説明をしたことは、入国警備官が通常尽くすべき注意義務を怠ったものであるとして、国賠法上の違法を認め、損害賠償金8万8000円の支払を認めた。

[49] 奈良地判平31・2・21判時2424号61頁。
本判決は、第1に、滞納処分としての差押処分（「本件処分」）は超過差押えの禁止（国税徴収法48条1項）に違反し、徴収職員の裁量権を著しく逸脱、濫用した違法なものであるとして、本件処分の一部を取り消し、第2に、国賠法1条1項の違法性は行政処分の取消訴訟の違法性とは異なるとする違法性相対説に立ち、その判断基準として職務行為基準説に立つことを明らかにし、徴収職員には、滞納処分をする義務があり、滞納処分としての差押処分における財産の選択については広範な裁量が認められるとしたうえで、本件処分時における本件不動産の価値を直ちに把握することが困難であったこと、Xに納税の意思がないまま滞納が継続していたことなど本件の具体的な事情に照らし、Y（市）の徴収職員が職務上の注意義務を尽くすことなく漫然と本件処分を行ったとは認められないとした。

[50] 東京地判平30・1・22判タ1466号223頁。
長野県下の宿泊施設（「本件ホテル」）を所有経営する会社の代表取締役であったAとその妻であるX₁、同人らの子であるX₂およびX₃が、シーズンオフのために本件ホテルに寝泊まりしていたところ、本件ホテルで火災が発生し（「本件火災」）、AおよびX₁が本件ホテルの5階から転落して（「本件落下」）、Aは死亡し、X₁は脊髄損傷などの後遺障害を負った。そこで、Xらは、Y町に対し、Y町（Z広域消防組合の費用を負担している）またはZ広域消防組合（Y補助参加人）の消防設備の不備または公務員の消防救助活動が遅れ等の義務違反があるとして、主位的に、国賠法1条1項に基づき、予備的に、国賠法3条1項に基づき、慰謝料等の損害賠償の支払を求めた。

本判決は、主位的請求について、Y町内における消防に関する事務を処理しているのは、Y町ではなく、Z広域消防組合であるため、Xらの主張は、Z広域消防組合の公務員の過失であって、Y町の公務員の過失ではなく、また、XらがY町の公務員の過失を主張しているとしても、Y町が過失の前提となる消防力の整備および救助活動に関する義務を負っているとは認められない、したがって、主位的請求は理由がないとした。予備的請求について、本件ホテルの防火体制等や、本件火災の発生および救助活動の経緯などの事実を認定したうえで、消防力の整備および救助活動のいずれについても、Z広域消防組合に国賠法上の過失があるとはいえない、したがって、予備的請求も理由がないとした。

(c) 司法関係（民事）

[51] 東京地判平30・5・18判時2425号32頁。
成年被後見人Aの成年後見人B（Aの妹）が、Aの財産を不正に逸出させた違法行為を故意に行ったものと認められた事案において、家庭裁判所の家事審判官による、Bの選任について、また、Bに対する監督権の行使または不行使について、国賠法上の違法性があるとの主張に対し、本判決はこれを認めなかった。本判決は、まず、国賠法上の違法性の判断基準に関し、裁判官がした争訟の裁判について国の損害賠償責任が肯定されるための要件（最二判昭57・3・12民集36巻3号329頁参照）は、家事審判官がした成年後見人の選任および後見事務の監督について国の損害賠償責任の肯否が判断される場合についても妥当することから、後者の場合については、家事審判官がその付与された権限の趣旨に明らかに背いてこれを行使したものと認めうるような特別の事情が認められる場合にかぎり、その家事審判官に

職務上の義務違反があったものと認められ、国賠法上違法とされるとした。そして、本判決は、そのような特別の事情があるとは認められないとして、AについてBを成年後見人として選任したことに対する家事審判官の権限の行使に関し、また、Aの成年後見人であるBの後見事務に対する家事審判官の監督権の行使に関し、国賠法上違法である点は認められないとした。

　　(d)　司法関係（刑事）

[52] 名古屋地判平30・9・6判タ1470号195頁。本件は、名古屋刑務所で受刑中のXが、約半年にわたり、法律（刑事収容施設及び被収容者等の処遇に関する法律（「刑事収容施設法」）など）上の根拠なく、昼夜間単独室に収容される処遇（「本件処遇」）を受け、これにより拘禁反応を示し、適応障害を発症したと主張して、Y（国）に対し、国賠法1条1項による損害賠償請求として、治療費等の支払を求めた事案である。本判決は、本件処遇に付したこと自体は著しく妥当性を欠いていたとは認められないものの、隔離の原則的な期間である3か月の倍の6か月あまりが経過した時点で、本件処遇は著しく妥当性を欠くに至ったものであり、その後も本件処遇を継続したことは、裁量権を逸脱または濫用した違法なものであるとし判断した。しかし、本判決は、X主張の拘禁反応および適応障害と本件処遇との因果関係を認めず、慰謝料15万円等のみの支払を認めた。

[53] 那覇地判平31・3・19判時2428号132頁。芥川賞作家Xは、長年にわたって行ってきた、沖縄県名護市字辺野古沿岸における基地建設に対する抗議活動の一環として、平成28年4月1日朝、その建設作業の監視等のため沖合にカヌーを漕ぎ出して、同日午前9時20分頃、一般人の立入りの制限されている区域（「臨時制限区域」）に侵入し、同日午前9時22分頃、米軍によってその身柄を拘束された（「本件拘束」）。Xの身柄は、引き続き米軍に拘束されたまま、同日午後5時22分、キャンプ・シュワブ内において、海上保安官に引き渡され、海上保安官は、Xが臨時制限区域である海上に侵入し、在日米軍施設キャンプ・シュワブ在沖海兵隊司令部職員の退去警告に応じず退去しなかった（「本件被疑事実」）として、即時、日本とアメリカ合衆国との間の相互協力及び安全保障条約第6条に基づく施設及び区域並びに日本国における合衆国軍隊の地位に関する協定の実施に伴う刑事特別法（「刑特法」）12条2項に基づき、Xを緊急逮捕した（「本件緊急逮捕」）。

　　Xは、Y（国）に対し、(1) 臨時制限区域に侵入したとして米軍に身柄を拘束されてから8時間を経過して海上保安官に身柄を引き渡されたことについて、海上保安官が身柄を直ちに引き受けなかったことが違憲、違法であるとともに、(2) Xが引き続き刑特法12条2項に基づき緊急逮捕されたことについて、(a) 国会が憲法33条、31条に反する刑特法12条2項を立法し、その改廃を怠ったこと、(b) 刑特法に従ったとしても海上保安官が緊急逮捕したことがいずれも違法であると主張して、国賠法1条1項に基づく損害賠償を求めた。

　　本判決は、第1に、刑特法12条2項は、少なくとも米軍により現行犯的身柄拘束を受けた者に適用される限りにおいては、憲法33条に違反するものではないと解される、第2に、平成28年4月1日午前9時25分の米軍から中城海上保安部への電話連絡は刑特法上の引き渡す旨の通知（「本件引き渡す旨の通知」）に当たり、本件引き渡す旨の通知後、海上保安官が、憲兵隊員から事情聴取を行った上、Xの身柄の引受けに不可欠な事務上の手続に要したと考えられる長くても2時間を超えて、Xの身柄の引受けを遅延させたことについて、合理的理由があるとは認められないから、中城保安部所属の海上保安官には、職務上の注意義務に違反して、本件拘束を受けたXの身柄を直ちに引き受けなかった国賠法上の違法があると認められる、第3に、第2のとおり、中城海上保安部としては、遅くとも同日9時25分の本件引き渡す旨の通知後2時間を経過した時点でXの身柄を引き受けるべきであったものであり、これを遅延させたことに合理的理由を認めることができない以上、これに引き続いてされた本件緊急逮捕が憲法に適合した適法なものと解する余地はない、とした。

　　(2)　2条1項

前掲 [22] 名古屋地判平31・4・18。

[54] 東京地判平29・7・19判タ1470号214頁。Xは、Y（東京都）が管理する歩道（「本件歩道」）を自転車で通行中、本件歩道に敷設してあった視覚障害者誘導用線状ブロック上で転倒し、負傷したとして、国賠法2条1項等に基づき損害賠償を請求したのに対し、本判決は、同条項の「営造物の設置又は管理の瑕疵」とは、営造物が通常有すべき安全性を欠いていることをいうとしたうえで（最一判昭45・8・20民集24巻9号1268頁参照）、本件歩道はその設置および管理について通常有すべき安全性を欠いていたとは認められないとした。

[55] 名古屋地判平30・3・6判時2425号46頁。本件は、X₁（運送会社）の従業員が運転していた大

型トレーラが、Y（滋賀県）の管理する国道を走行中、凍結路面で滑走し、道路を塞ぐ格好で停車したため、後続車両6台が次々に衝突したという多重事故（「本件事故」）について、X₁が、Yに対し、道路の設置、管理に瑕疵があったと主張して、国賠法2条1項に基づき損害賠償を請求した事案である。本判決は、道路に設置された散水融雪装置の作動状況、グルービング舗装その他の凍結防止策、ロードヒーティング未設置等について検討し、道路の設置または管理の瑕疵があるとはいえないとした。

[56] 広島高岡山支判平31・4・12判タ1468号56頁。ロードバイク型の自転車の運転者が市道の路肩に設けられた排水溝の隙間（「本件隙間」）に自転車の前輪が挟まれて転倒する事故により負傷した場合において、本判決は、いわゆる客観説に立つ一連の判例を参照しつつ、事故現場となった市道ないし路肩部分については、少なくとも事故当時において、本件隙間に向けた勾配やスリットの幅、夜間における視認可能性・通行状況等を考慮しても、その設置または管理に瑕疵があったとみることはできないとした。

17　その他

[57] 東京地判令元・10・30金法2140号78頁。本件は、主位的に、X（反社会的勢力である暴力団の会長の地位にあった）が、Bから、不動産（「本件不動産」。A信託銀行の抵当権とN公庫の根抵当権が設定されていた）を購入し、Y₁会社名義に所有権移転登記手続をしたところ、Y₁会社がXに無断で本件不動産を売却したことにより所有権を侵害されたと主張して、Y₁会社に対しては不法行為に基づき、Y₁会社の取締役であるY₂に対しては会社法429条1項に基づき、本件不動産の時価相当額（5000万円）等の連帯支払を求め、予備的に、Y₂は、Xとの間で、本件不動産について抵当権を抹消したうえで引き渡す旨の合意をしていたにもかかわらず、これを履行しないと主張して、Xが、Y₂に対し、上記合意に基づく違約金（2700万円）等の支払を求めた事案である。本判決は、主位的請求について、X主張のBとXとの間の売買契約およびその代金の清算契約は認められず、Xが本件不動産の所有権を取得したと認めることはできないから、これを侵害したことによる不法行為に基づく損害賠償請求は理由がないとした。予備的請求について、XとY₂との間で違約金を支払う旨の合意があったと認めることはできないから、上記合意に基づく違約金の請求は理由がな

いとした。

本件において、Xは、反社会的組織に所属していたとされているが、そのこと自体が事案や判断に影響を与えておらず、裁判所は、通常の契約の成否の判断と同様に、必要な事実を認定し、これに基づく判断をしている。ただ、本件では、Xは、自身が反社会的組織に所属していたために銀行融資を受けられず、Yらを介在させて実質的にこれを達成して代金を清算し、不動産の所有権を取得しようとしたものである（全国銀行協会「銀行取引約定書に盛り込む場合の暴力団排除条項の参考例について」（平成20年11月25日）参照）（匿名コメント）。

18　消滅時効

前掲[43]熊本地判令元・6・28（ハンセン病家族訴訟熊本地裁判決）。

前掲[44]東京高判平31・4・10。

[58] 前橋地高崎支判平31・1・10判時2434号36頁。平成10年1月14日、Xの両親および祖母が殺害された事件（「本件事件」）に関し、Xは、Yが本件事件の犯行に及んだと主張し、Yに対し、損害賠償を請求するため訴訟を提起した（「本件訴訟」）。なお、Yは、本件事件後から行方不明になっている。本件訴訟は、本件事件から20年以上経過した時点でなされたものと推察される（匿名コメント）。

本判決は、民法724条後段が除斥期間を定めたものであるとの理解を前提に、除斥期間の定められている請求権を保存するための行為として、除斥期間の満了までに裁判外で権利行使の意思を明確にすれば足り、裁判上の権利行使を行うまでの必要はないとした。そのうえで、所在不明であるYに対する通知につき、本件事情のもとでは、Yの最後の住所地に宛てて通知書面を発出し、同書面が宛先に尋ね当たらないとして返送された場合であっても、同書面が通常同所に到達する期間を経過することでYが了知しうべき客観的な状態を生じたとして、同通知が到達したものと認め、XのYに対する前記請求権は除斥期間内に保存されているとした。通常の場合は民法98条1項（公示による意思表示）によることができるために、本判決は、例外的に、本件事情のもとでのきわめて限定的な判断として通知の到達を認めたものといえる（匿名コメント）。

（しんどう・あきこ）

家族裁判例の動向

神谷　遊　同志社大学教授

林　貴美　同志社大学教授

現代民事判例研究会家族法部会

今期は、32件の家族裁判例が紹介の対象である。そのうち7件は2019年後期（本誌20号）までに紹介している。今期の裁判例でとくに注目されるのは、再転相続における承認・放棄の熟慮期間の起算点が争点となった[21]事件である。そこで示された最高裁の判断は、再転相続人、ひいては相続人の利益保護に舵を切るものとなったが、相続人と被相続人との関係が希薄化している実態を象徴する事件でもある。また、今期は特別縁故者に対する相続財産分与事件が2件（[22][23]事件）あり、この事件類型についても裁判例の蓄積が進んでいる。家族関係の変化を背景として、社会における相続の実際的機能が大きく変容しつつあるように感じられる。

1　婚姻

まず婚姻費用分担請求事件が2件あり、いずれもいわゆる「算定表」に拠らない事案である点で特徴的である。

[1] 東京高決平30・11・16家判25号70頁は、夫との間にもうけた二子を養育している申立人Xが夫Yを相手方として婚姻費用の分担を請求した事件である。X・Y間では本件の調停手続中に婚姻費用としてYがXに月額20万円を支払う旨の合意書が作成された（本件合意）。もっとも、この額は算定表に基づいて算定された額ではなく、Xのもとから二子を連れ去ろうとしたことで逮捕拘留されたYが、Xに告訴を取り下げてもらうために、Xが提案した内容をそのまま受け入れたものである。結局、調停は不成立となり本件審判手続に移行した。Yは上記の逮捕拘留により勤務先では管理職から降格されて収入が減少したことを理由に本件合意を変更すべき事情が生じたと主張した。したがって、本件の実質的な争点は、本件合意に従ってYに月額20万円の婚姻費用を負担させるかどうかである。抗告審である本決定は、本件合意の当時、Yにおいて、Yの逮捕拘留を原因として勤務先で何らかの不利益な措置を受けることは当然に予期し得たこと、減収幅も12%余りにとどまり、予想し得た範囲を超えるものではないことを指摘して、原審判を変更し、本件合意のとおり、婚姻費用を月額20万円とした。

他方、[2] 東京高決平31・1・31判タ1471号33頁は、別居中の妻Xが申立人となって、夫婦の間の子を養育している夫Yに対して婚姻費用の分担を請求した事件である。本決定は、別居の原因およびその後に婚姻関係が一挙に悪化した原因は、Xの子に対する暴力行為とこれによる子の心身への深刻な影響があるとし、他方、Xには330万円余りの年収があり、かつXが居住している住居の住宅ローンをYが負担していることなどを指摘したうえで、原審判を変更して、Xの婚姻費用分担請求は信義に反し、または権利の濫用として許されないとした。別居の原因として原審申立人Xによる子への暴力行為を重く見て申立てを却下した事例として注目されるが、本決定が当事者双方の経済的事情も考慮している点には留意しておきたい。

以上のほか、婚姻法の分野では夫婦間での建物の明渡等請求事件がある。[3] 東京地判平30・7・13判タ1471号189頁は、夫婦が生活をしていた建物（本件建物）を所有する夫X_1が共有者である父X_2とともに、本件建物の鍵をX_1らには無断で付け替えたうえで、本件建物に居住し続けている妻Yに対して明渡しを求めた事件である。本判決は、夫婦の共同生活の場所が夫婦の一方の所有する建物であるときは、民法752条の扶助義務に基づいて、他方は、権利の濫用に該当するような特段の事情が

ない限り、同建物に居住する権原を有するとした。そのうえで、X₁らが本件建物に立ち入ることができなくなった原因につき、Yに一方的な帰責性が認められないこと、すでに審判で確定したX₁が支払うべき婚姻費用の算定にあたっては、X₁が本件建物の住宅ローンを負担していることが考慮されており、実質的にはX₁がYに本件建物を使用させていることが考慮されていること、離婚の手続が進んでおり、近い将来、本件の問題も解決することが見込まれることを指摘し、Yが本件建物に居住することが権利の濫用に該当するような特段の事情は認められないとし、また、そうである以上、X₂も本件建物の明渡しを請求することはできないとした。本判決の理論構成は極めて明快であるが、従来の学説・裁判例は、建物の非所有配偶者の居住権を導く根拠としては、民法752条の同居義務を挙げることが多かった。この点、本判決は扶助義務に基づくとの説示をしている。どのような意味が込められているかは明らかではないが、目を引くところである。

2　離婚

離婚請求の可否が争われた [4] 東京高判平30・12・5判時2427号16頁は、夫婦の別居期間が7年にも及ぶ事案であったが、原告が婚姻関係維持の努力や別居中の他方配偶者への配慮を怠っていたとして、離婚請求を棄却した。本誌20号 [5] で紹介済みである。

また、[5] 札幌地判平30・7・26判時2423号106頁は、離婚した元夫が所有する建物（本件建物）に元妻が居住していることから、元妻に対して本件建物の明渡しが請求された事案で、本件建物が財産分与の対象財産であることから、明渡請求は権利の濫用とした。本誌20号 [7] で紹介済みである。さらに [6] 東京高決平30・8・31家判25号75頁は、離婚の際の財産分与として、元夫所有の住居（本件住居）に元妻が子らとともに、子らの養育費支払期間が満了するまで居住を続けることなどを取り決めていた場合に、元夫が取決めよりも早い時期に、元妻に対して本件住居からの立退きを求めた事案で、事情の変更はないとして元夫の申立てを却下した事例であるが、本誌20号 [8] で紹介済みである。

[7] 東京地判平29・8・18判タ1471号237頁は離婚給付の問題であるが、協議離婚をした元妻Xが、元夫Yによる性交渉の拒絶が原因となって婚姻関係が破綻したと主張して、Yに対して不法行為を理由に慰謝料を請求した事案である。本判決は、性交渉の拒絶自体を不法行為ととらえることはせず、性交渉がないことによるXの不安をYも察知しながら夫婦間の精神的結合を深めるような行動を起こすこともなく、その結果婚姻関係の破綻を招来させたとしてYには不法行為が成立するとした。もっとも、本判決は、婚姻中のXの生活態度にも言及して、慰謝料を50万円の限度で認容するにとどめている。

この他、離婚請求事件ではあるが、人訴法19条1項の解釈が問題となった事例として、[8] 東京高判平30・2・28家判25号98頁がある。訴訟経過の詳細は割愛するが、本件は、妻であるXが夫Yに対して離婚および離婚慰謝料の支払を求めた訴訟において、Yが第1回口頭弁論期日に出頭せず、答弁書その他の準備書面も提出しなかったところ、原審は、第2回口頭弁論期日において、民訴法254条1項1号により、判決書の原本に基づかないで、Xの各請求をいずれも認容する旨のいわゆる調書判決（本件判決）を言い渡し、Yも控訴を提起しないままに控訴期間が経過したというものである。Xが本件判決を債務名義として債権差押命令の申立てをし、これが発せられたところ、Yから執行抗告があり、本件判決の効力が問題となった。本判決は、人事訴訟においては、人訴法19条1項により自白や自白の擬制に関する民訴法の規定の適用がないことから、民訴法254条1項1号が適用されることもなく、調書判決をすることは許されないとして、原判決を取り消し、原審に差し戻した。この問題を正面から扱った裁判例はなかったようであり、その意味でも大きな意義を有するといえるが、本件当事者は、裁判所の手続規定の解釈の齟齬によって翻弄された感があり、早期に裁判所としての解釈が統一されることが望まれる。

3　内縁

[9] 福岡高決平30・11・19家判25号53頁は、内縁の妻であったXが内縁の夫であったYに対して、Yが内縁関係を不当に破棄したと主張し、相当額の財産分与を求めた事案である。本決定は、原審判を支持し、XとYが18年余りにわたって内縁関係にあったと認定する一方、本件の内縁解消が不当

破棄にあたるかどうかには言及しないままに、法律
婚の場合と同様に、財産分与対象財産の確定および
分与割合の判断をしている。もっとも、本件の場合、
分与割合について2分の1ルールは適用されておら
ず、Xが3分の1、Yが3分の2とされた。その理
由は、内縁関係が成立する前からYは会社経営に携
わるなどして相当多額の資産を保有していたこと、
一方Xには内縁成立の時点で目立った資産がなかっ
たこと、内縁成立の時点でXは57歳、Yが60歳と
なっており、内縁継続中の財産の形成・増加につい
てはYの保有資産や長年築いてきた社会的地位等に
よる影響や寄与が相当程度あったとの認定による。
結果として、本決定は、Xの抗告に対して、原審判
と同様、Yに1947万円の支払を命じている。法律
婚の場合でも2分の1ルールが適用されない場合は
あり、本件の事実関係を踏まえれば妥当な判断とい
えるように思われる。

4　親権・監護

(1)　親権

　まず、子の引渡しを命ずる審判を債務名義とし
た間接強制の申立てが権利の濫用にあたるとした
[10] 最三決平31・4・26判時2425号10頁が挙
げられるが、すでに本誌20号[13]で紹介済みであ
る。
　[11] 大阪高決令元・5・27判時2429号19頁は、
児童相談所長が児童養護施設に入所中の未成年者に
ついて、その父の親権喪失を申し立てた事案である。
原審判が、児童福祉法等の措置によって未成年者の
保護は図れるとして申立てを却下したのに対し、本
決定は、父の親権者としての適格性に焦点を当てて
審理し、親権喪失を認めた。後掲の稲垣朋子会員の
評釈を参照されたい。
　つぎに親権者の監督義務違反が問われた事例とし
て、[12] 大津地判平31・3・14判時2424号82
頁がある。本件は、16歳の少年が琵琶湖に突き落
とされ溺死した事件について、被害少年の母が、三
人の加害少年（いずれも当時18歳）とその親権者に
対して損害賠償を請求した事案である。本判決は、
加害少年らに共同不法行為が成立するとした一方、
その親権者については、従来の判例を踏襲して、加
害少年らが本件事件のような事態を引き起こすこと
を具体的に予見することはできなかったなどとし

て、監督義務違反を否定し、親権者に対しては民法
709条に基づく損害賠償請求を認めなかった。

(2)　監護

　まず面会交流を求めた事件が2件ある。[13] 東
京高決平30・11・20判時2427号23頁は、別居
中の夫Xが子A（本決定当時5歳）を監護している
妻Yに対して、Aとの面会交流を求めた事案である。
本件係属前、XはYと不仲となったため、Yには何
も知らせずにAを連れてYと別居を開始した。そこ
でYからAの引渡しを求める審判が申し立てられ、
これが確定したが、結局、XはYにAを任意に引き
渡すということがあった。Yは、XによるAの連れ
去りを懸念して面会交流に反対していたが、原審判
は、面会交流を禁止または制限すべき事由は認めら
れないとして、月1回5時間の直接交流を定めた。
本決定も、子との直接交流を認めたが、面会交流を
円滑に実施するためにはYの協力が不可欠で、Yが
主張するAの連れ去りの懸念にも十分に配慮する必
要があるとし、当分の間は面会交流にYの立会いを
認めるべきとして、その限りで原審判を変更した。
　他方、[14] 東京高決令元・8・23判時2442号
61頁は、子ら（本決定当時19歳、16歳、14歳）の
意向の尊重が問題となった事案である。父母は元夫
婦であり、離婚時の和解条項で少なくとも月1回の
直接交流が定められていたのに、監護親である母Y
がこれを実行しないとして、父Xが面会交流の時期、
方法等を定めるように申立てをした。本決定は、子
らがXとの面会を強固に拒否しており、その意向は
十分に尊重すべきとして、原審判と同様、手紙や成
績表、写真の送付による間接交流のみを認めたが、
原審判とは異なり、子らとの関係修復を図るため、
より簡便で効率的な連絡手段の利用を認める必要性
が高いとして、Yに対して、子らの電子メールのア
ドレスやLINEのIDを通知するように命じた。本
件では、子らに手続代理人が選任され、丁寧に子ら
の意向確認が行われている。アドレス等の通知は、
あるいは子らの抵抗感を増すことにつながる可能性
もあるが、本決定は、具体的な弊害は大きくないと
判断している。
　以上のほか、いわゆる28条申立てを扱った事例
として、[15] 福岡家審令元・8・6判時2442号
116頁がある。本件は、児童相談所長Aが児童Bを
児童養護施設に入所させる措置を承認するよう審判
を求めた事案である。Bの母Cは、Bを叩いたり、

蹴ったり、暴言を吐くことが多く、Bは一時保護された。その後CはBとともに母子生活支援施設に入所して指導を受けていたが、再度Bが一時保護され、本件申立てにいたった。もっとも、本件においては、B・Cが入所している施設から意見書が提出され、また児童相談所長からも上申書が提出されて、児童福祉法28条4項に基づく審判前の勧告が行われている。その結果、母Cは児童相談所の指導や施設の援助を肯定的に捉えているとして、本件申立ては却下された。本件は、平成30年4月2日に施行された児童福祉法28条4項に基づく審判前の勧告を行った初めての公表例ではないかと思われる。児童相談所の側でも親権者の意に反して児童を施設等に入所させることが妥当かどうか、十分な心証が得られなかった事案のように思われ、その意味で、審判前の勧告制度が有効に活用された事例といえる。

5　成年後見

[16] 東京地判平30・5・18判時2425号32頁は、成年被後見人亡Aの養子Xが亡Aの妹で成年後見人であったBに対し、Aの財産を不正流用したとして損害賠償を求めるとともに、家庭裁判所の家事審判官が、不適任者であるBを成年後見人に選任し、かつ資産管理の不正を見過ごしたことは国賠法1条1項の適用上違法であるとして国に対して損害賠償を請求した事案である（訴訟係属中にBが死亡したため、その子Y₁・Y₂が訴訟承継した）。本判決は、Bの資産管理上の不正を認め、Y₁・Y₂に対して各1068万円余りの支払を命じたが、家事審判官による成年後見人選任および監督については、従来の判例に従って家事審判官の職務上の義務違反は認められないとし、国に対する賠償請求を認めなかった。成年後見における裁判所の国賠法上の違法性については、本誌17号114頁の合田篤子会員の評釈を参照されたい。

6　相続

(1) 相続の効力

まず [17] 最一判平31・3・18判時2422号31頁は、相続財産についての情報（被相続人の普通預金口座にかかる印鑑届出書）が個人情報保護法2条1項にいう「個人に関する情報」にあたるかが争

われた事例（保有個人情報開示請求事件）であるが、本誌20号[23]で紹介済みである。

つぎに [18] 東京地判平30・7・12判タ1471号196頁は、一部の相続人から他の相続人に対する損害賠償請求事件である。事案を要約すると、昭和59年に死亡した被相続人Zの妻Yが、平成7年以降に亡Zの単独所有名義のままになっていた本件建物を第三者に賃貸し、賃料を全額収受していたところ、共同相続人である三人の子のうちの一人Xが、Yによる賃料の独占は、Xが相続分を有する本件建物の共有持分権の侵害であるとして、Yが収受してきた賃料の6分の1に相当する損害金の支払を求めて本訴を提起したというものである。なお、本件建物の敷地である本件土地は、もともと亡Z、Yおよび訴外Aの共有であったが、平成4年になって、Yは、亡Zの持分について自身への移転登記手続を行っており、その際、登記に必要な書類として、Xを含む子らの「相続分のないことの証明書」が用いられた（子らは当時未成年であったため、法定代理人名義の証明書が作成されている）。本件の争点は多岐にわたるが、その一つが、「相続分のないことの証明書」の意義であり、Xについて同証明書が作成・交付されたことにより、Xは亡Zにかかわる相続分の放棄または譲渡をしたといえるかである。この点につき、本判決は、「相続分のないことの証明書」が一般には一部の相続人に相続財産を取得させるための便法として登記実務上利用されるものであり、その作成・交付は事実行為にすぎず、直ちに相続分の放棄や譲渡等の法律行為の存在を認定するのは相当ではないとしたうえで、同証明書の作成・交付に至った経緯、その際の説明、当事者の証明書に関する理解度、代償金の有無などの事情を踏まえ、相続分の放棄や譲渡があったと推認できるか否かを総合的に判断すべきとした。本判決は、審理の結果、本件証明書の交付によってXが相続分の放棄またはYへの譲渡をしたとまでは認められないとしている。従来の学説・実務の考え方に即した判断といえる。なお、本判決は、平成4年に本件土地に関する亡Zの持分のYへの移転登記があったことをもって、亡Zの持分およびその土地上の本件建物についてのYの占有が自主占有に転換し、Yは本件建物を時効取得したとしてXの請求を棄却している。

(2) 遺産分割

[19] 最三判令元・8・27判時2430号32頁は、相続開始後に認知によって相続人となった者が民法910条に基づいて他の共同相続人に対して価額の支払を求める場合に、その価額の算定の基礎となる遺産の価額について、積極財産の価額から消極財産の価額を控除すべきかが争われた事案であるが、すでに本誌20号[25]で紹介済みである。

つぎに[20] 高松高判平31・2・28金法2130号72頁は、相続人の一人であるXが、無効な遺産分割協議により賃貸不動産を取得した相続人Yらに対して、Yらが収受した賃料につき、Xの持分に応じた不当利得の返還を請求したのに対して（本訴）、Yらが当初の（無効な）遺産分割協議に基づいて納付した相続税額に差があり、Xには本来Xが負担すべき相続税相当額の利得があるなどと主張して、その返還を求めた（反訴）という事案である。本判決は、原審同様、本訴につき、Yらには遺産分割協議が無効と判断されるべき原因たる事実（遺産分割協議の当時、一部の相続人が意思能力を欠いていたこと）の認識があったとし、Yらは賃貸不動産につき民法190条1項にいう悪意の占有者にあたるとして、Xの請求を認めた。また、反訴については、共同相続人間で生じた納税額の不均衡は、国との関係で生じているにすぎず、Yらが更正の請求をしなかったからXが増額更正を受けなかったにとどまり、それが直ちに「利得」に当たるといえるか疑問なしとしないなどとして、Yらの請求は棄却した。

(3) 相続の承認・放棄

[21] 最二判令元・8・9金判1581号7頁は、民法916条にいう再転相続人の承認・放棄の熟慮期間の起算点が争点となった事案であり、最高裁としての新判断が示された。事案を簡略化すると以下のとおりである。被相続人Aが平成24年6月に死亡したところ、その相続人となったAの弟B（第1次相続人）は、自己がAの相続人となったことを知らないままに同年10月に死亡し、Bの子X（再転相続人・第2次相続人）がAを相続した。他方、AはZ銀行から連帯保証債務の履行として8000万円の支払を求められ、これを認容する判決が確定している。Z銀行はこの債権をYに譲渡し、Yは、平成27年11月2日、前記確定判決の正本に基づき、Aの承継人であるXに対して強制執行ができる旨の承継執行文

の付与を受けた。同年11月11日になって、この承継執行文の送達を受けたXは、BがAの相続人であり、XがBからAの相続人としての地位を承継していたことを知った。そこで、Xは、平成28年2月5日、家庭裁判所でAからの相続を放棄する申述をし、これを異議事由として、執行文付与に対する異議の訴えを提起した。原原審、原審、本判決ともに、Xの請求を認容したが、その理由づけは異なる。本判決は、端的に「民法916条にいう『その者の相続人が自己のために相続の開始があったことを知った時』とは、相続の承認又は放棄をしないで死亡した者の相続人が、当該死亡した者からの相続により、当該死亡した者が承認又は放棄をしなかった相続における相続人としての地位を、自己が承継した事実を知った時をいう」とし、本件では、Aからの相続に係る熟慮期間は、XがYから承継執行文の送達を受けた時から起算され、したがって本件相続放棄は熟慮期間内にされたものとして有効とした。

民法916条に関する従来の通説は、第2次相続に関する第2次相続人の熟慮期間と同時に第1次相続に関する第2次相続人の熟慮期間も開始すると解しており、相続関係の早期確定に配慮した考え方であったといえる。これに対して、本判決は、第2次相続人に、第2次相続とは独立して第1次相続の放棄の機会を保証しようとするものであり、評価できる。本件については、すでにいくつかの評釈が公表されているが、学説も概ね肯定的に受け止めているように思われる（羽生香織・NBL1160号16頁ほか）。

(4) 特別縁故者

今期は特別縁故者に対する相続財産分与事件が2件あり、いずれも相当高額な分与が認められている。まず[22] 大阪高決平31・2・15判時2431・2432号97頁は、申立人Aが、身寄りがなく生来知的能力が十分でなかった被相続人Bについて、Bが70歳になるまでの約28年の間、Bを雇用して給料を支給し続けたほか、生活全般を支え、その後もBが86歳で死亡するまで、Bの入院や入所の手続を行い、財産の管理を続け、Bの死亡後も諸手続や葬儀等を執り行ったという事案で、Aには、Bを雇用していた期間も含めてBに対する経済的援助、生活支援があったとし、原審判より大幅に増額して、約4000万円の相続財産のうち2000万円の分与を認めた。

また、[23] 神戸家尼崎支審令元・6・10 家判 24 号 96 頁は、申立人 A が被相続人 B の親戚（母方義従姉妹）であったという事案で、B がパーキンソン病を発症して以降、B を励まし、入院の際には保証人となり、さらに B が「預貯金等の半分を A 様に遺します」との記載を残しており、B が 76 歳で死亡した後もお別れ会を執り行うなどしていたという場合に、A は B と通常の親族より密接な関わりを持っていたとして、約 6700 万円余りの相続財産のうち 2000 万円の分与を認めた。本件では、A に財産を遺したいとの B の意向が示されていた点が特徴的であり、これが本審判にも影響していると思われる。なお、特別縁故者性・分与の割合については、本誌 15 号 110 頁の松尾知子会員の評釈を参照されたい。

7 遺言・遺言執行

[24] 東京高判令元・7・11 判時 2440 号 67 頁は、郵便はがきに全文、日付および氏名が自書され指印があるという場合に、これが自筆証書遺言として有効かが争われた事案である。本判決は、記載された文言に着目し（「マンションは Y にやりたいと思っている。」といった表現ぶり）、かつ、これが私信の中の記載であることを考慮して、希望ないし意図の表明を超えるものではないとして無効とした。

[25] 東京地判令元・9・10 金法 2136 号 79 頁は、公正証書遺言で遺言執行者が指定されている場合に、受遺者でありかつ相続人でもある者が遺言者の葬儀費用等を支払うために遺言者名義の預金口座から払戻しを受けたという事案で、遺言執行者がこの払戻しが不法行為にあたるとして損害賠償を請求したというものである。民法 1013 条 1 項の解釈にかかわるが、後掲の床谷文雄会員の評釈を参照されたい。

8 戸籍

[26] 東京家審令元・7・26 判タ 1471 号 255 頁は、家庭裁判所に戸籍法 107 条の 2 による名の変更を許可するように求めた事案である。申立人は、執行猶予付きの有罪判決を受けた者であるが、逮捕時に報道された氏名、顔写真が現在もインターネット上に拡散されているため、就職の応募先に知られ、

就職ができない状態にあることを理由に名の変更を申し立てた。本審判は、犯罪歴は企業にとっても重要な情報の一つであり、企業から求められた場合には、信義則上真実を告知すべき義務を負うものであるから、犯罪歴が企業に知られることで申立人が一定の不利益を受けることがあったとしても、それは申立人において甘受すべきもので、戸籍法 107 条の 2 にいう「正当な事由」は認められないとし、申立てを却下した。インターネット社会では、過去の事件報道が関係者の将来に過重な負担を強いることがあり、その意味で、本審判についても議論の余地はあろうが、犯罪歴を秘匿して就職活動を進めるため、と受け止められる理由では、本審判のような結論もやむを得ないものと思われる。

9 渉外

[27] 東京高判令元・9・25 判タ 1470 号 75 頁は、日本人夫が米国在住時から日本に帰国後も同一人と不貞行為を行ったとして、日本人妻が夫およびその不貞行為の相手方に対し慰謝料を請求した事件である。裁判所は、両者に対する請求について、多数説・従来の裁判例に従い、不法行為と性質決定した。また、米国および日本において行われた不貞行為は一個の一連の不法行為であり、法適用通則法 17 条にいう結果発生地を婚姻生活地と解した上で、結果発生地が複数ある場合には、最も重大な結果が発生した地を結果発生地であると判示した。結果発生地を一つに絞った点および法適用通則法 20 条の適用を検討しなかった点については異論もあろう。

[28] 東京高決平 30・7・11 家判 25 号 85 頁は、元日本人夫婦間の米国における日本法の方式による協議離婚の無効確認訴訟につき、日本の国際裁判管轄を認めたものであるが、本誌 19 号 [33] で紹介済みである。

[29] 東京高決平 30・5・18 家判 26 号 99 頁および [30] 東京家決平 30・12・11 家判 26 号 114 頁はハーグ子奪取条約実施法に関する事件である。まず、[29] は、父が母に対してシンガポールへの子の返還を求めた事件である。裁判所は、実施法 28 条 1 項 3 号（留置についての同意又は承諾）および同項 4 号（重大な危険）の各返還拒否事由があるとし、原審と同様に子の返還を認めなかった。これまでの裁判例では重大な危険の認定は慎重で、申立

人が飲酒して大声を出したり相手方を罵ったりした
としても、子に心理的外傷を与えることとなる暴力
等とは認定されず（大阪高決平28・8・29判時2395
号75頁）、生命、身体に重大な危険を及ぼす暴力を
継続的に行ってきたかが考慮されていた（大阪高決
平29・9・15家判16号91頁）。本件では一回だけ
の父から母への暴力行為であったが、裁判所は、子
の面前で行われた暴力行為の態様の悪質性および結
果の重大性などから、重大な危険があると認定し
た。次に[30]は、母が、子らと共に一時帰国の予
定で来日した後帰国しなかったことから、父がスペ
インへの子らの返還を求めた事件である。本件では、
帰国予定日から5か月を経てADR協議が始まった
が、その半年後に協議が決裂し、その2か月後に父
が東京家裁に返還申立てを行った。父は協議決裂時
に留置が開始したと主張したが、裁判所は、帰国予
定日を留置開始の時と認定し、返還申立てが留置開
始の時から1年経過後になされ、かつ、子らが新た
な環境である日本での生活に適応していると認定
し、実施法28条1項1号による返還拒否事由があ
るとして、返還申立てを却下した。ハーグ条約では、
裁判所による返還手続に優先させて友好的な紛争解
決の利用が推奨されている（実施法9条）。しかし、
本件のように、留置開始時期との関係でいつ返還申
立てに踏み切るべきかの判断が申立人にとって重要
となることがわかる。

[31] 大阪高判平30・10・23家判26号78頁は、
被相続人（韓国籍）が日本の銀行の日本国内支店で
開設した普通預金口座等の預金債権が相続開始と同
時に可分債権として法定相続分に応じて法律上当然
に分割されるかが問題となった事件である。控訴
審は、原審と同様に、この問題は、債権自体の問題
として預金債権の準拠法によるのではなく、相続を
原因として「いかなる形態で承継しているかという
問題であるから、相続による遺産の所有形態に関わ
るものとして、相続の効果に属するもの」と性質決
定し、相続準拠法により韓国民法を適用し、当該預
金債権は当然分割されると判断した。判決の中でも
引用されているが、相続準拠法と物権準拠法のいず
れが適用されるかが問題となった最三判平6・3・
8民集48巻3号835号では、遺産分割前における
相続に係る不動産の持分の形態や処分可能性につい
ては、相続の効果の問題として相続準拠法を適用し
ており、本判決もこの考え方に従うものである。

[32] 東京地判平30・7・24判タ1471号94頁
は、コロンビア共和国人母の子として出生した原告
が、血縁上の父子関係のない日本人男性から認知を
受けたとして、国籍法3条1項による届出による国
籍取得の経過措置規定である国籍法の一部を改正す
る法律附則4条1項により国籍取得の届出をしたと
ころ、この届出にあたり認知者と被認知者との間の
血縁上の父子関係を要するかが問題となった事件で
ある。裁判所は、まず、国籍法3条1項は同法の基
本的な原則である血統主義を基調とするもので、我
が国との密接な結び付きを有する者に限り出生後の
日本国籍の取得を認めるものであるとした。そのう
えで、血縁主義の理念に照らせば、認知準拠法のい
かんにかかわらず、認知をする日本国民と被認知者
との血縁上の父子関係の存在は被認知者と日本との
密接な結び付きを基礎付ける重要な要素であり、国
籍法3条1項にいう「認知」は、血縁上の父子関係
を前提としていると判示した。国籍法における認知
の遡及効を否定した最二判平9・10・17民集51巻
9号3925頁と同様に、日本国籍の得喪の要件は我
が国が自主的に決定できるものとして、国籍法の前
提問題となる身分関係の決定について常に私法に委
ねることを要せず、国籍法の趣旨、目的に照らして
同法の規定は合目的的に解釈したものである。

（かみたに・ゆう）

（はやし・たかみ）

環境裁判例の動向

大塚　直　早稲田大学教授

越智敏裕　上智大学教授

環境判例研究会

今期の環境法判例については、前半1－3は大塚、後半4、5は越智が担当した。

1　化学物質、有害物質

有害物質に関しては、ダイオキシン類対策特別措置法（ダイオキシン法）に基づく土壌汚染対策事業の費用負担に関して1件、石綿に関して2件の裁判例がある。

まず、ダイオキシン法に基づく土壌汚染対策事業の費用負担につき、公害防止事業費事業者負担法（負担法）に基づいてなされた行政の負担決定に対する取消訴訟を扱った裁判例として、[1] 東京地判令元・12・26裁判所HPは、負担法施行前の行為によって生じた公害について、当該行為者に対し同法に基づく負担をさせることは憲法に違反しないとした。また、ダイオキシン法31条7項の意義についての解釈を示した（桑原教授による本誌評釈参照）。

石綿に関する第1の裁判例は、製造業者の安全配慮義務違反に関するものである。[2] 大阪高判令元・7・19LEX/DB25570433（住友ゴム工業事件判決）は、タイヤ製造等を目的とする会社に雇用され、その神戸工場または泉大津工場において同製造業務に従事していた被用者らが、作業工程から発生する石綿および石綿を含有するタルク（滑石を微粉砕した無機粉末）の粉じんに曝露し、これによって石綿関連疾患に罹患したとして、被用者および相続人らが原告となって、タイヤ製造会社に対し、債務不履行（安全配慮義務違反）または不法行為に基づき、慰謝料の支払を請求した事件である。本判決は、まず、安全配慮義務を「被用者の作業の内容に応じ広範なものとなることは必然である」とし、被告が「具体的な疾病の名称、発生の機序やその予後までが具体的に予見可能でなければならないと主張するとすれば、そのような主張は採用……できない」とした。

そして、「昭和35年には、石綿が生命・健康に対して危険性を有するものであるとの抽象的な危惧を抱かせるに足りる知見が集積していた」とし、さらに、昭和24年調査報告書では、被告の神戸工場においてタルク粉じんが激しく飛散していると報告されていることから、被告は、「具体的に生命・健康への危険性を予見していたとも認められる」とし、被用者ら全員に対する安全配慮義務違反が認められるとした。

第2は、石綿由来の肺がんに罹患したことを理由とする国家賠償の債務に係る遅延損害金の起算日の判断に関するものである。[3] 福岡地小倉支判平31・3・12判時2425号70頁は、これを肺がんの診断を受けた日とした。この点については、2019年後期の民事判例でも紹介したように（今季の裁判例である、神戸地判令元・9・17判時2438号75頁および福岡高判令元・9・27判時2438号66頁も、2019年後期の民事判例で紹介した）、本判決と同様の判断をするものが相次いでいる。本判決の理由付けも、上記の紹介済みの裁判例と同様である。

2　原発事故の損害賠償

福島原発事故の損害賠償請求の集団訴訟に関して、4件の裁判例が出されている。[4] は中間指針とは異なる損害の区分をしている点の特色がある。[6] は原告が（事故時に）自主的避難等対象区域の居住者であった者に限られている。

[4] 横浜地判平31・2・20裁判所HP（福島原発事故損害賠償神奈川訴訟判決）においては、原告175名（避難指示等区域125名、自主的避難等対象区域約45名、その他5名）中152名について、請求総額約54億円に対して、計4億1963万円余が認められ（23名について棄却）、東電と国とが同額について連帯債務を負うこととされた（ここでは損害論、

なかでも精神的損害論に焦点を当てる）。

精神的損害については、中間指針等が示す慰謝料額を直接採用せず、独自に算定し、①避難慰謝料（避難指示区域から避難をして、避難所生活ないし車中生活を余儀なくされた場合）につき、原則として１人日額２、０００円（個別事情（高齢、持病等）に応じて加算）が認められるとし、②（本判決のいう）ふるさと喪失慰謝料として、避難指示等区域と避難指示解除の時期に応じて１人９００万円〜１、５００万円、③自己決定権侵害慰謝料として、屋内退避等の区域指定等に応じて１人３０万円〜２５０万円の慰謝料を認めた。

②ふるさと喪失慰謝料については、避難指示または避難要請が出された地域が対象となる。③自己決定権侵害慰謝料については、旧緊急時避難準備区域、旧屋内退避区域、②の対象とならない浜通りならびに中通りの北部および中部（自主的避難等対象区域）が対象となる。①避難慰謝料については、②と③の対象区域がともに対象になるとする。

そして、本判決が認める②ふるさと喪失慰謝料とは、「平穏生活に必要な要素（家族との生活、職場や学校等における活動等）が同時かつ包括的に喪失された場合に観念される損害に対する慰謝料」であるとされ、その算定方法は、避難指示等が出された時点で確定的に発生した平穏生活権ないし居住、移転の自由の侵害として一括して算定する。死亡慰謝料、後遺症慰謝料等を参考としながら帰還困難区域の相当額を定めた上で、避難解除の時期や福島第一原発との距離等を勘案して、各区域毎に相当額を算定するという。

一方、本判決が認める③自己決定権侵害慰謝料とは、「放射性物質による健康被害におびえることなく自己の住所又は居所を自由に決定し当地で生活する権利の侵害に対する慰謝料」であるとされ、その算定方法は、本件事故またはその後に避難を余儀なくされた時点で確定的に発生した平穏生活権ないし居住、移転の自由の侵害として一括して算定するという。②ふるさと喪失慰謝料として算定した額を基準として、福島第一原発との距離等を勘案して、各区域毎に相当額を算定するのである。

本判決の権利侵害論・損害論にはいくつかの特徴がある。

第１に、平穏生活権、自己決定権、居住移転の自由の概念についてである。本判決は、平穏生活権について「何人も、自己の住居及びその立地する周辺環境について、同所で平穏な生活をすることはもちろん、それのみならず、地域コミュニティの中で、

仕事、学校、地域住民との各種交流等を通じて、自己の人格を発展形成させながら生活するという意味において、人格権ないし人格的利益を有する……。このような人格権ないし人格的利益」をいうとする。そして、居住、移転の自由について「自由に設定された住所ないし居所において、自己を人格的に発展させるという精神的自由の要素も併せもつ」とし、その実質は「平穏生活権と同質のものと考えられる」とする。筆者（大塚、後掲）のようにリスクとの関係で平穏生活権を捉えるのではなく、生活基盤性を平穏生活権の特徴としていることが理解できる。もっとも、この概念を③自己決定権と同視しているところもあり、また、本来（憲法にもある）別個の概念である居住移転の自由と同視するなど、本判決の平穏生活権概念は非常に融通無碍であるといえよう。

また、③については、平穏生活権、自己決定権の問題としつつ、結局、自己決定権侵害と名付けている。主に避難指示・要請が出されていない地域からの避難者、当該地域の居住者について、（放射性物質による健康被害におびえることなく自己の住所または居所を自由に決定し当地で生活する権利である）平穏生活権ないし自己決定権侵害であるとするのである。しかし、自己決定権侵害は、避難指示があった区域でも（であればなおさら）存在しているのであり、一方、避難指示がなかった区域からの自主避難者は、厳密には自己決定権侵害を受けたものとは言い難い。むしろ、直截にリスクによる不安に基づく損害というべきであろう（大塚直「平穏生活権と権利法益侵害・損害論」論究ジュリ３０号１０８頁）。自己決定権侵害という形式的な侵害を重視することにより、賠償額の低減につながるおそれはないか、との指摘はかねてなされてきたところである（吉村良一「福島第一原発事故について国の責任を認めた群馬訴訟判決」法教４４１号５６頁）。

第２に、②については、包括的な慰謝料（ただし、財産損害は含まれていない）として認め、ここでも、平穏生活権と居住移転の自由の侵害を問題とする。

第３に、ひるがえって、本判決の精神的損害の３分類は、中間指針とどこが異なるか。中間指針は、精神的損害にあたるものを、ⅰ避難指示に伴う通常の慰謝料、ⅱ自主避難者・滞在者に対するリスクに伴う不安に基づく慰謝料、ⅲ帰還困難区域居住者に対する一括賠償（ふるさとの喪失に対する慰謝料の一部に対応する）に分ける立場を基礎としているとみられるが、本判決は中間指針とは次の点で異なっている。1)本判決のいう①避難慰謝料は、避難所生

活や車中生活など、かなり限定された避難の慰謝料に留まっており、中間指針のⅰのごく一部になっている。他方、2) 中間指針では、②ふるさと喪失損害にあたるものについて、その一時的な喪失はⅰに含めており、事故時に帰還困難区域に居住していた者に対する一括賠償についてはⅲで扱われている。3) ②ふるさと喪失慰謝料、③自己決定権侵害慰謝料に関して、月当たりの損害額から算定する方法がとられていないことである。4) 強制的避難者と自主的避難者の関係については、明確な区分はしていないことである。もっとも、自主的避難者は、①および②の対象となっていないこと、③においても低額にとどめられているなど、強制的避難者とは額について相当の差を設けている。5) ③について、②の額を基準として算定している点である。このうち、1) と 2) に関しては、損害をどう区分するかの相違に過ぎない場合が多いものと見る余地もあろう。中間指針のⅰ避難指示に伴う通常の慰謝料は、本判決の①と②（の一部）にまたがっているからである。

[5] 名古屋地判令元・8・2裁判所HP（福島原発事故損害賠償請求事件）は、原告128名が、国および東京電力に対し、住み慣れた環境での平穏で安全な生活を維持継続する権利の侵害に対して、受領済みの慰謝料の有無および額にかかわらず、本件事故に基づく慰謝料の一部として各自1000万円、総額約15億円を請求した事件の第一審判決である。本判決は、国の国賠法上の責任は否定した。東電の責任については、民法の不法行為に関する規定の適用はなく、原子力損害賠償法3条1項に基づく賠償責任のみを負うとし、約9700万円を認容した（一部認容を含め、認容された者109名、棄却された者19名）。

そして、第1に、精神的損害については、中間指針が示す慰謝料額を採用せず、独自に算定し、各避難区域の慰謝料額の目安と避難の相当性が認められる期間を以下の通り認めたうえで、最終的には、個別事情を考慮して算定すべきであるとした（東電による既払額を含む）。すなわち、帰還困難区域（1500万円／人）、旧居住制限区域（月10万円／人。平成30年3月末まで）、旧避難指示解除準備区域（月10万円／人。平成30年3月末まで）、旧緊急時避難準備区域（10万円／人。平成24年8月末まで）、自主的避難等対象区域（月6万円／人。避難継続の合理性は平成23年12月末まで。さらに妊婦または子供の場合は、5万円／人。避難継続の合理性は平成24年1月から8月末まで）である。自主的避難等対象区域以外は月10万円／人が基準とされているが、その根拠は種々の事情の総合考慮であり、財産的損害

について別途賠償が認められていることが重要な理由となっている。

第2に、区域外の精神的損害については、個別事情を考慮して避難の合理性が認められる場合には、自主的避難等対象区域の賠償基準を参考に慰謝料額を算定するとした。

第3に、その他財物損害等の財産的損害については、各原告の個別事情を考慮して算定される。

損害額の立証が困難なものについては民事訴訟法248条に基づき相当な損害額を認定することを明記している。

[6] 福島地判令2・2・19LEX/DB25565289（福島原発事故賠償中通り訴訟判決）は、福島原発事故の際に自主的避難等対象区域に居住していた52名が、東電に対して原子力損害賠償法3条1項に基づき損害賠償を請求した事件を扱った。本件では原告はもっぱら損害論を主張し、1人110万円から900万円（総額9900万円）を請求した。精神的損害と財産的損害を請求しているが、精神的損害については、中間指針に含まれない34項目の請求をした点に特徴がある。本判決は、自主的避難等対象区域に居住していた者は、放射線被ばくに対する恐怖や不安を抱いて生活していたが、同区域からの避難者も、同区域にとどまった者も、同程度の精神的苦痛を被ったと認められるとした。原告の侵害された権利利益は、平穏生活権およびこれに付随する利益であるとし、かかる権利利益は、憲法13条、22条1項に照らして憲法上も保護に値するとする。なお、自主的避難等対象区域に居住していた者は、避難すべきかどうかについて苦悩せざるを得なかったという事情が認められる一方で、避難指示等により避難を強いられた避難者と比較すれば、居住地を決定する権利が侵害された程度には差があるとする。

そして、慰謝料額の目安は、避難の相当性が認められる平成23年末までの期間に対応する慰謝料額である（妊婦・子供は平成24年8月頃までとするが、本件では原告らの中にそのような者がいるとは認められないとする）として、30万円と認めると判断し、ただし、最終的な慰謝料は、各原告の個別事情を具体的に考慮した上で算定されるとした。

原告が主張する精神的損害の考慮要素34項目のうち、「被ばく防止に伴う行動制限から家族が体調を崩し、家族の介護を強いられるようになったことによる精神的損害」と、「本件事故を起因とする家族の離婚・婚約破棄に伴う精神的損害」については、個別に本件事故との相当因果関係が認められる損害かどうかを判断するとした。結果として、追加の認

容額は原告50名につき1人あたり2万2000円から28万6000円（総額1200万円）とされた。

本判決が不安に基づく避難の合理性を問題としている点は、自主的避難者の損害の本質を論じるものとして適切であると思われる。自主的避難者と滞在者を同等の精神的苦痛と捉える点は中間指針と同様の考え方である。自主的避難等対象区域の居住者の慰謝料の目安を平成23年末までとする点も同様であるが、30万円とする点は中間指針の方が多少高額である。個別事情として、（中間指針にはない）2つの要素を認めた点は、首肯しうると考えられる。自主的避難等対象区域においても、事故の結果、様々な種類の精神的損害が発生しているとみられ、裁判所においては、個々の損害が相当因果関係の範囲に入るかを判断することが期待されるところである。

[7] 東京高判令2・3・17裁判所HP（「小高に生きる」原発被害損害賠償訴訟判決）は、原告318名が東電に対して損害賠償を求めたところ、請求を一部認容した（1人当たり300万円、総計約11億円を追加認容した）原判決（東京地判平30・2・7）に対し、原告被告双方が控訴。本判決は、被告の控訴に基づき原判決を変更し、1人当たり110万円、総計約3億6千万円の追加認容にとどめた。

本判決は、避難慰謝料と、避難慰謝料では評価できない本件生活基盤変容に基づく慰謝料を、異なる損害項目として算定した。「避難慰謝料は、避難を要する期間中従前の生活の本拠から強制的に引き離されること自体を日々発生する損害と評価されるものであるのに対し、本件生活基盤変容に基づく慰謝料は、本件事故前の小高区における生活基盤に比して、避難指示解除以降の小高区における生活基盤が著しく損なわれた状況にあることによる利便性、安定性及び安心性等の変化をもって、本件事故による生活基盤の変容による損害と評価するものである」とする。

避難慰謝料については、慰謝料および避難終期の算定については、自動車損害賠償責任保険における入院慰謝料を参考にした中間指針等の考え方に合理性が認められると判断した。そして、本件において相当な避難慰謝料は、月額10万円を上回る金額とすべき事情がないと判断し、また、共通損害としての賠償対象期間の終期については原判決と同様平成30年3月末とした。以上により、避難慰謝料は総額850万円と評価するのが相当とし、被告東電はすでにその相当額を弁済しているとして、原告の請求を棄却した。

本件生活基盤変容に基づく慰謝料については、「避

難指示等により地域全体の住民が従前の生活本拠を離れることを強いられ5年4か月にわたって帰還できなかったことにより……従前の生活基盤の変容とこれに伴う精神的苦痛を受けたことを認定し」た。もっとも、被告東電から避難指示解除後の期間を含み1人月額10万円、総額850万円の避難慰謝料が支払われているところ、「その期間中従前の……生活基盤が失われたことによる精神的苦痛を慰謝する趣旨の支払いが含まれており、これにより、本件生活基盤変容に基づく精神的損害の一部が填補されている」と判断した。そして、以上を考慮して、「本件生活基盤変容によって……原告らに生じた共通の損害に対する慰謝料額」は、1人「100万円をもって相当と認め」、さらに弁護士費用として1人10万円を認めた。

本判決は、原判決に比べて慰謝料額を限定したが、その一因は、本判決が、原告らが原告ら全員に共通する損害を一律請求したことを重視し、個別的損害は考慮要素とならないとの立場をとったことにある。本判決の算定する慰謝料額が中間指針と比較的親近性があるのも、この点が関連しているとみられる。

3 原発の差止

原発差止訴訟については、2件の高裁の裁判例が出されている。[8]はいわゆる伊方型（大塚直『環境法BASIC〔第2版〕』418頁の「第1のアプローチ」）の裁判例であり、抗告を棄却した。一方、[9]は、伊方型の証明・疎明の方式を採用したものの、実質的には裁判所が踏み込んだ判断をし、仮処分命令の申立てを却下した原決定を取消した。

[8] 大阪高決令2・1・30LEX/DB25570741（大飯原発3.4号機運転差止仮処分命令申立却下決定に対する即時抗告事件）は、大飯原発3.4号機の仮処分命令の申立て事件に関して、原決定（大阪地方裁判所年月日不明）を維持し、抗告を棄却した。原発に求められる安全性を相対的安全性とし、規制委員会が自ら策定した基準に適合するものとして安全性を認めた原発は、審査および判断の過程に不合理な点が認められない限り、上記の原発に求められる安全性を具備するものとする。証明に関しては、伊方型を採用し、1）まず、相手方電力において、本件原発が規制委員会の定めた安全性の基準に適合することを、相当の根拠・資料に基づいて主張立証すべきであり、2）相手方において本件原発が安全性の基準に適合することを主張立証を尽くしたと認められ

るときは、抗告人において、規制委員会の策定した安全性の基準自体が現在の科学的・技術的知見に照らして合理性を欠き、または、本件原発が安全性の基準に適合するとした規制委員会の審査および判断が合理性を欠くことにより、本件原発が安全性を欠くことを主張立証する必要があるとする。本件では、1）が一応認められ、2）の主張立証にも成功していないため、被保全権利の疎明がないとして、棄却した。1）について、行政基準への適合性の主張立証を求める点で、（伊方型の中でも）女川判決（仙台地判平6・1・31判時1482号3頁）のタイプ（筆者〔大塚〕の言うA1）と異なる浜岡原発判決（静岡地判平19・10・26）のタイプ（筆者の言うA2）の判断となっているといえよう（大塚直「原発民事差止訴訟の課題」環境法研究10号(信山社)74頁参照）。

　1）について、[9]とは、「現在の科学技術水準に照らし、当該具体的審査基準に不合理な点のないこと」を相手方の主張・疎明の対象としなかった点が異なるが（[9]は筆者のいうA2タイプである）、判断の相違はそれだけに基づくものでなく、（科学的に不確実な事象に対する対応など）裁判所の姿勢の相違に基づくものであろう。

　[9]広島高決令2・1・17LEX/DB25565335（伊方原発3号機運転差止仮処分命令申立却下決定に対する即時抗告事件）は、地震、火山の噴火等抗告人らの主張する事象により、伊方発電所3号機の原子炉施設から大量の放射性物質が放出されて抗告人らの生命、身体等の重大な法益に対する侵害が生ずる具体的危険性があるとは言えないとして、仮処分命令の申立てを却下した原決定（山口地岩国支決平31・3・15）を取消した。すなわち、1）相手方は「震源が敷地に極めて近い場合」に該当する可能性があるのに、佐田岬半島北岸部の活断層の有無を十分に調査しておらず、「規制委員会の判断には、判断過程に過誤ないし欠落があった」とし、また、2）相手方による原子力発電所への火山事象の影響評価は過小であって、これを前提とした相手方による本件原子炉に係る原子炉設置変更許可、工事計画認可および保安規定変更認可の各申請も合理性を欠くというべきであるから、規制委員会がこれを問題ないとして行った判断は不合理であったとした。そして、抗告人らの申立ては、中央構造線の評価に係る危険性の評価、および原子力発電所への火山事象の影響について、被保全権利の疎明がなされたというべきであるとしたうえで、本件原子炉は、現在稼働中であり、その運用によって抗告人らの生命、身体等に直接的かつ重大な被害を受ける具体的危険があること、火

山の噴火の時期および規模を的確に予測することは困難なことから、保全の必要性が認められるとして、原決定を取り消し、相手方は、本案訴訟の第一審判決の言渡しまで、伊方発電所3号機の原子炉を運転してはならない、と命じた。

　証明・疎明に関しては、まず、「当該発電用原子炉施設の設置運転の主体である」相手方において、原子炉の運転によって「その生命、身体、生活基盤に重大な被害を受ける具体的危険が存在しないことについて、相当の根拠、資料に基づき、主張・疎明する必要があり」、相手方が「この主張・疎明を尽くさない場合には、上記の具体的危険の存在が事実上推定されるというべきである。」具体的には、[1]「現在の科学技術水準に照らし、当該具体的審査基準に不合理な点のないこと」、および[2]「当該発電用原子炉施設が上記審査基準に適合するとした規制委員会の判断について、その調査審議及び判断の過程に看過し難い過誤、欠落がないなど、不合理な点がないこと」を「相当の根拠、資料に基づき主張、疎明す」れば、上記の「主張・疎明を尽くしたということができる。」この点で、本決定は、証明・疎明については伊方型の方式（A2'）を採用したものであるが、相手方からの「事業者は規制委員会からの所要の許認可を受けているなどして現在の安全規制の下でその設置及び運転等がされていることを主張、疎明すれば足りる」との主張に対して、「事業者が原子炉の安全性に関する専門技術的知見及び資料を十分に保持しており、他方、周辺住民にはそのような専門技術的知見及び資料がないことなどに照らすと」採用できないとする点は特筆すべきである。

　そして、伊方型の枠組みを使った具体的判断がこの決定の眼目である。

　第1に、中央構造線断層帯長期評価（第二版）には、本件発電所敷地沿岸部における活断層の有無に関する相手方の海上音波探査が不十分であることを前提とした記載があり、また、本件発電所敷地から2km以内の距離にあると考えられる地質境界としての中央構造線が活断層である可能性をうかがわせる事情が認められるのに、本件発電所敷地沿岸部における活断層の有無についてそれ以上の調査を行わずに活断層はないと判断して、活断層が敷地に極めて近い場合の地震動評価を行わず、規制委員会はこれを問題ないと判断したものであるから、上記規制委員会の判断には、その過程に過誤ないし欠落があったといわざるを得ず、相手方は、上記の点につき具体的危険の不存在についての主張・疎明を尽くしたとはいえない。

第2に、新規制基準のうち、火山事象の影響による危険性に関する内規である火山ガイドは、検討対象火山の噴火の時期および程度が相当前の時点で予測できることを前提とする点において不合理であり、したがって、阿蘇カルデラの破局的噴火により、阿蘇カルデラからの火砕流が本件発電所敷地に到達する可能性が十分に小さいとはいえず、また、本件原子炉の運用期間中に阿蘇カルデラの破局的噴火が発生する可能性が十分に小さいともいえないけれども、そのことのみをもって本件原子炉を立地不適とすることは社会通念に反する。しかし、阿蘇カルデラの破局的噴火に至らない程度の最大規模の噴火（噴出量数十 km^3）の可能性は考慮すべきであって、そうすると、相手方による降下火砕物の想定は過小であり、これを前提として算定された大気中濃度の想定も過小であって、このような過小な想定を前提としてなされた本件原子炉に係る原子炉設置変更許可等の申請およびこれを前提とした規制委員会の判断も不合理であって、相手方は、上記の点につき具体的危険の不存在についての主張・疎明を尽くしたとはいえない。

このように本決定は伊方型の証明・疎明の方式を採用しているが、実質的には裁判所が踏み込んだ判断をしたものといえる。そのほかにも、本決定には特色が多い。第1に、抗告人が主張する科学的不確実性に対する配慮について、その主張自体は排斥しているものの、「福島事故のような過酷事故は絶対起こさないという意味での高度な安全性を要求すべきであるという理念は尊重すべきである」とし、また、「ある問題について専門家の間で見解が対立している場合には、支配的・通説的な見解であるという理由で保守的でない設定となる見解を安易に採用することがあってはならない」と判示をしている。第2に、抗告人からの、伊方型の枠組みについて民事訴訟と行政訴訟の違いを看過しているとの主張について、伊方最高裁判決の事件と本件とは「原子炉施設の設置、運用の当否を問題」にしている点、その判断において「多方面にわたる極めて高度な最新の科学的、専門技術的知見に基づく総合的な判断が必要となる」点で共通しているとし、両訴訟の違いを看過して同様ないし類似の判断枠組みを用いているわけではないと（かなり丁寧に）回答している。この点は、本決定が行政の裁量を極大化する立場をとらないことと結びついているとみられる。第3に、本件で耐震性について裁判所が規制委員会の不合理を判示できたのは、「中央構造線断層帯長期評価（一部改訂）」が「中央構造線断層帯長期評価（第二版）」

に改訂されたことが大きかったといえよう。本決定は、元来原発差止について裁判例が用いてきた、審査基準および規制委員会の判断の合理性は「現在の科学技術水準」に照らして判断されるとの考え方を活用し、耐震性についての現在の基準に基づく判断をすることができたからである。第4に、本決定は、火山ガイドに関しては、阿蘇カルデラの破局的噴火に関して、裁判所の考える社会通念が原子力規制委員会の立場と異なる場合、後者をとるとした広島高決平29・12・13判時2357＝2358号300頁（評釈として、桑原勇進「判批」環境法研究（信山社）10号85頁）には従わず、極端な行政追随の姿勢は示さなかった。そしてそのうえで、破局的噴火に至らない程度の最大規模の噴火の可能性を検討したのである。

本決定は、（科学的不確実性に対する対応など）裁判官の姿勢次第では、伊方型の枠組みを用いてもなお裁判官が実質的な判断をなしうることを示したものといえよう。

4　景観・まちづくり

[10] 東京高判平30・9・12判例自治454号66頁は、Y（被告東京都、控訴人）を起業者とする本件街路に係る都市計画事業の用に供するため、東京都収用委員会がしたX（原告、被控訴人）所有土地の収用裁決において、損失補償額を不服として、土地収用法133条2項および3項に基づき、Yに対し、損失補償額のうち家賃減収に係る補償額に不足があるとして、その増額を求めるとともに、その差額とこれに対する遅延損害金の支払などを求めた事案である。

本判決は都市計画事業認可等の告示によって、直ちに賃借人の確保や従前の賃貸借条件の維持に支障が生じ、告示から収用裁決までの空き室や家賃減収について、土地収用法88条の補償の対象となるわけではなく、「賃貸借の需給関係は、建物の状況、近隣の状況、景気の動向、賃借人の募集態様、従前の賃料額の相当性、本件事業の進捗状況等、様々な要素により定まるものである」から、本件告示から本件裁決まで11年以上にわたり、家賃減収に対する補償を求める以上、Xにおいて、「それが収用を原因として、やむを得ない理由で生じたことを具体的に主張立証する必要がある」などとして、原判決の認容額を減額した。

[11] 東京高判令元・10・30判例自治459号52頁は、Y（被告東京都、被控訴人）を起業者とする

都市計画事業の用に供するため東京都収用委員会がした X（原告、控訴人ら）所有の土地に係る権利取得裁決および明渡裁決における損失補償額に不服があるとして、X らの主張する損失補償額との差額等を求めた訴訟で、請求を棄却した原審の判断を維持した。土地収用法 133 条所定の損失の補償に関する訴えにおいて、裁判所は、収用委員会の損失補償に関する認定判断に裁量権の逸脱・濫用があるかを審理判断するものではなく、証拠に基づき裁決時点における正当な補償額を客観的に認定し、裁決に定められた補償額が上記の認定額と異なるときは、裁決に定められた補償額を違法とし、正当な補償額を確定すべきものと判示している。

[12] さいたま地判平 31・1・16 判例自治 457 号 56 頁は、Y 町長の地位にあった A が都市計画法上必要な開発許可を得ずに本件武道場およびその周辺のフェンスを建築・設置し、その建設費につき、違法な支出負担行為をし、支出命令を発したなどと主張して、住民 X が被告 Y 町に対し、自治法 242 条の 2 第 1 項 4 号に基づき、A に対して 7000 万円余と遅延損害金の支払を請求することを求めた住民訴訟の事案である。

本判決は、監査請求期間の経過につき正当理由なしとして訴えを一部却下したほか、都計法 29 条は、指定都市等の場合を除き、開発許可を知事固有の権限としており、開発行為を行う町長は、開発許可にかかる判断権限を有しないから、町長は、知事がした開発許可の要否に係る判断が著しく合理性を欠き、そのためこれに予算執行の適正確保の見地から看過し得ない瑕疵の存する場合を除き、上記判断内容を前提として財務会計上の措置を執ることができ、その判断に従う限り、財務会計法規上の義務違反の問題は生じないとした。そのうえで、開発許可の要否にかかる Y 町の照会を受けて、本件武道場の敷地面積は、隣接する中学校敷地と合計すれば開発許可を必要とする 3000㎡以上となるものの、武道場の敷地周囲に高さ 1m 以上のフェンスを設置するため、本件中学校敷地との一体利用は物理的に不可能であるから、開発許可を不要であるとした埼玉県知事の判断を前提とした財務会計行為に違法はないと判示した。

[13] 大阪地判平 31・2・8 判例自治 458 号 58 頁は次のような事案である。

原告 X は、被告 Y（大阪府）の阪南市の土地建物を取得し、旅館業法に基づき簡易宿所（古民家を利用したペンション）の営業許可を受けたところ、被告 A 社は、B 社（被告 A 社補助参加人）から隣地を取得し、Y 府知事から、本件土地のかさ上げ等工事につき宅地造成等規制法 8 条 1 項に基づく許可を受けて、本件工事を実施し、太陽光発電パネルを設置した。X の主張は多岐にわたるが、Y 府知事が宅造法 8 条 1 項の許可を得ることなく開始された（開始後に許可を得た）本件工事に関し、宅造法 14 条 2 項に基づき、工事の施行停止もしくは宅地造成に伴う災害防止のため必要な措置をとること、または、同条 3 項に基づき、本件土地の使用禁止・制限もしくは宅地造成に伴う災害防止のため必要な措置をとることを命じなかった行為（規制権限の不行使）が違法であるなどとして、旅館営業をできなかったために被った逸失利益約 4 千万円と遅延損害金の支払を請求した。

本判決は、宅造法の目的、関連規定の趣旨等に鑑みれば、知事の宅造法 14 条 2 項および同条 3 項に基づく措置等を命ずる権限は、違法な宅地造成に伴う崖崩れまたは土砂の流出による災害が発生するおそれがある場合に、近接する住民の生命、身体等に対する危害を防止することを主要な目的として、できる限り速やかに、適時かつ適切に行使されるべきものとしたうえで、上記措置等を命ずる権限の不行使が許容される限度を逸脱して著しく合理性を欠くと認められないなどとして、X らの請求を全て棄却した。

[14] 神戸地判平 31・4・16 判タ 1468 号 93 頁は、都計法 81 条 1 項 2 号に基づく是正命令について、いわゆる非申請型義務付けの訴えを認容した判決である。原告 X₁ は、被告 Y（神戸市）内の斜面地の下部隣地の土地建物所有者、原告 X₂ らは同じく上部隣地の土地建物所有者であり、被告 WT は処分行政庁（被告 Y 市の長）の許可を受け、本件斜面地とその周辺土地につき開発行為に関する工事（宅地造成工事）をした者、被告 BW は本件斜面地を所有する者、被告 TE は被告 WT から上記開発行為により造成された土地を購入しその上に建物を建築してこれらを原告 X₂ らに売却した者である。

本件で X らは、上記開発行為が法令の基準に適合していないため、本件斜面地が崩壊して自己の法律上の利益が侵害されるおそれがあるなどと主張して、処分行政庁が、都計法 81 条 1 項または宅造法 17 条 1 項および 2 項に基づき、被告 WT に対し、本件斜面地につき、その法面または本件石積擁壁の崩壊を防止するために必要な調査および工事を行うよう命令すべき旨を命ずること（工事命令）や、被告 WT および被告 BW に対する調査および工事の直接請求、被告らに対する損害賠償請求など、多岐

にわたる請求をした。

本判決は、開発許可における行政庁の専門技術的裁量を認めた上で、上部擁壁等による荷重を考慮して本件石積擁壁が安全であると判断した本件開発許可等は、「その判断の基礎とされた重要な事実に誤認があり、又は事実に対する評価が合理性を欠くものと評せざるを得ず」違法であるとし、さらに、処分行政庁は現時点においても、上記違法な本件開発許可等の判断内容に依拠し、本件開発行為が本件許可基準に適合していると判断した上で、工事命令を発令しておらず、本件開発許可等がされてから口頭弁論終結時までに事情変更が生じ、安全であると認められる状況になったともいえないとして、本件斜面地の法面および本件石積擁壁が崩壊する具体的なおそれがあるか否かを判断するまでもなく、裁量権の逸脱・濫用にあたるとした。

また、〈請求の特定〉につき、裁判所は工事命令の内容として、被告 WT に対し、本件斜面地につき安全上必要な措置をとること、具体的には、その法面および本件石積擁壁の崩壊を防止するために必要な工事を行うことを命じれば足り、工事内容を具体的に特定する必要はないとし、〈重大な損害〉についても、仮に処分行政庁において工事命令をしないことが違法であった場合には、本件斜面地が崩落し、X_2 らの生命または身体が害される相当程度の可能性があるとして、これを認めた（他方、現地に居住せず第三者に賃貸している X_1 については、財産被害にとどまるとして認めなかった）。

なお、〈宅造法に基づく命令の義務付け〉については、都計法に基づく工事命令の義務付けの訴えが認められる以上、判断の必要がないとした。

さらに、〈調査の義務付け〉については、そもそも都計法は、当該開発行為が当該許可基準に適合するか否かの再度の審査をさせるため、81 条 1 項 1 号または 2 号所定の者らに調査を命じる権限を付与する趣旨ではなく、宅造法も同様であるとして、請求を認めなかった。また、所有権または人格権に基づく妨害排除等請求として、本件斜面地につき、その法面または本件石積擁壁の崩壊を防止するために必要な調査および工事を直接求める訴えについては、現時点で X らの所有権または人格権が現に侵害されまたはそのおそれがあるとは認められないとし、損害賠償請求についても、現時点での損害発生を否定した。

[15] 京都地判令元・7・16 裁判所 HP・LEX/DB25564002 は、亀岡市の住民である X らが、京都府と亀岡市が事業主体となり、亀岡駅北土地区画整理事業地内に京都スタジアム（仮称、本件スタジアム）を建設することを内容とする整備事業に関して、①京都府が行った費用便益の算出に誤りがあり、経済的合理性のない本件事業に公金を支出することは自治法 2 条 14 項、地方財政法 4 条 1 項に違反する、②本件事業は天然記念物であるアユモドキの生存を脅かし、その保存に影響を及ぼす行為等に該当し、本件事業に公金を支出することは文化財保護法 125 条 1 項等に違反するなどと主張して、執行機関である被告京都府知事および被告亀岡市長に対し、各公金支出の差止めを求めた住民訴訟である。

本判決は、①スポーツの振興、公共の福祉の増進を図るという目的に合理性があること、老朽化した西京極スタジアムとは別に国際的、全国的な試合に対応可能な専用球技場であるスタジアムを新設する必要性が認められること、本件事業の費用便益分析を国交省マニュアルに従って行うことは不合理でなく、それに従った算定結果が不合理であると評価すべき事情もないこと、本件事業におよそ経済的合理性がないとはいえないことなどを指摘して、裁量権の逸脱・濫用があると評価すべき事情はないとし、また、②本件事業の実施により、アユモドキの現状を変更し、またはその保存に影響を及ぼすことを認めるに足りる証拠はないと判示した。

[16] 京都地判令元・11・19 裁判所 HP・LEX/DB25564826 は、亀岡市長（処分行政庁）が、甲土地区画整理事業の施行者である甲土地区画整理組合の設立を認可し、また後に、本件組合に対し、事業計画変更の認可（以下「本件変更認可」という）をしたため、亀岡市の住民である原告 X らが、本件事業が施行される予定の地区内に市街化調整区域が含まれるところ、都市計画法 34 条各号所定の事由はないから、本件設立認可および本件変更認可は土地区画整理法 21 条 2 項に違反するなどと主張して、被告 Y（亀岡市）に対し、上記設立認可・変更認可の取消しを求めた事案である。

本判決は、まず①本件事業の施行地区である本件予定地内の宅地の所有権者である X_1 につき原告適格を認め、さらに、②施行地区の周辺住民のうち、「当該事業の施行に起因して水害等の被害が仮に深刻化した場合にそれによる健康又は生活環境に係る著しい被害を直接的に受けるおそれのある者」について一般論として原告適格を認めたが、当てはめにおいて、かかるおそれがあると認めるべき事情はないとして、その他の原告らにつき原告適格を否定した。

本案審理では、前提問題である〈本件予定地に含まれる亀岡駅北地区を市街地調整区域から市街化区

域に変更した本件区域変更の違法性の有無〉について、京都府知事による本件区域変更の判断は、亀岡駅北地区の発展の動向や将来の街づくりの見通し等を考慮するとともに、同地区周辺の河川につき長年にわたって実施されてきた治水対策の進展状況やその効果を慎重に検討し、亀岡市都市計画審議会や京都府都市計画審議会の審議をも経て行われたものであって、その内容が社会通念に照らし著しく妥当性を欠くものとはいえないなどとして、請求を棄却した。

5　自然・文化環境

[17] 最一判令元・7・18 判時 2431＝2432 号 73 頁は、上告人 X（原告・控訴人）が、2 筆の本件土地を公園の敷地として占有する被上告人 Y（被告・被控訴人湖南市）に対し、①本件土地につき X が所有権を有することの確認、②所有権に基づく本件土地の明渡し・賃料相当損害金の支払を求めた事案である（なお、反訴があるが、上告審では取り上げられていない）。都市公園法は、地方公共団体が都市計画区域内に設置する公園等を「都市公園」と定義し（2 条 1 項 1 号）、都市公園はその供用開始に当たり所定の事項を公告することにより設置されるとした上（2 条の 2）、都市公園を構成する土地物件については私権を行使できない（32 条）と規定していることから、X の上記②の訴えに関して、本件土地を敷地とする公園（本件公園）が同法に基づいて設置された「都市公園」に当たるか否かが争われた。原判決（大阪高判平 30・6・8 判例自治 453 号 67 頁）は、①につき第一審判決（大津地判平 29・12・19 判例自治 453 号 61 頁）を維持して X の請求を認める一方、②につき、「都市公園」該当性を肯定し、私権が制限されるため、明渡しおよび賃料相当損害金の請求はできない（第一審判決は②の請求が権利濫用により許されないとした）として、X の請求を棄却していた。破棄差戻。

本判決は、都市公園法 2 条の 2 は、都市公園は、その管理予定者が当該都市公園の供用開始に当たり都市公園の①区域その他政令で定める事項を公告することにより設置されるものと規定し、同法施行令 9 条は、上記政令で定める事項は、都市公園の②名称および③位置ならびに④供用開始の期日とすると規定している。これらの規定は、都市公園についてはこれを構成する土地物件に対する私権行使の制限（同法 32 条）等が予定されていることから、都市公園を設置するための要件として、その管理予定者に

おいて都市公園の①区域、②名称、③位置および④供用開始の期日を公告することにより、都市公園としての供用開始を明らかにし、その区域をもって同法の適用対象となる都市公園の範囲を画することとした趣旨であるから、湖南市地域ふれあい公園条例（平成 17 年湖南市条例第 35 号）に基づく公告は、「都市公園」としての供用開始ではなく、「湖南市地域ふれあい公園」としての利用開始を明らかにするだけのものであり、その①区域を公告することは予定されていないから、同条例に基づく公告がされたことをもって、都市公園法 2 条の 2 に基づく公告がされたとはいえないと判示し、そのうえで、X の本件土地の明渡請求および賃料相当損害金の支払請求が権利濫用に当たるか否か等について、さらに審理を尽くすべきだとして、本件を原審に差し戻した。別途、損失補償の構成はありえたであろうか。

[18] 最一判令 2・3・26 裁時 1745 号 9 頁は、次のような事案である。

国の機関である沖縄防衛局は、米軍普天間飛行場の代替施設を辺野古沿岸域に設置するための公有水面埋立事業につき、X（沖縄県知事）から公有水面埋立法 42 条 1 項の承認を受けていたが、事後に判明した事情等を理由として埋立承認が取り消されたことから、これを不服として、Y（国土交通大臣）に対し、行政不服審査法に基づく審査請求をしたところ、Y が埋立承認取消しを取り消す旨の裁決（本件裁決）をした。X は、本件裁決は違法な「国の関与」に当たると主張して、地方自治法 250 条の 13 第 1 項に基づく国地方係争処理委員会に対する審査申出をしたが、同委員会は、本件裁決は上記「国の関与」に当たらず同委員会の審査の対象とならないとして、上記審査の申出を却下した。

そこで X は、自治法 251 条の 5 第 1 項（国の関与に関する訴えの提起）に基づき、Y を相手に、本件裁決の取消しを求めて提訴した。前号で紹介し判時 2443 号 3 頁に登載された第一審の福岡高那覇支判令元・10・23 は、本件裁決が「関与」を定義した同法 245 条 3 号括弧書きの「裁決」に当たるため、「国の関与」から除外され、同法 251 条の 5 第 1 項の訴訟の対象とはなり得ないなどとして、訴えを却下した。そこで Y は、本件裁決がそもそも法令上の根拠を欠くもので、「国の関与」から除かれる裁決等には当たらないなどと主張して、本件上告をした。本判決は概要、以下のように判示して、上告を棄却した。

行審法 7 条 2 項（適用除外）は、国の機関または地方公共団体その他の公共団体もしくはその機関

（国の機関等）に対する処分で、国の機関等がその「固有の資格」において当該処分の相手方となるものについては、同法の規定は適用しない旨を規定している。そのため、本件裁決が上記「国の関与」に当たるものとして自治法251条の5第1項の訴えの対象となるか否かに関し、本件埋立承認取消しが、国の機関である沖縄防衛局がその「固有の資格」において相手方となった処分であるか否かが問題となる。

行審法7条2項は、国の機関等に対する処分のうち、国民の権利利益の救済等を図るという上記目的に鑑みて上記制度の対象とするのになじまないものにつき、同法の規定を適用しないこととする趣旨であり、同項にいう「固有の資格」とは、国の機関等であるからこそ立ち得る特有の立場、すなわち、一般私人が立ち得ないような立場をいう。

国の機関等が上記立場において相手方となるか否かは、①当該事務または事業の実施主体が国の機関等に限られているか否か、また、②限られていないとすれば、当該事務または事業を実施し得る地位の取得について、国の機関等が一般私人に優先するなど特別に取り扱われているか否か等を考慮して判断すべきである。

そして、<a> 国の機関等と一般私人のいずれについても、処分を受けて初めて当該事務または事業を適法に実施し得る地位を得ることができるものとされ、かつ、<b> 当該処分を受けるための処分要件その他の規律が実質的に異ならない場合には、国の機関等に対する処分の名称等について特例が設けられていたとしても、国の機関等が一般私人が立ち得ないような立場において当該処分の相手方となるものとはいえず、当該処分については、等しく行審法が定める不服申立てに係る手続の対象となる。

公水法は、<a> 国の機関と国以外の者のいずれについても、埋立ての実施主体となり得るものとし（上記①）、また、知事の処分である埋立承認または埋立免許を受けて初めて、埋立てを適法に実施し得る地位を得ることができるものとしており、<b> 埋立てを適法に実施し得る地位を得るために国の機関と国以外の者が受けるべき処分について、「承認」と「免許」という名称の差異にかかわらず、当該処分を受けるための処分要件その他の規律は実質的に異ならない（上記②）。

よって、処分の名称や当該事業の実施の過程等における規律に差異があることを考慮しても、国の機関が一般私人が立ち得ないような立場において埋立承認の相手方となるものとはいえず、埋立承認は、国の機関が行審法7条2項にいう「固有の資格」に

おいて相手方となるものとはいえない。

[19] 福岡高那覇支判平31・4・18判例自治454号26頁は、那覇市住民のX（原告・被控訴人）が、当時の那覇市長が補助参加人A（一般社団法人）に対して都市公園である松山公園の敷地内に久米至聖廟（本件施設）の設置を許可し、その使用料を全額免除したことは政教分離原則（憲法20条1項後段、3項、89条）に違反し、本件免除は無効であるにもかかわらず、Y（被告・控訴人）は、違法に上記使用料の徴収を怠っているなどと主張して、自治法242条の2第1項3号に基づき、控訴人が、補助参加人に対し、同年4月1日から同年7月24日までの間の松山公園の使用料181万7063円（本件使用料）を請求しないことが違法であることの確認などを求めた住民訴訟である（監査請求の適法性をめぐって争いがあり、本件は差戻審にかかる控訴審判決である）。

原審である那覇地判平30・4・13判例自治454号40頁は、いわゆる空知太神社最大判（平22・1・20民集64巻1号1頁）に依拠して、「都市公園の無償提供行為は、一般的には、当該宗教的施設を設置する宗教団体等に対する便宜の供与として、憲法89条との抵触が問題となる行為」であるが、宗教的施設であっても、地方公共団体が公園施設による都市公園の占用に係る使用料の全額を免除している状態が、「信教の自由の保障の確保という制度の根本目的との関係で相当とされる限度を超えて憲法89条に違反するか否かを判断するに当たっては、当該公園施設の性格、都市公園の無償提供行為がされるに至った経緯、当該都市公園の無償提供行為の態様、これらに対する一般人の評価等、諸般の事情を考慮し、社会通念に照らして総合的に判断すべき」としたうえで、個別事情に照らし、本件免除は、憲法20条3項の禁止する国の機関たる地方公共団体による宗教的活動にも該当し、違憲無効であるとして、Xの請求を認容した。

本判決は原判決を維持したが、「那覇市公園条例上及び同条例施行規則上、那覇市長が特に必要と認める場合には使用料の一部を免除することができる旨規定されており、Yには、施設の設置許可を受けた者に対して公園使用料の一部免除をするか否かについての裁量が認められている」から、Yが、補助参加人に対し、本件設置許可に伴う公園使用料を徴収すべき義務を負うとしても、本件使用料の全額を徴収しないことが直ちにはYの財産管理上の裁量を逸脱・濫用するものとはいえない旨を追加して判示している（結論に変更はない）。XY双方が上告した

が、報道によると、本件については近く最高裁大法廷の判断が示されるようである。

[20] 大阪高判令元・7・11判例自治455号42頁は、Y（高槻市、被控訴人・被告人）の住民であるX（控訴人・原告）が、Y市立市民会館を取り壊して都市公園法上の都市公園である城跡公園内に建て替える事業につき、建設予定の新文化施設は、法令上都市公園内に設置できない施設であるとして、同事業の違法などを主張し、Yに対し、新文化施設の建設、設計および調査に係る公金支出その他財務会計行為の差止めなどを求めた住民訴訟で、請求を棄却した原判決を維持した。

本判決は、①都市公園法2条2項6号および同法施行令5条5項3号は、地方公共団体が条例により必要な教養施設を定めるに当たり、都市公園の効用を全うするための教養施設という範囲内において、地方公共団体に広範な裁量権を認めており、屋内型の劇場であっても、その範囲に含まれるから、教養施設として「劇場」を定めるY市都市公園条例2条の2は、上記各規定による委任の趣旨を逸脱する違法なものとはいえず、②新文化施設は、文化芸術の創造・発信拠点として、文化芸術に関する活動を行うための施設として活用されることが想定されており、条例2条の2の「劇場」に該当すると認められ、設置は違法でないと判示した。

[21] 東京高判令元・11・28判例自治459号33頁は、被控訴人Y（被告、越谷市）が所有する土地建物を訴外A（観光協会）に貸し付けたことに関し、Y市長に善管注意義務違反があるとして、損害賠償をするよう求めた住民訴訟の控訴審で、控訴人X（原告）の請求を棄却した原判決を維持した。

本判決は、①本件では、目的外使用許可の手続を経ていなかったが、Yが同手続を経ずに本件各土地を使用させたことが、公物管理（一般行政上の管理）の観点からみて適切でないとしても、直ちに財産的管理（目的物の財産的価値の維持・保全・実現を目的とする管理）を違法に怠ったとは認められない、②本件各土地は、現時点で具体的な整備時期・規模・整備手法等が未定の行政財産（公用または公共用の目的に供すべきことと決定した財産）であるところ、Aの暫定的使用によりその長期的な用途（レイクタウン地区における都市基盤の整備・充実を図るための用地）が妨げられたとは認め難いこと（むしろ、レイクタウン整備事業の目的・性質等に照らせば、Yの観光推進やにぎわいの創出という目的自体は、上記用途に適う）、本件各土地の維持・管理にかかる費用はAが負担しており、Yは公費を一切支出していな

いこと、行政財産である本件各土地については、そもそも賃貸等によってYが収益を上げることが予定されていないこと等の事情に照らせば、Aの無償使用によって、Yに損害が発生したと認められないなどと判示している。

[22] 横浜地判平30・12・19判例自治454号53頁は、宗教法人である原告Xが、被告Y市（神奈川県海老名市）内に新たに霊園を設置するため、処分行政庁であるY市長に対し、墓地等経営許可申請をしたところ、Y市墓地等の経営の許可等に関する条例・施行規則の規定違反を理由に不許可処分がされたため、Xがその取消と上記申請に対する許可処分の義務付けを求めた事案である。

本判決は、Y市条例・施行規則では、①原則として申請者が当該土地を所有していること（あるいは申請者に対する所有権移転の確約書の提出）、②墓地等と人家の水平距離が50m以上であることなどが要求されているところ、本件申請に係る本件墓地経営計画では、①Xが所有権を有しない市道が含まれ、かつその所有権取得の見込みがなく、また、②霊園予定地の境界線と人間の水平距離が3.7mしかなく、上記距離制限規定にも違反すると認定し、許可要件を満たさないとしてXの請求を棄却した。

[23] 大阪地判平31・2・21判例自治457号64頁は、被告Y（河南町）に所属するY町長の許可を受けて法定外公共物である水路の付替えおよび形状の変更工事を行っていた原告Xが、Y町長から、同町法定外公共物管理条例13条2項1号に基づく是正措置工事命令を受けたため、その取消しを求めた事案である。

本判決は、①水路施設である本件ボックスカルバートは、Xがした盛土の過剰積載により亀裂が生じるなど破損し、その耐久性および安全性は低下しており、特に本件ボックスの下流側の部分は崩落の危険があったなどとして、本件水路工事は、同条例13条2項1号所定の「占用等許可に係る行為が法定外公共物の維持管理に著しい支障を及ぼすおそれがあるとき」に該当すると示し、また、②法定外公共物を適切に維持管理するためには、当該地域の自然的または社会的な条件、環境、利用状況等を前提とする当該法定外公共物の耐久性・安全性等に関する専門的・技術的な判断を要するから、占用等許可の取消しや原状回復命令等の処分を行うか否か、行うとして具体的にどのような措置を選択しまたは条件を付すかといった判断は、その性質上、行政庁の合理的な裁量に委ねられているとした上で、本件ボックスの現状、その本来果たすべき機能や耐久性

等を前提として、複数の専門家の意見に基づく専門的知見を踏まえて決定されており、十分な工学的根拠に基づくものであるとして、裁量権逸脱・濫用の違法はないと判断した。

[24] 福岡地判令元・11・27判時2441号3頁は、原告Xらが、被告Y（福岡市）に属する博多区長に対し①屋台営業に係る道路占用許可の申請を、Yに属する福岡市長に対し②福岡市屋台基本条例（平成25年福岡市条例第43号）25条所定の屋台営業候補者の公募への応募申請をしたところ、博多区長から①につき不許可処分を、福岡市長から②につき却下処分をそれぞれ受けたため、Yを相手に、①②にかかる処分の取消しを求めるとともに、Xらに対する③道路占用許可処分の義務付けを求めた事案である。

本判決は、名義貸し屋台の名義借人であるXらと博多区長との間では、名義貸し屋台による営業活動が本件条例に違反していることを前提に、生活再建に必要な期間（最長3年間）の経過後は、条例10条1項に基づく期間更新の許可は行わないことが共通の前提ないし約束事とされていたから、同項の定め（審査基準）と異なる取扱いを相当と認めるべき「特段の事情」があるなどとして、上記訴えのうち、原告らに対する③を却下し、①②をいずれも棄却した。

[25] 長崎地判令2・3・10裁判所HP・LEX/DB25570797は、被告Y（国）が国営諫早湾土地改良事業を行い、湾奥部に諫早湾干拓地潮受堤防を設置して海洋を締め切るとともに、締め切った部分の内側を調整池として淡水化したところ、諫早湾内で漁業を営む原告Xらが、締切りにより、湾内の漁場環境が悪化し、Xらが有する漁業法（平成30年12月14日法律第95号による改正前のもの）8条1項所定の「漁業を営む権利」（漁業行使権）を侵害されたと主張し、Yに対し、漁業行使権に基づく妨害排除請求として、Xらの漁業被害を回復させるため、本件潮受堤防の南北に設置されている各排水門について、潮受堤防により締め切られた本件調整池に海水を流入させ、海水交換できるように各排水門の開門操作をすることを求めた事案である。

本判決は、①漁業行使権の前提となる漁協が有する漁業権は、本件締切り後に免許された権利であるが、存続期間が経過した後、特段の事情がない限り、直ちに従来の漁業権と同じ内容の漁業権が再度免許され、これが反復継続されてきたもので、従来の漁業権およびそれに基づく漁業行使権と、存続期間経過後に改めて免許された漁業権およびそれに基づく漁業行使権との間で、性質や内容に変化が生じると解するべき合理的な理由は存在せず、実質的に同一であるから、本件事業や本件潮受堤防の締切りによる漁業行使権侵害は生じ得るとし、さらに②本件潮受堤防の締切りによって諫早湾内の潮流速が低下し、成層化が多少なりとも進行し、これが、その寄与の程度が大きなものとは認められないものの、諫早湾内の湾奥部および湾央部における貧酸素化および底層における浮泥の堆積の進行の一因となり、湾奥部においてはこれに加えて硫化水素が発生していると認められるが、個々の漁業種ごとの漁場環境についてみると、これらの環境変化が、原告らの営むアサリ養殖業、タイラギ漁業、カキ養殖業、漁船漁業およびノリ養殖業の漁場環境を悪化させたと認めることはできず、Xらの個別の漁業被害の有無について検討するまでもなく、本件潮受堤防の締切りによって、Xらの漁業行使権が侵害されているとは認められないとして、Xらの請求を棄却した。

一連の諫早湾干拓事件にかかる最二判令元・9・13判時2434号16頁が判例集に登載されたが、前号で紹介済みである。上記①の判断は最判とは観点が違うだけで、矛盾するものではないであろう。

（おおつか・ただし）

（おち・としひろ）

医事裁判例の動向

平野哲郎　立命館大学教授

医事判例研究会

1　概要

(1)　傾向

今期の対象裁判例として、判時2422～2442号、判タ1466～1471号、裁判所HP（2020年1～6月掲載）に掲載された医事裁判例を紹介する（対象期間内の民集、金法、金判には医療判例の掲載はなかった）。対象裁判例は22件であるが、そのうち最三判平31・3・12（判時2427号11頁、判タ1465号56頁）は、すでに本誌19号の判例研究、20号の動向で紹介しているので割愛する。最近、判例雑誌において医療判例の掲載が少なく、対象裁判例が減る傾向にあったが（20号10件、19号11件）、今期は比較的多かった。「4　その他の事例」にあげた3件を除く18件がいわゆる医療過誤訴訟であり、認容が10件である（後掲[2][4][5][6][7][9][12][14][16][17]。そのうち、慰謝料のみを認めたものは[16][17]。[3]は、既払いの治療費のうち未治療分についての不当利得返還請求を認めているが過誤は否定しているので、棄却に分類する）。また、審級としては、高裁3件（[4][9][12]）、地裁15件（その他）である。

(2)　医療水準論

「医療水準」という文言が判決文中あるもの（当事者の主張や証拠の引用も含む）は8件（[1][2][10][11][12][15][16][18]）である。しかし、そのうち、明確に医療水準論を用いたといえるのは、[16]のみである。そのほか[12]は、具体的に医療水準を認定していないが、「医学的知見」に照らして「本件指示は、（中略）医療水準に反した不適切なものであった」と認定している。

(3)　診療ガイドライン

診療ガイドラインが、医療者の注意義務の判断に当たって参照される事案は多い。今回取り上げた裁判例の中で診療ガイドラインについて言及があるものは7件である（[1][2][6][10][16][17][18]）。このうちガイドラインに一種の規範性を認めたものとして、[2][6][10]があげられる。

(4)　相当程度の可能性

相当程度の可能性の侵害による損害（最二判平12・9・22民集54巻7号2574頁、最三判平15・11・11民集57巻10号1466頁）について言及があるものは1件のみである（[17]）。この事案では、原告は主張していないが裁判所が「念のため」に判断を示しているものの、結論としては否定している。相当程度の可能性を用いる判断が、本研究会の検討対象範囲では激減しているが、これが判断としての新規性が失われたためか、この法理の適用自体が減少しているのかは不明である。LEX/DBで平成30（2018）年1月1日以降令和2（2020）年7月25日までで相当程度の可能性を認めたものを検索した結果は5件である（東京地判平成30・3・22（300万円）、岡山地判平31・3・29（200万円）、仙台地判平31・4・25（400万円）、東京地判令元・9・12（900万円。大腸ポリープに対する内視鏡的粘膜切除術の前に不必要に長い抗凝固剤の休薬期間を実施したため血栓が生じて脳梗塞を発症して死亡した事案）、大津地判令2・3・25（300万円））。

(5)　自己決定権侵害

自己決定権侵害について言及があるものは2件である（[17][18]）。

(6)　期待権侵害

最二判平23・2・25判時2108号45頁で「医療行為が著しく不適なものである事案について検討し得る」とされた期待権について言及があるものは1

件もなかった。

(7) 因果関係

過失を認定しながら、因果関係を否定したものはなかった。つまり過失が認められれば、因果関係も認められている。過失については当事者間に争いがないが、因果関係が否定されたものが1件あった（[17]）。

2　検査・診断に関する過誤

[1]　東京地判平30・4・12判タ1468号213頁
癌ではなかったのに癌であるとして甲状腺切除術が実施されたことについて、穿刺吸引細胞診を行った病理医の診断に関する過失、主治医である外科医の病理医に対して診断内容等を確認すべき義務違反及び説明義務違反の過失が主張されたが、いずれも否定された。

[2]　東京地判平31・1・10判時2427号32頁
中顔面低形成に対する手術に伴い気管切開術を受けた患者（20歳）が、術後一般病棟に入院中、看護師により気管切開カニューレから痰の吸引を受けた際に容態が急変した。そのような場合に、日本呼吸療法医学会が作成した「気管吸引のガイドライン」によれば、低酸素血症か、吸引刺激により病態悪化の可能性があるかを確認の上、吸引の実施中及び実施後に視診、触診、聴診を行い、脈拍、血圧、疼痛や呼吸苦の有無等を確認するとのアセスメントを実施すべきとしているが、看護師らはこのアセスメントをする義務に違反した過失があり、これと原告に生じた低酸素脳症との間には因果関係が認められるとして、約1億5400万円近くの損害賠償が不法行為に基づいて認められた。

[3]　東京地判平31・3・14判時2428号61頁
被告矯正歯科において歯科矯正治療を担当した歯科医師が患者（原告）に対して歯列矯正治療期間が1年程度かかると説明したことが、医学的根拠に欠け説明義務違反にあたるとまではいえないとされた。また、埋入期間2年半を経過したアンカーインプラント抜去手術中に骨結合したインプラントが破折し、その一部を骨組織内に残留させたことについて、担当歯科医師が抜去時期の判断を誤った過誤があるとはいえないとされた。

[4]　大阪高判平31・4・12判タ1467号71頁
第一審判決は、新生児の血糖値を測定すべき注意義務を担当医が怠り、低血糖であることを看過した

という過失を認めたものの、その義務違反と原告の脳性麻痺等の後遺症との因果関係を否定した。これに対して本判決は、この注意義務違反が低酸素性虚血性脳症等を惹起し、脳性麻痺に至ったことについて因果関係を認め、約1億4532万円の賠償を認めた。原判決は他原因の可能性があることを理由に因果関係を否定したが、本判決はその可能性を否定した。因果関係について他原因の可能性を全て排除するよう証明することを医療訴訟の原告に求めるのは酷なことが少なくないが、本判決は、「血糖値を推知する根拠となるデータは必ずしも十分なものがあるとはいえないが、それは血糖値を測定しなかったという医師の注意義務の懈怠により生じたものであって、血糖値の推移の不明確を当の医師にではなく患者の不利益に帰することは条理に反する」と述べており、参考となる。

[5]　福岡地判令元・6・21判時2428号118頁
心療内科医が頭部CT検査報告書の脳腫瘍の疑いとの記載を見落とし、脳腫瘍を放置した過失があること、及び、原告に認知機能障害などの後遺症が残存していることには争いがない。しかし、被告は、脳腫瘍摘出術を行った後医の過失が原告の後遺症の原因であるとして因果関係を争った（後医は原告側に補助参加をした）。裁判所は、後医に過失があったとは断定できないとしつつ、仮に過失があったとしても、被告の過失によって脳腫瘍が放置され手術が困難になるとともに、合併症のリスクが大幅に高まったのであるから、因果関係は否定されないと判断し、1億5748万円余りの賠償を認めた。

[6]　東京地判令2・1・30裁判所HP
帝王切開後の異常出血ないし産科危機的出血の状態に陥っていた産婦について、その状態にあることの判断が遅れ、高次医療施設に転送すべき注意義務に違反した過失が被告クリニックの担当医師にあり、早期に転送していれば、高次医療施設において、抗DIC療法を含む治療が開始され救命が可能であったと判断し、総額1億3080万円余りの損害賠償を認めた。日本産科婦人科学会、日本産婦人科医会等5団体により作成された「産科危機的出血への対応ガイドライン」において「産科危機的出血だと判断すると、直ちに輸血を開始するか高次施設へ搬送することが医療機関に義務付けられているところ、被告クリニックは、本件対応ガイドラインが産科危機的出血への対応として想定している体制を整えていない。したがって、産科危機的出血に該当する要件の充足を確認してから、輸血や高次施設への

搬送をしているようでは不適切であり、本件対応ガイドラインより早期に対応することが求められている」と、ガイドライン未満の体制しかない医療機関は、ガイドラインより早期の対応をすべきと判示した点が注目される。また、医師が搬送を決定した時間や患者出血量についての医療記録の記載や医師・助産師の証言は、裏付けのある事実関係と矛盾したり、記載内容自体に合理性がなく信用できないとして排斥している。

3　手術、処置、患者管理等に関する過誤

[7]　神戸地尼崎支判平29・5・23判タ1468号225頁

分娩後、胎盤剥離徴候が認められなかった産婦に対し、産科医師が胎盤用手剥離を行った事案である。裁判所は、医師は癒着胎盤である可能性を念頭において必要な手順を経た上で胎盤用手剥離を行う注意義務があったにもかかわらずこれを怠り、強引に胎盤用手剥離を行い、かつ、剥離開始後容易にはがれない感覚を持ったことから癒着胎盤である具体的可能性を認識していたといえ、直ちに中止すべきであったのに漫然と剥離した過失があり、これと大出血及びその後のシーハン症候群との因果関係を認め、4014万円あまりの賠償が債務不履行による損害賠償として認めた。なお、後遺障害の等級についても争いがあり、詳細に認定がなされている。

[8]　広島地判平29・9・15判時2435号89頁

本件は、原告が開設する病院に入院していた患者の相続人及び連帯保証人に対して、原告が入院診療費の支払を求める本訴を提起したのに対して、相続人らが反訴を提起して、医師らに内視鏡的逆行性胆膵管造影（ERCP）及び内視鏡的乳頭バルーン拡張術（EPBD）の施術適応性判断の過誤、手技及び救命措置の不手際、施術に関する説明義務違反などの過失があり、患者の死亡は、処置を受けた後、入院中に痰詰まりにより一時心肺停止になり低酸素性脳症に陥ったためであると主張して損害賠償を請求した。裁判所はこれらの過失をいずれも否定し、反訴請求を棄却し、本訴請求を認容した。

[9]　東京高判平30・9・12判時2426号32頁

病院の医療従事者には、患者に褥瘡が発生しないようにガイドラインや院内マニュアル等に基づいて体位交換を最低2時間ごとに実施する、体圧分散寝具を使用する、皮膚に異常がないか観察するなどの褥瘡防止義務及び褥瘡が発生した場合には適切に治療すべき義務があるが、被告はこれらを怠った過失があり、これがなければ患者に褥瘡が発生し、それがⅣ度まで悪化する事態も、治癒しないという事態も避けることができた高度の蓋然性があると認めて、治療関係費や慰謝料など合計668万円を債務不履行に基づく損害賠償として認めた原審を是認した。

[10]　東京地判平30・12・19判タ1471号151頁

療養病床で入院治療を受けていた患者が、深部静脈血栓症を原因とする肺血栓塞栓症により死亡したことについて、静脈血栓塞栓症の予防措置や検査を実施していなかった医師の注意義務違反が否定された事例である。診療ガイドラインの規範性が認められる場合について以下のような判示をしており、興味深い。「たしかに、個々の患者に対してどのような医療行為を行うかは、最終的には担当医師がその責任において決定すべきであり、（筆者注：静脈血栓塞栓症の予防に関する）本件各ガイドラインは、その決定を支援するための指針にすぎないから、これが、直ちに、医師に対して、医療行為を制限したり、あるいは推奨する医療行為を実施することを義務付けたりするものでもない（このことは、本件各ガイドライン自体に明記されている）。しかしながら、本件各ガイドラインは、医学的な権威のある多数の学会や研究会が参加した委員会等が静脈血栓塞栓症の予防等を目的として策定し公表したものであり、公表後には、多数の医療機関が本件各ガイドラインに記載された予防法を実施していることが認められるところ、このような本件各ガイドラインの作成の主体・目的や公表後の実施状況に照らせば、本件各ガイドラインに沿った医療行為が実施されることが原則と評価される反面、例外的に本件各ガイドラインに沿った医療行為が実施されなかった場合、それについて合理的理由があるときは格別、そうでない限り、医師の合理的裁量を逸脱するものとして注意義務違反が成立すると解するのが相当である。」

[11]　東京地判平31・1・31判時2441号19頁

膵尾部切除及び胆嚢摘出の手術を受けた患者に総肝管の狭窄が生じたことにつき、手術担当医に胆管損傷を回避するための措置を怠ったなど治療判断や手技上の過失はないと判断された。

[12]　福岡高判平31・4・25判時2428号16頁

大学病院においてクローン病の治療のため回腸結腸吻合部切除術を受けた患者が、手術後腸から出血し、出血性ショックによる低血圧で脳に重篤な障害が残った事案である。クローン病の特徴の一つとし

て突然の大量腸管出血があることなどから、主治医らは、出血の可能性を念頭に置いて術後管理をすべき注意義務があったにも関わらず、看護師に対して具体的な指示をせずに帰宅しており、医療水準に反した不適切なものであったと認定し、後遺症との因果関係も肯定し、患者本人について約1億6115万円以上の損害の賠償を被告大学に命じた（一審の1億5290万円余りから増額）。

[13] 岡山地判令元・5・22判時2441号37頁
慢性副鼻腔炎と診断された患者が、内視鏡下副鼻腔手術及び粘膜下下鼻甲介骨切除術の施術を受けて後遺障害を負ったことについて、医師に手技上の過失等はないとされた。

[14] 東京地判令2・1・23裁判所HP
原告に対する肝生検はCTガイド下又は腹腔鏡下で実施すべきであったのに、エコーガイド下での経皮的肝生検を強行し、肺を誤穿刺したため、血液中に気泡が混入し、これにより脳空気塞栓症となり、左片麻痺の後遺障害が生じたことについて、1億3000万円余りの損害賠償を認めた。なお、手技の経緯や状況など事実関係についても争いがあったが、医師や看護師の証言は、医療記録や技師の証言と矛盾しており、信用できないと判断した点にも特徴がある。

[15] 大阪地判令2・1・28裁判所HP
原告が被告の開設する医院において、妊娠した5胎の胎児の一部の減胎手術を受けたところ、執刀した医師が注意義務に反し、手術時に多数回の穿刺を行い、感染症対策を怠り、減胎対象外の胎児を穿刺するなどしたため、胎児を1胎も救えなかったと主張して、損害賠償請求したが、いずれの過失も否定され、請求は棄却された。

4　説明義務違反に関する事例

[16] 東京地判平30・4・26判時2422号76頁
日帰り人間ドックにおいて、平成14年から毎年定期的に健康診断を受けていた患者が、3年目の健康診断を受診した後に受診した後の精密検査で胃がんが発見されたことについて、原告は1年目と2年目の健康診断受診時に精密検査を実施・勧奨しなかった過失等を主張した。しかし、裁判所はこれらの主張は認めず、医療機関が、減量手術を実施するか、化学療法単独の治療を行うかについて、当該手術のガイドライン上の位置づけ、他に取り得る選択肢である化学療法単独治療等を説明しなかった説明

義務違反の過失を認めた。そして、説明を受けていれば手術を受けないという選択を患者がした可能性はあるものの、その蓋然性までは認められないとして、自己決定の機会が奪われたこと等に係る慰謝料300万円の限度で損害を認めた。

本判決は人間ドックによる健康診断に要求される医療水準について、以下のような認定と当てはめをしており、医療水準論を正面から適用している。「人間ドックにおける健康診断は、厳しい時間的、経済的、技術的制約を内在する一般集団健康診断に比べれば高い水準の読影が期待されるということができるものの、他方で、本件施設における健康診断は、がんに限らず病気の発見・予防を目的として各種の検査を行うものであるから、本件施設において要求される読影の水準は、受診当時の人間ドックとしての標準的な医療水準に基づく読影の水準にとどまるものであり、本件施設は、がんの発見、治療を専門とする医療機関における画像読影と同等以上の水準の高度な注意義務を負うものではない。」「〔1〕胃がんを疑うに足りる所見又は〔2〕周囲粘膜と異なる異常所見があることを理由として精密検査を実施又は勧奨しなかったことが、人間ドックにおける健康診断に一般に求められる医療水準に反するということはできない。」

[17] 神戸地判平31・4・9判時2427号12頁
頭部MRA検査を受けた高齢患者（原告）が、診察を担当した医師に未破裂脳動脈瘤の存在を見落とされ（争いがない）、約11か月後に同動脈瘤が破裂し、くも膜下出血による後遺障害を負った。しかし、裁判所は、同動脈瘤の治療に関する適切な説明がされたとしても、原告が直ちに又は経過観察中に外科的治療を選択した高度の蓋然性があったとはいえず、前記担当医師の注意義務違反と後遺障害との間には相当因果関係がないとした。ただし、医師の前記動脈瘤見落としの注意義務違反により、その直後に治療方法に関する説明がなされなかったことは、原告の外科的治療を選択する機会を奪い、自己決定権を侵害する不法行為になるとして慰謝料300万円が認められた。診療ガイドラインについて、「未破裂脳動脈瘤に関する医学的知見によれば、原告の本件脳動脈瘤のように無症候性の未破裂脳動脈瘤に対する外科的治療は、脳卒中ガイドラインにおいて、外科的治療の検討が推奨される一定の基準が定められていたものの、その推奨グレードは低く、積極的に外科的治療を選択すべき症例に関する明確な基準は定められていなかった」と推奨グレードを考慮した判

断をしている。

また、相当程度の可能性について、原告の現在の症状が、後日、自ら希望して受けた脳動脈瘤に対する開頭クリッピング術に伴う合併症や加齢に伴う身体機能及び高次脳機能の悪化に起因しているのではないかという疑問を払拭することができないとして否定した。

[18] 那覇地判平31・4・16判時2429号55頁
膠原病等の治療を受け、麻酔医から経皮吸収型麻酔性鎮痛剤オピオイドパッチを断続的に処方されていた患者に対して、死亡まで同剤処方が継続されず取りやめられたこと及び患者や家族になされたその理由の説明の時期や程度について、過誤がないとされた。

また、自己決定権侵害の主張に対しては「本件パッチは麻薬・劇薬であり、患者にその使用を選択する自己決定権は存在しないというべきであるから、その行使のために、被告 Y_2 が、本件措置に先立ってA及びその家族に対して本件措置の理由を説明する義務を負っていたということはできない」と述べて否定した。

5 その他の事例

[19] 東京地判平30・2・27判タ1466号204頁
医療機関から ALS 患者に貸し出されていた人工呼吸器が、電源喪失により作動を停止し、その使用者が死亡した事案につき、使用者が通常の使用方法に従って使用していたにもかかわらず電源が消失し、作動を停止したものということはできず、そのほかに欠陥が存在し、これによって事故が発生したとも認められないとして製造物責任が否定された（本号判例研究参照）。

[20] 福岡高判平31・4・15判時2429号23頁
B型肝炎九州訴訟の控訴審判決である。原審（福岡地判平29・12・11判時2397号59頁）は、原告らは乳幼児期に受けた集団予防接種等によってB型肝炎ウイルスに感染したものと認め、原告らの請求を全部認容した。本件の原告らは、過去にHBe抗原陽性慢性肝炎を発症した後、非活動性キャリアとなり、再びHBe抗原陰性慢性肝炎を発症したのであるが、このHBe抗原陰性慢性肝炎による損害が先行するHBe抗原陽性慢性肝炎とは異なる新たな損害といえるか否かが、除斥期間（民法724条後段）の経過に関わる大きな争点であった。原審は、HBe

抗原陰性慢性肝炎による損害は新たな損害であり、除斥期間の起算点は、HBe抗原陰性慢性肝炎の発症時であり、除斥期間は経過していないとした。これに対して本判決は、成人になって慢性肝炎を発症したときのHBe抗原陰性化後に発生した損害は、HBe抗原陽性慢性肝炎による損害と質的に異なるものではなく、その罹患によって新たな損害が発生したということはできないから、HBe抗原陰性慢性肝炎の発症による損害賠償請求権に係る所定の除斥期間の起算点は、HBe抗原陽性慢性肝炎を発症したときであるとして、請求を全部棄却した。本判決は、HBe抗原陰性慢性肝炎の発症による損害賠償請求権の除斥期間の起算点についての最初の高裁判決であり、上告・上告受理申立てがなされており、最高裁判所の判断が注目される。

[21] 熊本地判令元・6・28判時2439号4頁
ハンセン病患者であった者の家族が、国に対して、ハンセン病隔離政策によって憲法13条に基づく社会内で平穏に生活する権利を侵害され、社会内で偏見差別を受ける地位に立たされ、家族関係の形成を阻害され、被害を受け続けていると主張して国家賠償法1条1項に基づき、損害賠償を求めた事案である。裁判所は、厚生大臣及び厚生労働大臣がハンセン病隔離政策等の廃止等の相当な措置を採らなかったこと、法務大臣が人権啓発活動を実施するための相当な措置を採らなかったこと、文部大臣及び文部科学大臣が人権啓発教育等が実施されるための相当な措置を採らなかったこと、及び、国会がらい予防法を廃止しなかった立法不作為がハンセン病患者の家族との関係において国家賠償法1条1項上違法であり、かつ、過失があるとした。さらに、ハンセン病患者の家族の国家賠償請求権の消滅時効につき、ハンセン病患者の家族との関係でも違法であると判断するに足りる事実を認識した時点から進行すると判断し、時効の完成を否定した。さらに損害につき、包括一律請求を認め、共通性を見いだせる限度で原告167名のうち147名について賠償を認めた（1人143万円から33万円）。本判決については、双方から控訴がなく確定した。

（ひらの・てつろう）

労働裁判例の動向

沢崎敦一　弁護士

労働判例研究会

はじめに──今期の労働裁判例の概観

今期の対象は、2020年1月から6月までの期間に掲載された裁判例（民集73巻4号、判時2422～2442号、判タ1466号～1471号、労判1211号～1220号及び労経速2397号～2413号）である。

注目すべき判決としては、育児休業の終了後になされた有期労働契約への変更の合意およびその後の雇止めの有効性が争われた [9] ジャパンビジネスラボ事件、結果的に具体的な疾患を発症するに至らなかったとしても、心身の不調を来す危険があるような長時間労働に従事させたことは人格的利益の侵害に当たるとした [57] 狩野ジャパン事件、HIV感染に感染していたことを告げなかったことを理由になされた原告の採用内定取り消しの違法性等が争われた [77] 社会福祉法人北海道社会事業協会事件等がある。[57] 事件の詳細については、小鍜冶広道弁護士の裁判例研究に委ねる。

検索機能を果たすべく、上記掲載誌に掲載された裁判例はすべて網羅した。従前の例に倣って今期も、荒木尚志『労働法〔第4版〕』（有斐閣、2020年）の主要目次の項目を分類基準として用い、これに従って裁判例を分類、概観する。

1　労働法の形成と展開

2　労働関係の特色・労働法の体系・労働条件規制システム

いずれについても、該当裁判例なし。

3　個別的労働関係法総論

(1)　労働基準法・労働契約法上の労働者

[1] エアースタジオ事件・東京地判令元・9・4

労経速2403号20頁では、被告の下で劇団員として活動していた原告が労基法上の労働者に該当するかどうかが争われた。裁判所は、裏方業務に積極的に参加することとされていたことなどを根拠に、原告が本件劇団の指揮命令に従って、時間的、場所的拘束を受けながら労務の提供をし、これに対して被告から一定の賃金の支払を受けていたとして、原告の労基法上の労働者性を肯定した。

上記の他、業務委託とされたマッサージ店の店員らが労基法上の労働者に該当するかどうかが争われた事案として、[2] イヤシス事件・大阪地判令元・10・24労判1218号80頁（結論として、労働者に該当すると判断）が、同居の親族が労災保険法上の労働者に該当するかどうかが争われた事案として、[3] 療養補償給付等不支給処分取消請求事件・東京地判平30・5・31判タ1467号194頁（結論として、原告は労働者に該当しないと判断）がある。

4　労働者の人権保障（労働憲章）

(1)　パワー・ハラスメント

[4] 国立大学法人筑波大学ほか事件・宇都宮地栃木支判平31・3・28労判1212号49頁では、被告の2名の職員による原告に対するパワー・ハラスメントの有無が争点となったが、裁判所は、被告の職員のうち原告を指導する立場にあった1名による原告に対する指導・叱責について、業務との関係で、原告を指導、叱責する必要性に欠ける状況であったとはいえないが、「お前らのやっていることは、我々教員に対して失礼だ」、「頭使って仕事しないとダメなんじゃないの」などという発言や叱責は、一体として、職務上の地位または職場内の優位性を背景に、継続的に原告の人格や名誉感情を侵害し、過重な精神的負担を与える言動であったといえ、社会通念上許容される限度を超えた違法なパワハラに該当するとし、当該職員1名と被告に対し、慰謝料30万円、

弁護士費用3万円の支払を命じた。

[5] 社会福祉法人千草会事件・福岡地判令元・9・10労経速2402号12頁では、裁判所は、被告職員による原告ら5名に対する侮辱的な発言（例「あなたの子どもはかたわになる」、「言語障害」、「学歴がないのに雇ってあげてんのに感謝しなさい」）や強要行為（便器掃除用ブラシをなめることの強要）が違法なパワー・ハラスメントに該当するとして、当該被告職員及び被告に対し、原告4名について各15万円、残りの1名について30万円の慰謝料の支払を命じた。

他方、支店長からパワハラ行為を受けたという原告の供述を裏付ける客観的な証拠が見当たらないとの理由で、支店長によるパワハラ行為を理由とする損害賠償請求が棄却された事案として、[6] 甲信用金庫事件・東京地判令元・10・29労経速2412号10頁がある。

上記の他、事実上の取締役による労働者に対するパワー・ハラスメントが認められるとして、不法行為責任および会社法350条の類推適用による責任が肯定された事案として、[7] 大島産業事件・福岡高判平31・3・26判時2435号109頁がある。

5　雇用平等、ワーク・ライフ・バランス法制

(1)　マタニティ・ハラスメント

[8] アメリカン・エキスプレス・インターナショナル・インコーポレーテッド事件・東京地判令元・11・13労経速2413号3頁では、育児休業中の組織変更やそれに伴う復職後の配置変更など複数の措置が均等法9条3項および育介法10条に違反するかが争われたが、裁判所は、そもそも「不利益な取扱い」に該当しない、原告の育児休業等の取得を理由としてされた措置とは認めることができないといった理由により、いずれも均等法9条3項および育介法10条に違反しないと判断した。

[9] ジャパンビジネスラボ事件・東京高判令元・11・28労経速2400号3頁では、育児休業の終了後になされた有期労働契約への変更の合意およびその後の雇止めの有効性が争点となった。裁判所は、一審被告による雇用形態の説明の内容等、一審原告が自ら退職の意向を表明したものの、一転して契約社員としての復職を求めたという経緯等によれば、有期労働契約への変更の合意について自由な意思に基づいてしたものと認められ、均等法9条3項等の「不利益な取扱い」には該当しないと判断した。また、

その後の雇止めについても、一審原告が一審被告代表者の命令等に反し執務室における録音を繰り返したこと、一審被告をマタハラ企業であるとの印象を与えようとして、マスコミ等の外部の関係者らに対し、あえて事実と異なる情報を提供したことなどを理由に、有効と判断した。

上記の他、育児のために所定労働時間の短縮を申し出た従業員に対して、パート契約を締結させたことやその後の解雇したことが、育児介護休業法23条等に違反するとされた事案として、[10] フーズシステムほか事件・東京地判平30・7・5判時2426号90頁がある。

(2)　ハラスメントを理由とする懲戒処分

17懲戒　(1)ハラスメントを理由とする懲戒処分を参照されたい。

(3)　LGBT

[11] 経済産業省事件・東京地判令元・12・12労経速2410号3頁では、経済産業省に勤務する原告（トランスジェンダー Male to Female）による女性用トイレの使用に関する制限を設けないこと等の措置要求に対し、人事院がなした、いずれの措置要求も認められない旨の判定の違法性が争われた。裁判所は、性別は、社会生活や人間関係における個人の属性の一つとして取り扱われており、個人の人格的な生存と密接かつ不可分のものということができ、個人がその真に自認する性別に即した社会生活を送ることができることは、重要な法的利益として、国家賠償法上も保護されると述べたうえで、上記職員が専門医から性同一性障害との診断を受けており、自認する性別が女性であるから、女性用トイレの使用制限は上記職員が真に自認する性別に即した社会生活を送ることができるという重要な法的利益を制約するものであるとした。さらに、原告の身体的性別または戸籍上の性別が男性であることに伴って女性職員との間でトラブルが生じる恐れがあるという被告の主張に対し、その意思にかかわらず性別適合手術を受けるほかないこととなり、そのことが原告の意思に反して身体への侵襲を受けない自由を制約する一面があること、本件の具体的な事実関係の下では、被告の主張するトラブルが生じる可能性も抽象的なものにとどまるとして、遅くとも4月7日の時点では被告の主張する事情をもって女性用トイレの使用制限を正当化することはできない状態になっていたと判断し、上記判定のうち、女性用トイレの使用に関する制限を設けない旨の措置要求を認

めないとした部分を取り消すとともに、国家賠償法
に基づく損害賠償（慰謝料 120 万円、弁護士費用 12
万円）を命じた。

6　賃金

(1)　賃金に関する合意の内容

完全歩合制という前提で給与が支払われていた
トラック運転手に関し、その賃金が完全歩合制か、
就業規則に定められた月給制かが争われた事案と
して、コーダ・ジャパン事件がある。一審の [12]
同・横浜地判平 28・9・29 労判 1218 号 67 頁では、
裁判所は、完全歩合制の合意があったと認定したが、
控訴審の [13] 同・東京高判平 31・3・14 労判
1218 号 49 頁では、裁判所は、完全歩合制の合意は
就業規則に定められた労働条件（月給制）の変更に
該当するところ、本件では完全歩合制に変更するこ
とについて労働者の自由な意思に基づいてされたも
のと認めるに足りる合理的な理由が客観的に存在し
ないとして、完全歩合制の合意を認めなかった。

大島産業ほか（第 2）事件でも、長距離トラック
運転手である一審原告らの賃金が、出来高払制か、
賃金規程に定められた日給月給制かが争われた。一
審の [14] 福岡地判平 30・11・16 労判 1212 号 12
頁では、裁判所は、文言上、長距離トラック運転手
にも適用されるものになっているとして、一審原告
らにも賃金規程に定められた日給月給制が適用され
ると判断した。また、出来高払制のほうが日給月給
制より有利と認めるには足りる証拠はなく、賃金規
程に定められた日給月給制の割増率は出来高払制よ
りも労働者に有利であるから、仮に被告が主張する
ような出来高払制の合意があったとしても、就業規
則の最低基準効に反して無効と述べた。控訴審の
[15] 福岡高判令元・6・27 労判 1212 号 5 頁も同
様の判断を下した。

上記の外、ハローワークの求人票等では労働条件
の記載があり、採用面接時に口頭での説明がなされ
たものの、労働条件通知書など労働条件を明示する
書面が作成されなかった事案において、賃金の額が
争われた事案として、[16] カキウチ商事事件・神
戸地判令元・12・18 労判 1218 号 5 頁がある（結
論として被告会社の主張を支持）。

(2)　不就労期間に対する賃金支払義務

[17] えびす自動車事件・東京地判令元・7・3 労
経速 2405 号 22 頁では、タクシー運転手であった
原告に対する免許停止処分日以降退職日までの期間

に関する賃金支払義務の有無が争われたが、裁判所
は、度重なる交通事故等により免許停止処分を受け
たことを契機に、原告によるタクシー運転手として
の就労を被告が拒否したことについて、被告には帰
責性がなく、賃金支払義務を負わないと判断した。

[18] 豊榮建築従業員事件・大津地彦根支判令元・
11・29 労判 1218 号 17 頁では、解雇撤回が通知さ
れた日から乙が原職復帰して稼働するまでの期間に
関する賃金支払義務の有無が争われたが、裁判所は、
会社等の行為を原因として復職が妨げられていると
は認められず、上記期間乙が復職しなかったのは乙
自身の都合であるとして、賃金請求を棄却した。

上記の他、不就労期間に対する賃金支払義務が争
点となった事案として、[19] 一心屋事件・東京地
判平 30・7・27 労判 1213 号 72 頁があるが、こ
れは民事判例 19 の [57] と同じ裁判例であり、そち
らを参照されたい。

(3)　退職金

[20] インタアクト事件・東京地判令元・9・27
労経速 2409 号 13 頁では、懈怠等の数々の背信行
為を理由とした退職金不支給の適法性が争われた
が、裁判所は、勤務の功を抹消するほどの著しい背
信行為とはいえないとして、会社に対し退職金規定
に従った退職金の支払を命じた。

7　労働時間

(1)　労働時間性

[21] 三村運送事件・東京地判令元・5・31 労経
速 2397 号 9 頁では、トラック運転手のサービスエ
リア等休憩施設を利用する時間の労働時間性が争わ
れたが、裁判所は、原告らが、休憩施設等において
睡眠をとったり、飲酒したり、テレビを見るなどし
て過ごしていること、取引先等からの問合せに対す
る対応等を行うことがあったとしても恒常的に行っ
ていたとは認められないことなどを理由に、労働時
間に該当しないと判断した。

他方、[22] 新栄不動産ビジネス事件・東京地判
令元・7・24 労経速 2401 号 19 頁では、ホテルの
設備管理業務等に従事する正社員の仮眠時間の労働
時間性が争われたが、裁判所は、仮眠時間中も対応
を必要とせず、実作業の必要が生じることが皆無に
等しいといえるほどに指示が徹底されていたとはい
えないことなどを理由に、仮眠時間も労働時間に該
当すると判断した。

上記の他、バス運転手の待機時間の労働時間性が

争われた事案として、[23] 北九州市営バス事件・福岡地判令元・9・20 労経速 2397 号 19 頁（結論として、待機時間の 1 割を限度として労働時間性を肯定）がある。また、夜行バスの交代運転手としての乗車時間・仮眠時間の労働時間性が争われた事案として、[24] カミコウバス事件・東京高判平 30・8・29 労判 1213 号 60 頁、[25] 同・横浜地小田原支判平 30・3・23 労判 1213 号 66 頁がある。

(2) 実労働時間の計算

[26] 割増賃金等支払請求控訴事件・東京高判平 31・3・28 判時 2434 号 77 頁では、裁判所は、シフト表に加え、PC のメール送信時刻、ログオフログ時刻などを用いて、原告の始業時刻および終業時刻を認定した。

上記の他、PC ログ記録を根拠に労働時間を推知した事案として、[27] 大作商事事件・東京地判令元・6・28 労経速 2409 号 3 頁がある。

(3) 固定残業代

[28] 国際自動車（第二次上告審）事件、国際自動車（第2・上告審）事件・最一判令2・3・30 労判 1220 号 5 頁では、割増金は深夜労働、残業および休日労働の各時間数に応じて支払われることとされる一方で、その金額は、通常の労働時間の賃金である歩合給 (1) の算定に当たり対象額Ａから控除される数額としても用いられるという仕組みは、「その実質において、出来高払制の下で元来は歩合給 (1) として支払うことが予定されている賃金を、時間外労働等がある場合には、その一部につき名目のみを割増金に置き換えて支払うこととするもの」であり、「本件各賃金規則における割増金は、その一部に時間外労働等に対する対価として支払われるものが含まれているとしても、通常の労働時間の賃金である歩合給 (1) として支払われるべき部分を相当程度含んでいるものと解さざるを得」ず、「割増金として支払われる賃金のうちどの部分が時間外労働等に対する対価に当たるかは明らかでないから、本件各賃金規則における賃金の定めにつき、通常の労働時間の賃金に当たる部分と労働基準法 37 条の定める割増賃金に当たる部分とを判別することはできないこととなる」として、会社による割増賃金の支払により、労基法 37 条に定める割増賃金が支払われたということはできないと判断した。[29] 国際自動車2社（新宿・城北）事件・最一判令2・3・30 労判 1220 号 19 頁も、同様の判断を下した（なお、一審、控訴審の判断については、それぞれ、[30] 同・

東京地判平 31・2・27 労判 1220 号 31 頁、[31] 同・東京高判令元・7・18 労判 1220 号 28 頁を参照のこと）。

前掲 [26] 割増賃金等支払請求控訴事件では、職能手当を時間外割増、深夜割増、休日出勤割増としてあらかじめ支給する旨の合意の適法性についても争点となった。一審である [32] 水戸地土浦支判平 29・4・13 判時 2434 号 90 頁では、裁判所は、被告が実際にはおよそ現出しえない長時間労働を仮定したうえで、残業代の支払義務を回避し、従業員に対する労働時間管理の責任を放棄するための方便であり、労使公平の見地から許されず、上記合意は公序良俗違反して無効と判断した。他方、控訴審である、前掲 [26] 事件では、裁判所は、明確区分性の要件、対価性の要件が満たされているとして、上記合意を有効と判断した。

上記の他、基準外手当Ⅰ、Ⅱ等の支払が有効な割増賃金の支払かどうかが争われた事件として、[33] 洛陽交運事件・京都地判平 29・6・29 労判 1212 号 38 頁、および [34] 同・大阪高判平 31・4・11 労判 1212 号 24 頁がある。

(4) 管理監督者性

[35] ロピア事件・横浜地判令元・10・10 労判 1216 号 5 頁では、チーフ待遇でスーパーマーケットに中途入社した原告の管理監督者性が否定され、かつ割増賃金の未払につき悪質性が高いとして全額分の付加金の支払が命じられた。

上記の他、会員制のスポーツクラブの支店長が労働基準法 41 条 2 号に定める管理監督者に当たらないとされた事案として、[36] コナミスポーツクラブ事件・東京高判平 30・11・22 判時 2429 号 90 頁、[37] 同・東京地判平 29・10・6 判時 2429 号 95 頁がある。

(5) その他

[38] しんわコンビ事件・横浜地判令元・6・27 労判 1216 号 38 頁では、原告らの労働契約は、所定労働時間 1 日 8 時間、週 6 日勤務に対してその給与を月給制で支払うという内容であったが、裁判所は、1 週間当たりの所定労働時間 48 時間と定める部分は労働基準法 32 条 1 項に反するため無効となり、所定労働時間は週 40 時間と修正されるとし、月額給与も修正された所定労働時間に対する対価として支払われたと解すべきと判断した。

8　年次有給休暇

シェーンコーポレーション事件は、英会話講師であった原告の雇止めの適法性が争われた事案であるが、被告の承認なく原告が取得した14日の「休暇」が欠勤と評価されるかが、雇止めの有効性の争点の一つとなったので、年次有給休暇の項目で取り上げる。一審の [39] 同・東京地判平31・3・1労判1213号12頁では、裁判所は、上記14日の「休暇」は法定の有給休暇を超えて申請されたものであり、会社が独自に付与した有給休暇の申請と評価されるが、会社独自の有給休暇は会社が承認した日（つまり、計画年休として指定された日）以外には取得できないのであるから、原告が被告の承認なく上記14日の「休暇」を取得したことは欠勤と評価すべきと判断した（結論として、雇止めは有効）。他方、控訴審の [40] 東京高判令元・10・9労判1213号5頁では、会社独自の有給休暇については会社が時季を指定することができることは認めつつ、就業規則でどの部分が法定の有給休暇で、どの部分が会社独自の有給休暇かを区別せず15日を計画年休として指定しているが、法定の有給休暇に関する有効な計画年休の労使協定がない場合には、このような指定は全体として無効になり、原告は付与された20日の有給休暇の全てについて時季を自由に指定することができるとして、上記14日の「休暇」の取得は適法な有給休暇の取得として評価されると判断した（結論として、雇止めは無効）。

9　年少者・妊産婦等

該当裁判例なし。

10　安全衛生・労働災害

(1)　業務災害の認定
(a)　業務起因性肯定

[41] 国・大阪中央労基署長（ダイヤモンド）事件・大阪地判令元・5・29労判1220号102頁では、ホストが急性アルコール中毒によって死亡したことについて業務起因性が争われたが、裁判所は、事故当日、クラブにおけるホストの接客業務に関連してなされた同僚による飲酒の強要により、当該ホストが多量の飲酒に及び、急性アルコール中毒を発症し、死亡するに至ったとして、業務起因性を認めた。

上記の他、業務起因性を認めた事案として、[42] 国・大阪中央労基署長（La Tortuga）事件・大阪地判令元・5・15判タ1467号158頁がある。

(b)　業務起因性否定

[43] 遺族補償給付等不支給処分取消請求控訴事件・福岡高判令元・8・22判時2430号112頁では、元炭鉱労働者がじん肺管理区分4の決定を受け、30年以上にわたって療養を続けた後、胃がんを併発した上、肺炎で死亡した事案について、じん肺と死亡との間の相当因果関係が争点となった。裁判所は、全身状態の悪化については胃がんからの出血が寄与した割合が大きいことなどから、じん肺と死亡との間に相当因果関係が認められないとして業務起因性を否定した。

[44] 品川労基署長事件・東京地判令元・8・19労経速2404号3頁では、業務起因性の根拠として違法行為の強要や上司の暴言等が主張されたが、裁判所は、違法行為の強要があったとは認められないこと、上司から「ふざけんなおまえ」、「あほ」などの厳しい口調で指導を受けていた事実は認められるが、心理的負荷の強度は「中」にとどまるなどの理由から、業務起因性を否定した。

[45] 三田労基署長事件・東京地判令元・8・26労経速2404号15頁では、業務起因性の根拠として入社前の説明と異なる処遇に関する是正要求を拒否されたことなどが主張されたが、裁判所は、心理的負荷の強度は全体として「中」にとどまるなどとして、業務起因性を否定した。

[46] 国・平塚労基署長（旧ワタミの介護株式会社）事件・東京地判平30・5・30労判1220号115頁では、看護職職員である原告のうつ病発病の業務起因性が争われたが、裁判所は、原告の主張する事実が認められないか、認められても心理的負荷の強度が「弱」にとどまるなどとして、うつ病の発病につき業務起因性を否定した。

[47] 中央労基署長事件・東京地判平31・4・15労経速2411号16頁は、労働者の自殺について業務上の事由によりうつ病エピソードまたは適応障害を発病し自殺するに至ったと主張されたが、裁判所は、仮にうつ病エピソードまたは適応障害を発病したとしても心理的負荷の強度が「弱」から「中」にとどまるなどとして、業務起因性を否定した。

(2)　労災民訴

太陽家具百貨店事件では、一審の [48] 同・広島地呉支判平30・3・30労判1211号152頁は、原告従業員の死因である急性大動脈解離が長期間にわたる過重な業務によって発症したと認定し、原告の

労働時間等が適正になるよう配慮する義務を怠ったとして、不法行為に基づく損害賠償（合計約2800万円）を命じた（素因減額は30％）。[49] 同・広島高判平31・3・7労判1211号137頁も、同様の判断をし、不法行為に基づく損害賠償（合計約3650万円）を命じた（素因減額は20％）。

[50] 福井県・若狭町（町立中学校教員）事件・福井地判令元・7・10労判1216号21頁では、公立中学校教員が恒常的な長時間労働（毎月120時間以上の所定時間外労働）等により精神疾患を発症させ、自殺した事案につき、裁判所は、早期帰宅を促す等口頭指導にとどまり、業務内容変更などの措置をとっていなかった点において、中学校の校長による上記教員に対する安全配慮義務の懈怠があるなどとして、被告に損害賠償（約6538万円）を命じた。

青森三菱ふそう自動車販売事件は、自動車整備作業等に従事する労働者が適応障害を発症し自殺するに至った事例について使用者責任が争われた事案である。一審の [51] 同・青森地八戸支判平30・2・14労経速2411号9頁は、証拠上、当該労働者が被告八戸営業所における長時間労働に起因するうつ病を原因として自殺したとは認めるに足りないとして、使用者責任に基づく損害賠償請求を棄却した。他方、控訴審の [52] 仙台高判令2・1・28労経速2411号3頁は、労災保険給付調査官作成の調査報告書（一審判決後、八戸労働基準監督署長により、労災認定がなされた際の資料）を参照しつつ、長時間労働により当該労働者の適応障害が発症としたなどと認定し、使用者責任に基づく損害賠償（約3680万円）を命じた。

[53] Ｙ歯科医院事件・福岡地判平31・4・16労経速2412号17頁は、労働者が歯科医院における過重労働により自殺したとして損害賠償責任が争われた事例であるが、裁判所は、当該労働者による恒常的な長時間労働を認定したうえで、被告が従業員の労働時間を客観的な資料に基づき把握しておらず、労働時間に関する聞き取りなど労働時間を把握するための措置も特段講じていなかったことなどをもって、被告に義務違反があったとして、不法行為に基づく損害賠償（約2110万円）を命じた。

上記の他、病院の事務職員が自殺した事案において、病院での長時間労働によりうつ病エピソードを発病した結果自殺に至ったと認定し、安全配慮義務違反に基づく損害賠償（約7200万円）を命じた事案として、[54] 岐阜県厚生農協連事件・岐阜地判平31・4・19判時2436号96頁がある。

住友ゴム工業（旧オーツタイヤ・石綿ばく露）事件は、タイヤ製造業務等に従事していた労働者のアスベストによる死亡等の健康被害につき損害賠償請求がなされた事案であるが、一審の [55] 同・神戸地判平30・2・14労判1219号34頁で、裁判所は、損害賠償請求権の消滅時効の完成を認めつつも、会社側の不当な団交拒否（組合による団体交渉申し入れから団体交渉実現までに5年以上の期間を要した）によって原告らの請求権や時効中断行為が事実上困難になっており、債権者に債権行使を保障した趣旨を没却するような特段の事情が認められるとして、会社による消滅時効の援用を権利濫用として許されないと判断した。控訴審の [56] 同・大阪高判令元・7・19労判1220号72頁も、上記の論点について同様の判断をした。

(3) 安全配慮義務

[57] 狩野ジャパン事件・長崎地大村支判令元・9・26労経速2402号3頁では、裁判所は、結果的に具体的な疾患を発症するに至らなかったとしても、安全配慮義務を怠り、心身の不調を来す危険があるような長時間労働に従事させたことは人格的利益の侵害に当たるとして、慰謝料30万円の支払を命じた。

(4) その他

労働者災害補償保険法に基づく遺族補償給付等の支給額の基礎となる給付基礎日額にいわゆる固定残業代を算入しなければならないかどうかが争われた事案として、[58] 国・茂原労基署長（株式会社まつり）事件・東京地判平31・4・26判タ1468号153頁（結論として、算入しなければならないと判断）がある。

11 労働契約の基本原理

該当裁判例なし。

12 雇用保障（労働契約終了の法規制）と雇用システム

(1) 普通解雇

[59] ビックカメラ事件・東京地判令元・8・1労経速2406号3頁は、精神疾患罹患の可能性があり、日常的な指導や数度にわたる懲戒処分を行ったにもかかわらず問題行動が改善しない原告に対して行った勤務成績不良等を理由とする解雇が有効と判断された事案であるが、休職措置等を取らなかったことにより解雇権が濫用されたと評価されるかが争

点の一つとなった。裁判所は、原告から求職の申出がされたことは窺われないこと、就業規則上の休職命令の要件が満たされないこと、原告に対して精神科の受診を命じたうえで診察した医師に対して病状等を照会したものの、原告の精神疾患の有無や内容、程度および原告の問題行動に与えた影響が明らかにならなかったことを考慮すると、被告が原告に対し休職を命じるべき事情は認められず、解雇権を濫用したとは言えないと判断した。

協同組合つばさほか事件では、警察への通報行為、監査結果報告書の持ち出し、無断外泊を理由とする原告1名の解雇の有効性が争点の一つとなった。一審の [60] 同・水戸地判平 30・11・9 労判 1216 号 61 頁では、裁判所は、上記原告1名の各行為は被告の業務を妨害し、被告の職場秩序を乱すものであることなどを理由に、解雇を有効と判断した。控訴審の [61] 同・東京高判令元・5・8 労判 1216 号 52 頁も、一審の結論を支持した。

東芝総合人材開発事件では、出勤停止処分の懲戒処分後もマーシャリング作業（部品仕分作業）指示に一審原告が従わなかったことを理由とする解雇の有効性が争われた。原告はマーシャリング作業指示が懲罰目的、いじめ・いやがらせ目的であるなどと主張したが、一審の [62] 同・横浜地判平 31・3・19 労判 1219 号 26 頁は、原告の主張を排斥し、解雇を有効と判断した。控訴審の [63] 同・東京高判令元・10・2 労判 1219 号 21 頁も、一審の判断を支持した。

上記の他、転居命令に従わなかったことを理由とする解雇の有効性が争われた事案として、[64] ハンターダグラスジャパン事件・東京地判平 30・6・8 労判 1214 号 80 頁（結論として、解雇無効と判断）がある。

(2) 整理解雇

[65] マイラン製薬事件・東京高判令元・12・18 労経速 2413 号 27 頁では、一審原告の出向中に出向元で従事していた業務（営業部門）が消滅したことを理由に帰任後に実施された整理解雇が有効と判断された。

上記の他、客室乗務員らの整理解雇の有効性が争われた事案として、[66] ユナイテッド・エアーラインズ（旧コンチネンタル・ミクロネシア）事件・東京地判平 31・3・28 労判 1213 号 31 頁（結論として、整理解雇有効と判断）がある。

(3) 解雇日以降の賃金

[67] ドリームエクスチェンジ事件・東京地判令元・8・7 労経速 2405 号 13 頁は、経歴詐称や能力詐称を理由とする採用内定取消しが無効と判断された事案であるが、裁判所は、原告が、現在まで他社において就労を継続していること、同社における業務が被告の業務と類似するものである反面、同社の給与水準が被告の採用内定時の条件の8割にも満たない金額であることからすれば、同社での就労開始後、直ちに原告が被告における就労意思を喪失したとは認められないものの、同社での原告の就労がすでに2年2か月以上に及んでおり、使用期間満了後の平成29年7月10日時点では、原告の他社での雇用状況は一応安定していたと認められ、原告の被告における就労意思が失われたと評価するのが相当と判断し、被告の採用内定通知で定められた労働契約の開始日から平成29年7月9日までの期間に限って、賃金請求を認めた。

朝日建物管理事件は、有期雇用契約の途中で解雇された一審原告が労働契約上の地位の確認および解雇日以降の賃金支払を求めた事案である。一審の [68] 同・福岡地小倉支判平 29・4・27 労経速 2403 号 11 頁は、解雇を無効と判断し、従業員としての地位の確認と解雇日以降の賃金の支払を命じた。控訴審の [69] 同・福岡高判平 30・1・25 労経速 2403 号 5 頁では、本件労働契約は期間の満了により終了したことを抗弁として主張する旨が記載された控訴理由書が提出されたが、裁判所は時機に後れた攻撃防御方法であるとして却下し、一審の結論を維持した。しかし、[70] 同・最一判令元・11・7 労経速 2403 号 3 頁は、最後の更新後の本件労働契約の契約期間は、第一審原告が主張する平成26年4月1日から同年27年3月31日までであるところ、第一審の口頭弁論終結時（平成29年1月26日）において、上記契約期間が満了していたことは明らかであるから、第一審原告の請求の当否を判断するにあたって原審は、上記契約期間の満了に本件労働契約の終了の効果が発生するか否かを判断する必要があったが、これを判断せずに、原審口頭弁論終結時における第一審原告の労働契約上の地位の確認請求および上記契約期間満了後の賃金の支払請求を認容しており、この点について判断の遺脱があったと認定し、原判決中、労働契約上の地位の確認請求および平成27年4月1日以降の賃金請求を認容した部分を破棄し、原審に差し戻した。

(4) 希望退職制度

[71] エーザイ事件・東京地判令元・9・5労経速2404号27頁では、会社による割増退職金支給を伴う希望退職制度の実施の決定直前に、自己都合退職届を出した原告が、被告が優遇措置の適用除外を知りながら退職届を受理し、退職届の撤回にも応じなかったことは不法行為に該当すると主張し、上記制度が適用された場合に原告が受領するはずであった割増退職金相当額の損害賠償を請求したが、裁判所は、会社の行為は不法行為に該当しないとして、請求を棄却した。

(5) 定年後再雇用等

[72] アルパイン事件・東京地判令元・5・21労経速2398号23頁は、定年後も雇用契約が存続するかが争われたが、裁判所は、原告は、被告が定年後再雇用制度に基づいて提示した再雇用後の業務内容、処遇条件等に納得せず、これを拒否して、定年後の雇用契約を締結しないまま定年を迎えて退職となったのであるから、定年の翌日以降原告と被告との間に雇用契約の存在を認める余地はないと判断した。

[73] 学校法人北海道カトリック学園事件・札幌地判令元・10・30労判1214号5頁では、同僚に対するハラスメント行為を理由とした原告（定年60歳。定年以降、定年後再雇用。雇用契約期間1年。2回更新）の雇止めの効力が争われたが、裁判所は、被告が主張するハラスメント行為について、その事実を認めることができないか、ハラスメントたりえないとして、雇止めを無効と判断した。

継匠社員制度に基づく労働契約上の地位の有無が争われた事案として、[74] 京王電鉄ほか1社事件・東京地判平30・9・20労判1215号66頁（結論として、原告の請求を認めず）がある。

高年齢者等の雇用の安定等に関する法律に沿って継続雇用制度を定めた就業規則等の趣旨に基づき、定年後に締結された再雇用契約が65歳まで継続するとの期待に合理的期待があると認めた事案として、[75] エボニック・ジャパン事件・東京地判平30・6・12判タ1470号157頁がある。

[76] すみれ交通事件・横浜地判令元・9・26労経速2397号30頁では、定年（65歳）以降B賃乗務員として嘱託契約を締結し、3回更新された原告X_2を雇止めしたことの有効性が争点の一つとなったが、裁判所は、B賃乗務員となって以降、原告X_2の交通事故発生率が高く、雇止め直前に2回立て続けに事故を惹起していること、それにもかかわ

らず、原告X_2が危険運転を行い、それを反省していないことなどを理由に、雇止めは有効と判断した。

13 労働関係の成立・開始

(1) 採用内定取り消し

[77] 社会福祉法人北海道社会事業協会事件・札幌地判令元・9・17労判1214号18頁では、ヒト免疫不全ウイルス（HIV）感染に感染していたことを告げなかったことを理由になされた原告の採用内定取消しの違法性等が争われた。裁判所は、HIVの治療法が確立されており、原告の就労によるHIVの他者への感染の危険性が無視できるほど小さいこと、HIV感染者に対する社会的偏見や差別が根強く残っていることを総合考慮すると、被告の採用手続においてHIV感染の事実を告げる義務があったということはできず、HIV感染の事実を告げなかったことを理由とする内定取消しは違法であり、不法行為を構成すると判断し、損害賠償（原告の診療記録の目的外利用と合わせて、慰謝料150万円、弁護士費用15万円）を命じた。

(2) 本採用拒否

[78] ゴールドマン・サックス・ジャパン・ホールディングス事件・東京地判平31・2・25労判1212号69頁では、被告のオペレーションズ部門における即戦力として中途採用され、レギュラトリー・オペレーションズ部のポジションチームに配属された原告に対する本採用拒否（試用期間満了日付での解雇）の効力が争われたが、裁判所は、原告が業務上のミスを繰り返し、指導を受けても改善が見られなかったことなどを理由に、解雇を有効と判断した。

[79] ヤマダコーポレーション事件・東京地判令元・9・18労経速2405号3頁は、被告の経営企画室係長として中途採用された原告に対する本採用拒否（試用期間満了時まで2週間を残した日付で解雇）の効力が争われたが、裁判所は、協調性に欠ける点や配慮に欠いた言動等により、被告の社内関係者および取引先等を困惑させ、軋轢を生じさせたことなどの問題点が原告にあったこと、原告の上司による指導に従う姿勢に欠けており、改善の見込みが乏しかったことなどを理由に、解雇を有効と判断した。

上記の他、言語教育部の事務職員として採用された債権者のコミュニケーション能力不足等を理由とした試用期間満了時の本採用拒否（解雇）を有効と判断した仮処分の事案として、[80] 学校法人A学園（試用期間満了）事件・那覇地決令元・11・18

労経速 2407 号 3 頁がある。

14 就業規則と労働条件設定・変更

[81] アルバック販売事件・神戸地姫路支判平31・3・18労判1211号81頁では、職能資格等級制度および評価制度を導入する就業規則の変更に伴い、原告の賃金が減額されたことの有効性が争点の一つとなった。裁判所は、上記就業規則の変更は有効と判断した一方で、基本給がいくらとなるかは、就業規則ではなく、管理職給与体系表に定められており、原告は管理給与体系表を含めた新賃金制度には合意していないため、新賃金制度に合意していない以上、新賃金制度に基づき原告の給与を一方的に減額することはできないと判断した。

15 人事

(1) 民間の人事
[82] 学校法人追手門学院（降格等）事件・大阪地判令元・6・12労判1215号46頁では、事務職員給与規程にしたがった人事評価に基づく降格および賃金減額（月額6万1500円）の有効性が争われたが、裁判所は、当該人事評価は人事権を濫用したものであるとは認められず、それらの評価に基づいてなされた降格についても人事権を濫用したものではないとして、降格およびそれに伴う賃金減額を有効と判断した。

[83] 学校法人N学園事件・東京地判令2・2・26労経速2413号19頁では、事務職員として勤務していた原告の営繕室への配転した配転命令の効力が争われたが、裁判所は、業務上の必要性があり、不当な動機・目的が認められないなどとして、本件配転命令を有効と判断した。

(2) 公務員等の人事
[84] 国・人事院（文科省職員）事件・東京地判平30・3・16労判1212号80頁で、原告は、出向先からの復帰時の昇格差別など様々な昇格差別を主張したが、裁判所は、いずれについても昇格における不合理な差別はなかったと判断し、請求を棄却した。

上記の他、男性はひげを剃る旨の身だしなみ基準がそれ自体違法であるとは言えないものの、本件の人事考課は原告がひげを生やしていることを主たる減点評価の事情として考慮したものであるから、その評価は人事考課における使用者としての裁量権を逸脱・濫用したものであって国家賠償法上違法であ

るとされた事案として、[85] 大阪市（旧交通局職員ら）事件・大阪高判令元・9・6判判1214号29頁、[86]同・大阪地判平31・1・16労判1214号44頁がある。

(3) 休職
[87] グローバルコミュニケーションズ事件・東京地判令元・9・26労経速2407号10頁では、休職期間満了による自然退職に関し、原告は、原告の疾病は業務に起因して発生したものであり、労基法19条1項本文の類推適用により無効と主張したが、裁判所は、原告の疾病には業務起因性が認められないとして、休職期間満了による自然退職は有効と判断した。

16 企業組織の変動と労働関係

該当裁判例なし。

17 懲戒

(1) ハラスメントを理由とする懲戒処分
[88] 公立大学法人A大学事件・東京地判平31・4・24労経速2399号3頁では、裁判所は、教授の職にあった原告が、1学年に在籍する学生らに対する「アホ」、「金魚のフン」、「馬さんと鹿さん」などの侮辱的表現を短期間に多数回、繰り返すなどのアカデミック・ハラスメント行為を行ったと認定し、原告に対する減給処分を有効と判断した。

[89] 学校法人Z大学事件・東京地判令元・5・29労経速2399号22頁では、裁判所は、准教授の職にあった原告による学生2名に対するセクシュアル・ハラスメント（学生Aに対する「bitchになることを望むって……金銭的困窮と無縁の人なので……日頃うまく『処理』ができていないのでは……」という旨のメールの送付や交友関係への過度な介入、学生Bに対する食事への誘いなど）を理由とする減給処分について、有効と判断した。

[90] 地位確認等請求控訴事件・東京高判令元・6・26判タ1467号54頁では、裁判所は、大学教授であった一審原告が、女子大学院生が単身で居住するマンションの一室に一晩滞在した行為、その後に一審原告が当該女子大学院生宛に繰り返しメールを送信し、食事に誘った行為は、懲戒事由であるセクシュアル・ハラスメント、アカデミック・ハラスメントに該当し、原告に対する5年間の准教授への降格処分は有効であると判断した。一審である[91]同・東京地判平31・1・24判タ1467号58頁も同様

の判断であった。

懲戒解雇事由であるセクシュアル・ハラスメント、パワー・ハラスメントに該当する事実が認定できないか、仮に一定の事実が認められるとしても懲戒解雇事由に該当するとまで言えないとして、懲戒解雇が無効と判断された事案として、[92] マルハン事件・東京地判令元・6・26 労経速 2406 号 10 頁がある。

上記の他、パワー・ハラスメント行為（例「あなた何歳の時に日本に来たんだっけ？日本語分かってる？」などの発言）に対する訓戒が有効とされた事案として、[93] 辻・本郷税理士法人事件・東京地判令元・11・7 労経速 2412 号 3 頁がある。

(2) それ以外の事由に基づく懲戒処分

前掲 [35] ロピア事件では、裁判所は、スーパーマーケットで勤務していた原告による商品持ち帰り行為が故意の窃盗行為に該当するとまでは言えず、故意の犯罪の成立を前提とする就業規則上の懲戒事由に該当せず、これを理由とする懲戒解雇は無効と判断した。また、懲戒処分に関する会社の掲示行為は名誉毀損による不法行為が成立するとして、慰謝料 70 万円、弁護士費用 7 万円の支払が命じられた。

[94] 日本郵便（北海道支社・本訴）事件・札幌地判令 2・1・23 労判 1217 号 32 頁では、100 回以上にわたる旅費等の不正受給を理由とする懲戒解雇の有効性が争われたが、裁判所は懲戒解雇を有効と判断した。なお、先行する仮処分事件では結論が分かれていた。[95] 日本郵便（北海道支社・仮処分）事件・札幌地決平 31・3・27 労判 1217 号 51 頁では、裁判所は、懲戒解雇は有効と判断した。他方、抗告審である [96] 日本郵便（北海道支社・抗告）事件・札幌高決令元・10・25 労判 1217 号 43 頁では、旅費の不正受給をした他の 10 名の営業インストラクターに対する懲戒処分が最も重いもので停職 3 か月にとどまるにもかかわらず、抗告人が懲戒解雇であることを合理的に説明できる差異があるとは言えないこと、被抗告人の旅費支給事務に杜撰な点があること、抗告人の営業成績は優秀であったこと、抗告人は反省して始末書を提出し利得額を全額返還していることなどを斟酌すると、懲戒解雇は重きに失し、無効と判断していた。

[97] 京都市（児童相談所職員）事件・京都地判令元・8・8 労判 1217 号 67 頁では、地方公務員であった原告による非公開情報であるデータの複写記録の自宅への持ち出し行為等に対する停職 3 日の懲戒処分の効力が争われた。裁判所は、上記複写記録の持ち出し行為は、公益通報を目的として行われた内部通報に付随して行われ、重要な証拠を手元に置いておくという証拠保全や自己防衛という重要な目的を有しており、その原因や動機において強く非難すべき点を見出しがたいなどとして、上記懲戒処分は重きに失すると判断した。

ハラスメント行為調査中の行為を理由としたけん責処分と再雇用拒否が争われた事案として、[98] 学校法人南山学園（南山大学）事件・名古屋地判令元・7・30 労判 1213 号 18 頁（結論として、けん責処分無効、定年後再雇用されたのと同様の雇用関係が存続）がある。なお、[99] 学校法人 Y 学園事件・名古屋高判令 2・1・23 労経速 2409 号 26 頁は、上記事件の控訴審であるが、一審の判断が維持された。

18　非典型（非正規）雇用

(1) 雇止め

学校法人 Y 大学事件では、大学のロシア語専攻の専任教員である特任教授（1 年の有期雇用契約。更新 6 回。通算 7 年）の雇止めの効力が争われた。一審の [100] 同・札幌地判平 31・2・13 労経速 2401 号 8 頁は、更新限度を 9 年までとする特別任用教員規程の規定は、特別に教員の雇用を継続する必要があり、かつ、理事会の議決がある場合には、最大 9 年まで更新できる旨を規定しているにすぎないこと、説明会における労働契約が 1 年ごとに更新される以上、2 年後、3 年後の雇用の継続を約束することはできないとの理事の説明などを根拠に、更新を期待することについて合理的な理由があったとは言えないとして、雇止めを有効と判断した。控訴審の [101] 札幌高判令元・9・24 労経速 2401 号 3 頁も、この結論を支持した。

[102] 学校法人近畿大学（任期付助教・雇止め）事件・大阪地判令元・11・28 労判 1220 号 46 頁は、大学の助教（平成 20 年 1 月 1 日付採用。1 年の有期雇用契約（ただし、1 度目の更新時に限り、1 年 3 月）。更新 7 回。通算 8 年 3 か月）に対する雇止めの効力が争われたが、裁判所は、7 回目の更新前に、7 回目の更新は特例であり、1 年後に更新することはない旨明確に伝え、原告からも特段異議が述べられなかったことを理由に、更新を期待することについて合理的な理由があったとは言えないとして、雇止めを有効と判断した。

[103] 学校法人 A 学園（雇止め）事件・那覇地決令元・11・27 労経速 2407 号 7 頁は、看護師（当初 2 年間の有期雇用契約。その後、5 ヶ月間の有期雇

用契約を締結）に対する雇止めの有効性が争われたが、裁判所は、看護師はすべて任期制であったこと、更新回数が1回で、多数回長期間の契約期間があったわけではないこと、更新手続は厳格になされていたことなどから、雇用継続の合理的期待がないとして、雇止めを有効と判断した。

(2) 不合理な労働条件の相違の禁止

[104] 学校法人C事件・東京地判令元・5・30労経速2398号3頁では、大学非常勤講師（有期労働契約）と大学の専任教員（無期雇用労働契約）との間の本俸額、賞与、家族手当、住宅手当等の不支給が労働契約法20条に違反するかどうかが争われたが、裁判所は、本俸額については、非常勤講師と専任教員との間で職務の内容に数々の大きな違いがあることなどを理由に、賞与については、職務の大きな違いの他、職責に大きな違いがあることなどを理由に、家族手当、住宅手当については、上記の差異に加えて、専任教員としてふさわしい人材を安定的に確保する必要性等を理由に、いずれも、格差は不合理だとは言えないと判断した。

正社員と有期雇用労働者との間の労働条件の差異のうち、契約年末年始勤務手当、住居手当、夏季冬季休暇および病気休暇について労働契約法20条に違反するとされた事案として、[105] 日本郵便（東京）事件・東京高判平30・12・13判時2426号77頁があるが、これは、民事判例19の [70] と同じ裁判例であり、そちらを参照されたい。

19 個別労働紛争処理システム

[106] 地位確認等請求事件・東京地判平30・5・22判タ1469号202頁では、退職合意書で定められた不起訴合意条項について、裁判所は、原告が民事裁判手続による権利保護の利益を放棄したとまでは認めることができないとして、その効力を否定した。

上記の他、平成26年度から平成28年度までに翌年度の担当講座のコマ数をゼロにされ、もしくは、翌年度の契約を締結されず、または、翌年度の担当講座のコマ数を減らされた各講師の地区、年齢、科目、契約種別（雇用か業務委託か）、前年度のコマ数、アンケート数値等の記載された文書について、文書提出命令の対象となるかどうかが争われた事案として、[107] 学校法人河合塾（文書提出命令・仮処分）事件・東京地決令元・6・17労判1214号74頁および、その抗告審である [108] 学校法人河合塾（文

書提出命令・抗告審）事件・東京高決令元・8・21労判1214号68頁（いずれも、結論として、一部につき自己利用文書と認めるが、その余は自己利用文書に当たらないとして、文書提出命令を命じた）がある。

20 労働組合

該当裁判例なし。

21 団体交渉

[109] 不当労働行為救済命令取消請求事件・東京地判平30・2・26判タ1469号210頁は、中央労働委員会が出した救済命令（①工事現場で労働者が負傷した出来事における使用者の労働者に対する安全配慮義務とその責任について労働組合が申し入れた団体交渉に応ずること、②団体交渉に応じなかったことが労働委員会において不当労働行為であると認められたことなどを記載した文書の労働組合への交付）に対し、会社がその取消しを求めた事案である。裁判所は、上記救済命令発令後に、その前提となっていた安全配慮義務違反の有無について会社に安全配慮義務の違反はないという旨の判決が確定したという事情変更があったことを理由に、①はその内容とされた原告の義務の履行が救済の手段・方法としての意義を失い、現時点において拘束力を失ったのだから、①について、再審査の申立てを棄却した中央労働委員会の命令の取消しの訴えの利益がないと判断した。他方、②については、上記のような事情変更があったとしても、救済の手段・方法としての意義を失ったとまでは言えず、訴えの利益がないとはいえないと判断した（結論として、②の部分についての請求を棄却）。

22 労働協約

労働協約締結前に具体的に発生していた賃金債権につき、本人の特別な授権がない限り、労働協約により支払を猶予等することはできないとして、労働協約の規範的効力が否定された事案として、[110] 平尾事件・最一判平31・4・25判時2424号126頁があるが、これは民事判例20の注目裁判例で石井妙子弁護士が取り上げたものと同じ裁判例であり、詳細はそちらを参照されたい。

23　団体行動

[111] 学校法人甲大学事件・大阪地判令2・1・29労経速2408号3頁は、教員であった原告らが争議行為として週6コマを超える部分（週2コマ）の担当を拒否し、委員会業務（教育実習委員）の担当を拒否した行為に対する業務命令違反を理由とする懲戒処分（けん責処分）の有効性が争われた。裁判所は、それぞれの拒否行為が行われた時点において、担当コマ数や委員会業務の個数をめぐる団体交渉について団体交渉が進展する状況にはなく、団体交渉を通じた労使間の合意形成を促進する目的が失われたとして、上記拒否行為にはいずれも争議行為としての正当性がなく、上記懲戒処分は適法と判断した。

24　不当労働行為

[112] 国際自動車・KM国際自動車労働組合事件・東京地判平30・6・27判タ1467号172頁の本訴事件では、団体交渉中の労働組合執行委員長の使用者に対する言動が名誉や信用の毀損に該当するとして使用者から労働組合および執行委員長に対し損害賠償等の請求が、反訴事件では、上記本訴が労働組合の弱体化を図る目的であるとして労働組合から使用者に対し損害賠償請求がそれぞれなされていた。裁判所は、前者について、労働組合の言動等は正当な組合活動等の範囲であるとして請求を棄却し、後者について、訴えの提起が裁判制度の趣旨目的に照らして著しく相当性を欠くとは認められないとして、反訴請求も棄却した。

[113] 北海道・道労委（社会福祉法人札幌明啓院［配転］）事件・札幌地判令元・10・11労判1218号36頁は、生活相談員として社会福祉法人に勤務する労働組合の書記長Cを介護業務を主とする生活支援員に配転したことが不当労働行為に該当するかどうかが争われた。裁判所は、Cにとって、本件配転は自らの肉体的な負担が増大し、人事上の処遇も下位に位置づけられるものであるから、本件配転はCに対する不利益な取扱いであり、社会福祉法人の組合やCに対する敵対的な言動等を考慮すると、本件配転

はCが組合意であることを決定的な動機として行われたとして、組合員であることの故をもってなされた不利益な取扱いである（労働組合法7条1号）と判断し、さらに、本件配転は組合の弱体化、組合活動に萎縮的な効果をもたらすとして、支配介入（同条3号）に該当すると判断した。

[114] 大阪府・府労委（サンプラザ［再雇用］）事件・大阪地判令元・10・30労判1219号5頁は、労働組合役員の労働者に対して、他のシニア嘱託社員より低額な賃金額を再雇用の条件として提示したこと、残業禁止を指示したこと、シニア嘱託社員の中で最も低額な賞与を支給したことが不当労働行為に該当するかが争われたが、裁判所は、それぞれの措置について合理的な理由があったとはいえず、会社と労働組合との間の深刻な対立なども総合考慮すると、いずれも組合員であることを理由とした不利益取扱いないし支配介入にあたると判断した。

上記の他、労働組合による公道上でのビラ配布行為を使用者が妨害した行為の不当労働行為性（支配介入）が争われた事案として、[115] 国・中労委（学校法人文際学園〔非常勤講師〕）事件・東京地判平31・2・28労判1211号165頁（結論として、支配介入に該当すると判断）がある。

25　労働市場法総論

26　労働市場法各論

27　雇用システムの変化と雇用・労働政策の課題

28　その他（いずれにも分類できないもの）

いずれも、該当裁判例なし。

（さわさき・のぶひと）

知財裁判例の動向

城山康文　弁護士

知財判例研究会

1　はじめに

　知財判例研究会では、2020年上半期（1月1日〜6月30日）に下された知的財産に関する判例であって、原則として最高裁判所ウェブサイトに掲載されたものを概観し、報告する。なお、行政裁判例（審決取消訴訟の裁判例）も、知的財産分野においては重要な意義を有するものであるので、本稿では対象に含めた。

2　著作権

［著作物性：ランプシェード］

　[1] 東京地判令2・1・29（棄却、平30（ワ）30795号、40部）は、次のように述べ、原告のランプシェードに係るデザインにつき著作物性を肯定した。ただし、被告のランプシェードは原告のランプシェードとは非類似であるとして、著作権侵害は否定した。「原告作品は、照明用シェードであり、実用目的に供される美的創作物（いわゆる応用美術）であるところ、被告らはその著作物性を争うが、同作品は…、内部に光源を設置したフレームの複数の孔にミウラ折りの要素を取り入れて折ったエレメントの脚部を挿入し、その花弁状の頭部が立体的に重なり合うように外部に表れてフレームを覆うことにより、主軸の先端から多数の花柄が散出して、放射状に拡がって咲く様子を人工物で表現しようとしたものであり、頭部の花弁状部が重なり合うことなどにより、複雑な陰影を作り出し、看者に本物の植物と同様の自然で美しいフォルムを感得させるものである。このように、原告作品は、美術工芸品に匹敵する高い創作性を有し、その全体が美的鑑賞の対象となる美的特性を備えているものであって、美術の著作物に該当するものというべきである。」

［ピアノ教室による演奏権侵害］

　ピアノ教室において、バイエルなどの教則本ではなく、著作権が存続しているポップス等の楽曲をレッスンの題材に選んだ場合、教師や生徒がレッスン中に当該楽曲で練習をすることは、演奏権の侵害となるのか。音楽教室の運営者ら（原告）がJASRAC（被告）を相手として提訴した債務不存在確認請求事件において、[2] 東京地判令2・2・28（棄却、平29（ワ）20502号等、40部）は、演奏権侵害を肯定した。各論点についての裁判所の判断は次のとおりである。①演奏主体は教師・生徒ではなく音楽教室である（「原告らの音楽教室で演奏される課題曲の選定方法、同教室における生徒及び教師の演奏態様、音楽著作物の利用への原告らの関与の内容・程度、著作物の利用に必要な施設・設備の提供の主体、音楽著作物の利用による利益の帰属等の諸要素を考慮すると、原告らの経営する音楽教室における音楽著作物の利用主体は原告らであると認めるのが相当である」）。②音楽教室にとって生徒は不特定（「原告らが経営する音楽教室は、受講申込書に所定事項を記入するなどして受講の申込みをし、原告らとの間で受講契約を締結すれば、誰でもそのレッスンを受講することができるので、原告らと当該生徒が本件受講契約を締結する時点では、原告らと生徒との間に個人的な結合関係はない」）かつ多数（「一時点のレッスンにおける生徒の数のみではなく、音楽教室事業の実態を踏まえ、社会通念に照らして、その対象が『多数』ということができるかという観点から判断するのが相当である」）であるから、「公衆」に該当する。③公衆に直接聞かせることを目的とする演奏に該当する（「著作権法22条は、『公衆に直接…聞かせることを目的』とすることを要件としているところ、その文言の通常の意義に照らすと、『聞かせることを目的とする』とは、演奏が行われる外形的・客観的な状況に照らし、音楽著作物の利用主体から見て、その相手である公衆に演奏を聞かせる目的意思があれば足りるというべきであ

る。…自ら又は他の生徒の演奏を聞くことの必要性、有用性に照らすと、その演奏は、公衆である他の生徒又は演奏している生徒自身に『聞かせることを目的』とするものであると認めるのが相当である」)。④教師・生徒が正規の楽譜を購入したことにより演奏権は消尽しない(「著作権法が、同じ著作物であってもその利用態様ごとに対応する支分権を定めていることに照らしても、異なる支分権である複製と演奏のそれぞれについて対応する使用料を取得したとしても、著作権者が不当に二重の利得を得ていると評価することはできない。」)。

[CDN事業者への発信者情報開示請求]

[3] 東京地判令2・1・22(棄却、平30(ワ)11982号、40部)は、「漫画村」との名称のウェブサイト(「本件ウェブサイト」)に漫画が違法アップロードされたことに関し、当該漫画の著作権者が原告となり、本件ウェブサイトのためにコンテンツ・デリバリー・ネットワーク・サービス(ウェブサイト上のデータを全世界に所在するサーバーにキャッシュとして保存し、閲覧者が地理的に近いサーバーからデータの提供を受けて閲覧することができるようにするもの)を提供していたクラウドフレアインク(本社:米国カリフォルニア州)を被告としてなした発信者情報開示請求を棄却したものである。

裁判所は、被告が東京にデータセンターを設けサーバーを設置し、日本国内の顧客に向けて日本語で記載されたウェブサイトを開設し、当該サイトからサインアップし、登録することにより、被告のサービスを利用することができるようにしていることに基づき、次のように述べ、国際裁判管轄を肯定した。「被告は、日本において継続的に事業を行っているということができるので、民訴法3条の3第5号の『日本において事業を行う者』に該当し、本件著作物を原告に無断でアップロードしたとされる本件サイトは、被告が日本国内で提供するサービスを利用するものであるから、本件訴えは、被告の『日本における業務に関するもの』ということができる。したがって、日本の裁判所は、民訴法3条の3第5号に基づき、本件訴えについての国際裁判管轄を有する。」

しかし、アップロードに係る発信者の氏名及び住所の開示請求については、次のように述べて、原告には情報開示を受けるべき正当な理由がないとした。「①原告は、被告から本件各投稿に係るIPアドレス、タイムスタンプ及びユーザーの電子メールアドレスの任意開示を受け、②原告代理人は、新聞社等に対し、これらのデータに基づき、本件サイトの運営者とみられる男性を特定し、その男性が新宿区の高級タワーマンションにいたことが確認できたと語り、③本件サイトの運営に関わった3名の者は、いずれも逮捕・起訴され、その氏名は既に判明している上、そのうち公判中の2名については刑事施設に収容されているのであるから、原告は、本件発信者情報2の氏名又は名称及び住所を入手するまでもなく、本件発信者を既に特定し、これらの者に対して損害賠償請求等をすることが可能な状態にあるものというべきである。そうすると、…既に損害賠償請求等をする相手方を特定している原告において、さらに…氏名又は名称及び住所の開示を受けるべき正当な理由があるとは認められない。…プロバイダ責任制限法4条の趣旨は、被害者の権利救済のため、権利行使をする前提として相手方を特定するための情報を入手することを可能にすることにあり、それ以上に、発信者に対する損害賠償請求訴訟における自らの主張を裏付ける証拠として使用する目的で、同法に基づく発信者情報開示請求を行うことまでを認めるものではないと解される。そうすると、特定電気通信による権利侵害を受けたと主張する者が、既に加害者の特定をして損害賠償請求等の権利行使が可能となっている場合には、『発信者情報の開示を受けるべき正当な理由』があると認めることはできないというべきである。」

3 特許法

[発明]

[4] 知財高判令2・6・18(棄却、令元(行ケ)10110号、3部)は、三菱UFJ銀行の出願に係る決済方法(「電子記録債権の額に応じた金額を債権者の口座に振り込むための第1の振込信号を送信すること、前記電子記録債権の割引料に相当する割引料相当料を前記電子記録債権の債務者の口座から引き落とすための第1の引落信号を送信すること、前記電子記録債権の額を前記債務者の口座から引き落とすための第2の引落信号を送信することを含む、電子記録債権の決済方法」)及び債権管理サーバ(「電子記録債権の額に応じた金額を債権者の口座に振り込むための振込信号、前記電子記録債権の割引料に相当する割引料相当料を前記電子記録債権の債務者の口座から引き落とすための第1の引落信号、および前記電子記録債権の額を前記債務者の口座から引き落とすための第2の引落信号を送信するように構成される債権管理サーバ」)につき、次のように述べて、「発明」に該当しないものと判断し

た。「本願発明の技術的意義は、電子記録債権を用いた決済に関して、電子記録債権の割引の際の手数料を債務者の負担としたことにあるといえるから、本願発明の本質は、専ら取引決済についての人為的な取り決めそのものに向けられたものであると認められる。したがって、本願発明は、その本質が専ら人為的な取り決めそのものに向けられているものであり、自然界の現象や秩序について成立している科学的法則を利用するものではないから、全体として『自然法則を利用した』技術的思想の創作には該当しない。以上によれば、本願発明は、特許法2条1項に規定する『発明』に該当しないものである。…本願発明において、『信号』を『送信』することを構成として含む意義は、電子記録債権による取引決済において、従前から採用されていた方法を利用することにあるのに過ぎない。すなわち、前述のとおり、本願発明の意義は、電子記録債権の割引の際の手数料を債務者の負担としたところにあるのであって、原告のいう『信号』と『送信』は、それ自体については何ら技術的工夫が加えられることなく、通常の用法に基づいて、上記の意義を実現するための単なる手段として用いられているのに過ぎないのである。そして、このような場合には、『信号』や『送信』という一見技術的手段に見えるものが構成に含まれているとしても、本願発明は、全体として『自然法則を利用した』技術的思想の創作には該当しないものというべきである。」

[進歩性：オンライン・カード・ゲーム・プログラム]

[5] 知財高判令2・6・4（審決取消、令元（行ケ）10085号、3部）は、オンライン・カード・ゲーム・プログラムに関する発明につき、進歩性を認めた。本判決は、「ゲーム上の取り決め」に係る相違点に関し、次のように述べて、進歩性を否定した特許庁の主張を退けた。「引用発明におけるカードの補充は、本願発明におけるそれとの対比において、補充の契機となるカードの移動先の点において異なるほか、移動されるカードの種類や機能においても異なっており、相違点6は小さな相違ではない。そして、かかる相違点6の存在によって、引用発明と本願発明とではゲームの性格が相当程度に異なってくるといえる。したがって、相違点6に係る構成が『ゲーム上の取決めにすぎない』として、他の公知技術等を用いた論理付けを示さないまま容易想到と判断することは、相当でない。」

[進歩性：仮想現実]

[6] 知財高判令2・3・17（審決取消、令元（行ケ）10072号、1部）は、「ホストクラブ来店勧誘方法及びホストクラブ来店勧誘装置」とする発明につき、進歩性を認め、拒絶査定を維持した特許庁審決を取消した。本願発明は、仮想現実により潜在顧客にホストクラブを体験させるというものであり、「潜在顧客の心理状態に応じて選択され潜在顧客の心理状態に応じて異なるメンタルケアを行う複数の異なるホストクラブ仮想現実動画ファイルが記憶されており、…選択されたコマンドボタンに対応するホストクラブ仮想現実動画ファイルをメンタルケアとしてスマートフォンに送って再生させること」を特徴としていた。これに対し、引用例には、テーマパークへの来場を勧誘したいサービスの提供者が、テーマパークの魅力を潜在顧客に伝える目的で、来場すると体験できるアトラクションを疑似体験するための仮想現実動画を提供することの記載はあるものの、その際に、当該サービスのメンタルケア的な側面に応じた複数の異なる仮想現実動画をサーバーに記憶させておき、潜在顧客が疑似体験したいサービスを自由に選択できるようにすることや、当該サービスのメンタルケア的な側面を仮想現実動画のタイトル等として表記した複数のボタンを設けることの記載はなく、かかる示唆もなかった。「引用発明を『ホストクラブ』への『来店』の『勧誘』に適用した場合に、…『仮想現実動画』を、『心理状態に応じて選択され潜在顧客の心理状態に応じて異なるメンタルケアを行う複数の異なる』ものにすることが必然とはいえない。」

[進歩性：周知技術]

[7] 知財高判令2・3・19（決定取消、令元（行ケ）10100号、3部）は、「窒化物半導体積層体及びそれを用いた発光素子」の発明に関し、進歩性を認め、特許庁の特許取消決定を取り消した。本件発明と主引例発明との相違点は、本件発明は「アルミニウムガリウムのアルミニウム比が超格子層側から上方向に順次減少する組成傾斜層」を含むものであったのに対し、主引例発明はそのようなものではない、という点にあった。特許庁の決定は、3つの文献（引用文献4から6）に基づき、組成傾斜層の技術は周知技術であると認定したが、これに対し本判決は、次のように論じた。「被告が指摘する引用文献4から6において、組成傾斜層の技術は、それぞれの素子を構成する特定の半導体積層体構造の一部として、異なる技術的意義のもとに採用されているとい

えるから、各引用文献に記載された事項から、半導体積層体構造や技術的意義を捨象し上位概念化して、半導体発光素子の技術分野において、その駆動電圧を低くするという課題を解決するために、AlGaN 層の Al の比率を傾斜させた組成傾斜層を採用すること（本件技術）を導くことは、後知恵に基づく議論といわざるを得ず、これを周知の技術的事項であると認めることはできない。」

[共有特許権に係る発明の実施]

[8] 東京地判令 2・1・30（棄却、平 31（ワ）4944 号、46 部）は、靴紐に関する特許権の共有者である原告が、他の共有者である被告Aに対し、持分権侵害を理由として差止等を求めた事件に関するものであり、原告の請求を棄却した。

原告は本件特許権について無効審判請求をしていたことから、まず、原告が本件特許権に基づく請求をすることが禁反言に該当するか否かが問題とされたが、裁判所は、「特許を無効にすべき旨の審決が確定しない限り特許は有効であり（特許法 125 条参照）、現在、法的に本件特許 1 は有効なのであるから、本件において、原告が特許が有効に存在することを前提とする主張をしたとしても、矛盾した挙動がされているとは直ちにはいえず、訴えが不適法になるとは認められない。なお、被告は、それが必要と考えるのであれば、特許権侵害に基づく原告の請求に対して本件特許 1 が無効審判により無効にされるべき旨を主張することができる（特許法 104 条の 3）。したがって、本件訴えの提起は訴訟上の禁反言に反する矛盾挙動とは評価できず本件訴えは適法である。」とした。

次いで、共有者間の共同出願契約における各共有者の実施に関する定めが問題となり、裁判所は次のように述べた。「本件定めは、特許法 73 条 2 項の『別段の定め』として、本件各特許権の共有者がその特許発明の実施である生産又は販売をすることについて、事前の協議及び許可を要するとして、他の共有者との事前の協議及び許可がなければ本件発明を実施することができないとしてその実施を制限している。そして、本件定めは、これに違反した場合には『本件の各権利は剥奪される。』との効果を定めるところ、本件定めによって、共有者は他の共有者の実施に対して許可を与え、また許可を与えないことができ、許可を与えない限り他の共有者は本件各特許権に係る発明を実施することができなかったのに対し、上記『剥奪』に係る定めにより、違反をした共有者は、違反行為後は、少なくとも、他の共有者に

対してそのような許可を与えたり、許可を与えないとしたりする根拠を失うと解するのが相当である。そして、その結果、違反者以外の共有者は、違反者との事前の協議及び許可を得なくとも、違反者以外の共有者との事前の協議及び許可により本件各特許権を実施できるようになると解される。…原告は平成 28 年 4 月以降の原告販売行為により本件定めに違反しており、その結果、…他の共有者の実施に対して許可を与えたり、許可を与えないとしたりする根拠を失い、被告Aは、平成 29 年 4 月時点では、原告の協議及び許可を得ることなく本件特許権 1 を実施することができたというべきである。したがって、被告販売行為は本件定めに違反するものではなく、その余を判断するまでもなく、それが原告の本件特許権 1 に係る持分権を侵害することはない。」

[損害賠償]

[9] 知財高判令 2・2・28（原判決変更、平 31（ネ）10003 号、特別部）は、特許法 102 条 1 項に基づく損害額の推定に関してなされた大合議判決である。特許法 102 条 1 項は、(ア)「侵害行為がなければ特許権者が販売できた物」の (イ)「単位数量当たりの利益」に侵害品の「譲渡数量」を乗じた金額を損害額と推定するものであるが、乗ずべき「譲渡数量」は、(ウ) 特許権者の実施能力を超えない限度とされ、(エ) 特許権者が販売することができないとする事情があるときはその分の数量が控除される。本判決は、(ア) について、侵害品と市場において競合関係に立つ特許権者の製品であれば足り、特許の実施品であることは必要ないとし、(イ) については、特許発明を実施した特許権者の製品において、特許発明の特徴部分がその一部分にすぎない場合であっても、特許権者の製品の販売によって得られる限界利益の全額が特許権者の逸失利益となることが事実上推定されるものの、当該特徴部分の特許権者製品における位置付け、特許権者製品が当該特徴部分以外に備えている特徴やその顧客誘引力など本件に現れた事情を総合考慮すると、本件では、全体の約 6 割についての推定が覆滅されるとした。そして、(ウ) については、潜在的な能力で足り、生産委託等の方法により侵害品の販売数量に対応する数量の製品を供給することが可能な場合も実施の能力があるものと解すべきとし、(エ) については、侵害行為と特許権者の製品の販売減少との相当因果関係を阻害する事情をいい、例えば、①特許権者と侵害者の業務態様や価格等に相違が存在すること（市場の非同一性）、②市場における競合品の存在、③侵害者の営業努力（ブ

ランド力、宣伝広告）、④侵害品及び特許権者の製品の性能（機能、デザイン等特許発明以外の特徴）に相違が存在することなどの事情がこれに該当する、とした。

[10] 大阪地判令2・1・20（一部認容、平28(ワ)4815号、26部）は、油圧式スクリュ圧縮機に係る特許権の侵害を認め、約13億8000万円の損害賠償を被告に命じた。

原告はスクリュ圧縮機に相当する圧縮機ユニットを製造しプラント業者に販売していたのに対し、被告は特許発明の技術的範囲に属する油圧式スクリュ圧縮機が組み込まれたスクリュ式ガス圧縮システム（「NewTonシステム」と呼ばれる。）を使用したプラントを販売していた。このように、両者の業務態様が異なることから、被告が侵害行為により得た利益を損害と推定する旨を定めた特許法102条2項の適用があるのか否かが、まず問題となった。この点に関し、裁判所は、「本件特許権侵害行為における侵害品は、上記NewTonシステムとするのが相当である」としたうえで、「NewTonシステムと原告各製品が組み込まれたシステムとは、…冷凍・冷蔵プラントの需要者を需要者とする点で共通する以上、NewTonシステムと原告各製品の需要者も、その面では共通する部分があるといえる。したがって、本件においては、原告に、被告による本件特許権侵害行為がなかったならば利益が得られたであろうという事情が存在するといえることから、特許法102条2項の適用が認められる。」とした。そして、原告（特許権者）と被告（侵害者）との間の業務態様の相違（ひいては市場の非同一性）や、油圧式スクリュ圧縮機はNewTonシステムの一部分にすぎないことは、特許法102条2項を適用したうえでその推定を覆滅する事情として考慮すれば足りるとし、本件において9割の推定覆滅を認めた。

なお、被告はNewtonシステムを単独で販売しておらず、それを使用したプラントを販売していたものであり、プラントの販売価格については値引きを行っていたが、被告の利益を算出する基礎となるNewtonシステムの売上は、値引きを考慮せず、見積書に記載されたNewTonシステムの「定価」に依拠して認定した。

また、被告が本件特許権の存続期間中に受注し、存続期間満了後に製造を終えて納入したものについては、裁判所は、「被告は、本件特許権の存続期間中に『譲渡の申出』を行った上で受注しており、この時点で顧客との間の請負契約が成立している以上、製造及び納入の完了が本件特許権の存続期間満了後であったとしても、これによる原告の損害は、なお本件特許権の存続期間中の侵害行為である『譲渡の申出』と相当因果関係にある損害というべきである。そうすると、これに係る『譲渡』による販売分も、本件特許権侵害行為による損害賠償の算定の基礎にするのが相当である。」とした。

4　意匠法

[11] 大阪地判令2・5・28（一部認容、平30(ワ)6029号、26部）は、データ記憶機に係る意匠権に関し、被告による製品ケースの製造、譲渡による本件意匠権の間接侵害（意匠法38条1号）の成立を認めた。損害賠償については、意匠法39条2項の推定を認めたが、「被告製品の需要者は、第一次的には製品の機能を、第二次的にデザイン性を、販売価格をも考慮に入れつつ評価し、その購入動機を形成するものと考えられる。そうすると、被告製品やそのケースに係る被告の利益の全てが、本件意匠と類似する意匠である被告意匠に起因するものということはできない。すなわち、上記事情は、侵害者である被告が得た利益と意匠権者である原告が受けた損害との相当因果関係を阻害する事情として、相当程度考慮すべきである。」として、本件では、7割の限度で意匠法39条2項による推定が覆滅されるとするのが相当であるとした。そのうえで、推定覆滅に係る部分については、無許諾で実施されたことに違いはない以上、意匠法39条3項が適用されると解するのが相当であるとし、当該部分の売上に実施料率（5％）を乗じた金額を加算することを認めた。

5　商標法

[色彩商標]

[12] 知財高判令2・3・11（棄却、令元(行ケ)10119号、4部）は、橙色の色彩（RGBの組合せ：R237、G97、B3）のみからなる商標（指定役務：インターネット上に設置された不動産に関するポータルサイトにおける建物又は土地の情報の提供）につき、自他識別力を欠くもの（商標法3条1項6号）と判断し、拒絶査定を維持した特許庁審決を肯定した。原告（出願人）は、認知度を示すアンケート調査の結果を証拠として提出したが、裁判所は、次のように述べて識別力を否定し、同様に、使用による識別力の獲得も否定した。「①本願商標は、橙色の単色の色彩のみからなる商標であり、本願商標の橙色が特異な色彩であるとはいえないこと、②橙色は、広告やウェ

ブサイトのデザインにおいて、前向きで活力のある印象を与える色彩として一般に利用されており、不動産の売買、賃貸の仲介等の不動産業者のウェブサイトにおいても、ロゴマーク、その他の文字、枠、アイコン等の図形、背景等を装飾する色彩として普通に使用されていること、③原告ウェブサイトのトップページにおいても、…最上部左に位置する図形と『LIFULL HOME'S』の文字によって構成されたロゴマーク、その他の文字、白抜きの文字及びクリックするボタンの背景や図形、キャラクターの絵、バナー等の色彩として、本願商標の橙色が使用されているが、これらの文字、図形等から分離して本願商標の橙色のみが使用されているとはいえないことを総合すると、原告ウェブサイトに接した需要者においては、本願商標の橙色は、ウェブサイトの文字、アイコンの図形、背景等を装飾する色彩として使用されているものと認識するにとどまり、本願商標の橙色のみが独立して、原告の業務に係る『ポータルサイトにおける建物又は土地の情報の提供』の役務を表示するものとして認識するものと認めることはできない。したがって、本願商標は、本願の指定役務との関係において、本来的に自他役務の識別機能ないし自他役務識別力を有しているものと認めることはできない。」

[13] 知財高判令2・6・23（棄却、令元(行ケ)10147号、1部）も、オレンジ色の色彩（マンセル値：0.5YR5.6/11.2）のみからなる商標（指定商品：油圧ショベル）につき、自他識別力を欠くもの（商標法3条1項3号）と判断し、拒絶査定を維持した特許庁審決を肯定した。本件では、商標法3条1項3号該当性は争われず、原告（日立建機）の約50年間にわたる使用（市場シェアは約20％）による識別力の獲得の有無(同法同条2項該当性)のみが争われた。裁判所は、「輪郭のない単一の色彩それ自体が使用により自他商品識別力を獲得したかどうかを判断するに当たっては、指定商品を提供する事業者に対して、色彩の自由な使用を不当に制限することを避けるという公益にも配慮すべき」と一般論を述べたうえで、橙色は建設工事の現場において一般的に使用される色彩であること、原告の販売する油圧ショベルの多くには著名商標である「HITACHI」又は「日立」の文字が付されていたことから、「本願商標の色彩のみが独立して、原告の油圧ショベルの出所識別標識として、日本国内における需要者の間に広く認識されていたとまでは認められない」とした。そして、裁判所は、「油圧ショベルなど建設機械の取引においては、製品の機能や信頼性が検討され、製

品を選択し購入する際に車体色の色彩が果たす役割が大きいとはいえないこと、色彩の自由な使用を不当に制限することを避けるべき公益的要請もあること等も総合すれば、本願商標は、使用をされた結果自他商品識別力を獲得し、商標法3条2項により商標登録が認められるべきものとはいえない」と結論付けた。

［位置商標］

[14] 知財高判令2・2・12（棄却、令元(行ケ)10125号、2部）は、位置商標（指定商標：対流形石油ストーブ）として、拒絶査定を維持した特許庁審決を維持した判決である。原告は、「商標の詳細な説明」として、「商標登録を受けようとする商標（以下『商標』という。）は、商標を付する位置が特定された位置商標であり、石油ストーブの燃焼部が燃焼する時に、透明な燃焼筒内部の中心領域に上下方向に間隔をあけて浮いた状態で、反射によって現れる3つの略輪状の炎の立体的形状からなる。図に示す黒色で示された3つの略輪状の部分が、反射によって現れた炎の立体的形状を示しており、赤色で示された部分は石油ストーブの燃焼部が燃焼していることを示している。なお、青色及び赤色で示した部分は、石油ストーブの形状等の一例を示したものであり、商標を構成する要素ではない。」と記載していた。裁判所は、次のように述べ、特許庁審決を維持した。「本願商標は、『三つの略輪状の炎の立体的形状』（本願形状）を付する位置が特定された位置商標である。そして、本願形状を採用することにより、対流形石油ストーブの燃焼筒内の輪状の炎が四つあるように見え、これにより対流形石油ストーブの美感が向上するから、本願形状は、美感を向上するために採用された形状であると認められる。また、…本願形状は、暖房効果を高めるという機能を有するものと認められる。そうすると、本願形状は、その機能又は美感上の理由から採用すると予測される範囲を超えているものということはできず、本願形状からなる位置商標である本願商標は、商品等の形状を普通に用いられる方法で使用する標章のみからなる商標であると認められる。」

［損害賠償］

[15] 東京地判令2・2・20（一部認容、平30(ワ)15781号、47部）は、「SAKURA HOTEL」（指定役務：宿泊施設の提供）に係る商標権の侵害を認め、商標法38条2項の推定の適用を認めたが、9割については推定が覆滅されるとした。「本件商標である『サ

クラホテル』は、普通名詞である２つの単語を単純に組み合わせたものであり、そのうちの１つは提供する役務の内容である『ホテル』であること、証拠によれば、日本において『桜』、『さくら』、『Sakura』又は『サクラ』を名称に使用した宿泊施設は多数存在することが認められ、宿泊施設の名称に桜という単語を使用すること自体、強い自他識別力を付与するものとは言い難い。これらによれば、本件商標の顧客吸引力は強いものであるとはいえず、これに類似する被告使用標章が、被告の売上げに寄与した程度は極めて限定的であるというほかない。そして、…原告宿泊施設と被告宿泊施設において提供するサービスに相応の価格差があることも併せ考慮すれば、被告の限界利益額の相当大きな部分について、損害の推定が覆滅されるというほかなく、その覆滅割合は、上記のほか、本件に顕れた諸般の事情に照らし、９割と認めるのが相当である。」

[権利濫用]

　[16] 東京地判令２・１・29（棄却、平 30(ワ)11046 号等、29 部）は、「守半」の文字からなる商標について商標権（指定商品：「焼き海苔」等）を有する原告が、「守半総本舗」等の標章を使用する被告に対し、商標権侵害を理由とする差止等を求めたのに対し、権利濫用を理由として原告の請求を棄却したものである。裁判所が認定した事実関係は、「原告、被告及び守半本店は、本件商標権の出願以前において、それぞれ『守半』を含む商号及び標章を用いて、海苔の製造販売等の事業を行っていたところ、三者が使用する海苔製造販売事業における『守半』の商号及び標章は、いずれもＡが開業した守半本店の事業に由来するものであり、守半本店及び原告は、Ａの上記事業を承継した者として、被告は、守半本店から上記商号及び標章の使用許諾を受けた者として、これらの使用を継続していた」というものである。そして、裁判所は、「本件商標権の出願当時の『守半』の標章が一定の知名度と信用を獲得していたこと、『守半』の標章はＡの事業に由来するものであり…その主たる承継者は守半本店であったこと、…『守半』の標章の知名度と信用の獲得については、守半

本店や原告の他に、被告ないしＤ（注：被告の前身である「守半海苔店蒲田支店」を開業した者）による寄与もあったものということができる」ことに加え、本件商標権取得（昭和 55 年登録）の後も本訴提起に至る平成 29 年末以降の時期まで、原告が被告に対して長期間権利行使をしていないことも考慮し、原告の請求は権利濫用に該当するものと判断した。

6　不正競争防止法

[営業誹謗]

　[17] 大阪地判令２・３・19（棄却、平 31(ワ)1580 号、21 部）は、当事者間の競争関係を否定して、虚偽事実の告知による不正競争行為の成立を否定した。「不競法２条１項 15 号は、競争関係にある他人の営業上の信用を害する虚偽の事実を告知し、又は流布する行為を不正競争行為と定めており、競争関係の要件につき、告知者と相手方が商品の販売を競っているといった現実の競争関係が存する場合には限られないとしても、これが不正競争行為とされている趣旨に照らすと、相手方の商品を誹謗したり、信用を毀損したりするような虚偽の事実を告知することによって、相手方を競争上不利な立場に立たせ、これによって告知者が競争上不当な利益を得るような関係が存することは必要と考えられる。…被告は原告の商品を購入する顧客という立場にあり、同種の商品を取り扱ったり、同種の役務を提供したりするという関係にはない。また、…両社の顧客は共通しない。…以上によれば、…競争関係にある他人の営業上の信用に関しなされたものとはいえないから、不競法２条１項 15 号の不正競争行為に、そもそも該当しない。」

（しろやま・やすふみ）

取引 1　「普通預金債権の帰属」再考
——名義人以外の者が普通預金口座を管理する事案をめぐって

東京高判令元・9・18
平31(ネ)1576号、損害賠償請求、
独立当事者参加申立控訴事件
金判 1582 号 40 頁（控訴棄却・確定）
第一審：東京地判平 31・2・27 金判 1582 号 46 頁

片山直也　慶應義塾大学教授

現代民事判例研究会財産法部会取引パート

●——事実の概要

　再生可能エネルギーに係わる新技術の調査・研究・開発等を目的とするZ株式会社（第一審参加人・被控訴人）の会長の立場にあったPは、自身が准教授を務める国立大学法人C大学に研究費用等の寄付金等を送金するために、最先端素材の企画・研究開発・製造および販売等を目的とするA株式会社の代表取締役Bの立会いの下、Aの取締役Qと、①Qは、Dの要請する地方銀行に新たに口座を開設し、口座名義人はAとする、②Qは預金通帳を保管するものとし、Pはキャッシュカードおよび銀行届出印を保管し、Pの裁量により入出金ができる、③Pは、当該口座に入金があった場合、直ちにQにその旨を報告するとともに、Pの判断により、当該口座から送金、振替等を行うことができるとの覚書（以下、「本件覚書」という）を締結した。Aは、平成28年12月9日、本件覚書に基づき、1000円を入金し、Y銀行（被告・被控訴人）a支店に普通預金口座（以下、「本件普通預金口座」といい、本件普通預金口座に係る預金債権を「本件普通預金債権」という）を開設し、Pは、本件覚書に基づき、本件普通預金口座の預金通帳および銀行届出印を保管していた（本件覚書②と齟齬があるが経緯は不明）。

　Zは、平成29年3月10日、Cに対する研究費用の寄附金等として、E信用金庫β支店のZ名義の預金口座から、本件普通預金口座に7500万円を振込送金し、同月13日に着金した。Pは、同月13日、本件普通預金口座からCに振込送金しようとしたが、Aから本件普通預金口座の預金通帳および銀行届出印の紛失通知が提出されていたため、振込送金することができなかった。そこで、Zは、同日、β支店に対し、7500万円の送金の組戻しを依頼したが、本件普通預金口座の口座名義人であるAの同意が得られなかったため、組戻しができなかった。

　他方、X（原告・控訴人）とAは、XがAに貸し付けたとする8000万円の貸付金につき、平成29年3月10日、強制執行認諾文言付の債務弁済公正証書を作成し、同日、公証人により、Xに対し執行文が付与された。Xは、同月12日、東京地方裁判所に対し、Xを債権者、Aを債務者、Yを第三債務者とし、上記公正証書を債務名義として、AがYに対して有する本件普通預金債権につき、債権差押申立および転付命令申立てをした。東京地方裁判所は、本件普通預金債権について債権差押命令および転付命令を発令した。両命令は、YおよびAに送達され、同年4月4日に確定した。

　Zは、同年4月7日、Yに対し、本件普通預金債権はZに帰属しており、Aに対する本件普通預金口座の預金通帳の再発行や本件普通預金債権の払戻しに応じないよう求める書面を送付した。そこで、Yは、同年5月17日、東京法務局に対し、本件普通預金債権は、ZとXとの間で債権の帰属に争いがあり、Yは債権者を確知することができないことを理由として、本件普通預金債権7500万1000円、これに対する同年3月15日までの普通預金利息6円、およびXから払戻請求を受けた日の翌日である同年4月8日から同年5月17日までの遅延損害金49万3157円の合計7549万4163円を供託（以下「本件供託」という）をなした。

　Xは、Yに対し、主位的に、YがXの本件普通預金債権に基づく預金払戻請求に応じないことが不法行為であると主張して、損害賠償金および遅延損害金の支払を求め、予備的に、本件普通預金債権に係る預金返還請求権に基づき、7500万1006円および同日から支払済みまで同割合による遅延損害金の支払を求めた（第1事件）。

　Zは、本件普通預金債権の債権者はZであると主張して独立当事者参加をし、Xに対し、ZとXとの間において、Zが本件供託に係る供託金還付請求権

を有することの確認を求め、また、Yに対し、本件供託が無効であると判断される場合にも、本件普通預金債権に係る預金返還請求権に基づき預金ならびに利息および遅延損害金の合計7549万4163円の支払を求めた（第2事件）。

原判決は、本件普通預金口座の預金者は口座名義人であるAではなく、Zであり、本件普通預金債権の債権者はZであると判断し、Xの主位的請求および予備的請求をいずれも棄却するとともに、ZのXに対する請求（供託金還付請求の確認請求）を認容し、ZのYに対する請求については棄却した。これに対し、Xが原判決を不服として、YおよびZを被控訴人として本件控訴を提起した。争点1（本件普通預金債権の預金者はAであるかZであるか）についての判示は以下のとおりである[1]。

●──判旨

控訴棄却

「……普通預金については、定期預金のようにその出捐者によって直ちに預金者が定まるものとは考え難く、当該普通預金口座を開設した主体や経緯、預金通帳や銀行届出印の管理の状況、その後の入出金を行っていた主体や経緯などの諸般の事情を総合的に考慮した上で、預金者を認定すべきである（後掲の2つの最高裁平成15年判決を引用：片山注）。

（前提事実および認定事実によれば）、①本件普通預金口座は、口座名義人はAであるものの、Pの依頼に基づいてAが開設手続をしたものであり、開設の目的は、PがC大学において行う寄附研究のための寄附金を同口座からC大学に送金するとともに、同寄附研究に関して使用する経費を保管することであったこと、②PとAの間では、本件業務委託契約に定める報酬を上記の寄附金及び経費に充てることとし、本件普通預金口座には、Zから上記寄附金及び経費に充てる資金として7500万円が振り込まれることが合意されていたこと、③Pは、Aから、本件普通預金口座の入出金について、Pの裁量ないし判断においてこれを行うことができる旨の委任を受けていたこと、④本件普通預金口座の預金通帳及び銀行届出印は、同口座の開設直後から、Aの了解の下にPが保管していること、⑤本件普通預金口座にその開設に当たって預け入れられた1000円はAが負担したものであるが、その後に入金された7500万円はZが振込送金したもので、その資金はZが負担しており、他に預入れ又は払戻しがされたことはなかったこと、⑥Pは、本件普通預金口座の開設から同口座へのZからの7500万円の振込送金がさ

れた時期において、Zの会長として実質的にその運営を掌握していたことが認められる。

これらの事情を総合的に考慮すれば、本件普通預金口座の預金者はZであり、本件普通預金債権の債権者はZであって、Aではないと認められる」。

「なお、本件普通預金口座の開設に当たって預け入れられた1000円は、Aが負担したものである。しかし、上記のとおり、普通預金については、口座開設の主体や経緯、預金通帳や届出印の管理の状況等を総合的に考慮して預金者を認定すべきであるところ、本件普通預金口座については、上記の1000円は、その後に振込送金された7500万円と比較すれば極めて少額であり、口座開設の目的等に照らせば、上記の預入れに係る1000円を含めて本件普通預金口座の預金の預金者はZであると認めることができるのであって、これを前提としてAとPあるいはZとの間に上記1000円に係る債権債務関係が生ずることがあり得るにとどまるというべきである」。

●──研究

1　はじめに

普通預金債権の帰属に関しては、平成15年の2つの最高裁判決（損害保険会社代理店の開設した保険料専用普通預金口座の帰属が争われた最二判平15・2・21民集57巻2号95頁および弁護士の預り金口座に関する最一判平15・6・12民集57巻6号563頁）によって、預り金専用口座を名義人が管理する類型の事案につき、①金銭の帰属、②預金の名義、③預金の管理という3つの要素から普通預金債権の帰属を判断するとの判例法理が確立している。これに対して、名義人以外の者が口座を管理する場合に、預金債権の帰属をどのように判断するべきか、最高裁平成15年判決の射程が及ぶのかが残された課題の一つである。この点については、2つの下級審裁判例の判断が分かれるところとなった。第1の裁判例である東京高判平27・9・9金判1492号38頁は、最高裁平成15年判決とは一線を画し、「名義人説」に立脚し、名義人に普通預金債権が帰属すると判断した。これに対して、第2の裁判例である本判決は、やや特殊な事案ではあるが、最高裁平成15年判決を引用し、「総合判断説」に立脚し、名義人ではなく、預金を管理していた出捐者を預金者と認定している。2つの対極に位置づけられる下級審裁判例の出現を機に、最高裁15年判決の射程を見直して、預金者認定および預金債権の帰属に関する判例法理の再構築が模索されることになろう。

2　最高裁平成 15 年判決およびその評価

2 つの最高裁平成 15 年判決は、損害保険代理店、弁護士などが開設する預り金専用口座（普通預金）の預金債権の帰属をめぐる紛争であり、金銭管理の態様から、金銭交付型と集金型の 2 類型を想定するならば、後者の弁護士事例は金銭交付型に、前者の損害保険代理店事例は集金型に分類することができる。いずれの判決も、定期預金の預金者認定に関する客観説[2]に依拠した原審判決を破棄して、新たな基準で「預金債権」の帰属を判断している。弁護士事例判決では、「本件口座は、①X（弁護士）が自己に帰属する財産をもって②自己の名義で開設し、③その後も自ら管理していたものである」ゆえに、預金契約を締結したのは X であり、本件口座に係る預金債権は、その後に入金されたものを含めて、X の銀行に対する債権であると結論づけており、預金債権の帰属の判断において重視された要素として、①金銭の帰属、②預金の名義、③預金の管理の 3 点を抽出することができる。この 3 要素は、損保代理店事例判決においても見出すことができ、2 つの最高裁平成 15 年判決の共通の判断要素と分析することが可能である。

平成 15 年判決については、一方では、原則として名義人 B に預金および預金債権が帰属することが前提となっており、その限りで、客観説的なアプローチは取られていないとの分析と[3]、他方では、判断要素の中で、①金銭（預金の原資）の帰属が重要な要素の 1 つとされており、従来の判例理論の「出捐」概念をより法律的に捉えたのであって、原則と例外が逆転し結論は逆になるものの、客観説の立場と整合的であるとの分析の対立が存した[4]。

これに対して、客観説が維持されているか、主観説が採用されているかという点は説明の問題に過ぎず、最高裁は、「預金口座名義、預金契約締結者、金銭の所有権、預金通帳および届出印の保管状況などを総合的に考慮して預金者を認定する」という「総合説（総合判断説）」の立場を示したと分析すべきであるとするものの存した[5]。本判決はこの立場に立脚している。

3　最高裁平成 15 年判決の射程

判例法理を再検討するに際しては、改めて、最高裁平成 15 年判決の射程を検討する必要がある。すなわち、両判決は、広く普通預金債権の帰属についてその判断基準を提示したものではなく、その射程には自ずと事案の制約があるのではないかという点である。特に、2 つの判決の事案が、預り金専用口座として名義人が管理をする「名義人管理事例」であったという点を確認しておかなければならない。

これに対して、名義人以外の者が預金を管理するという事態は、そもそも預り金専用口座の事例では想定されていない。先例は多くないが、本件と同様、名義人以外の者が通帳等を管理していたケースにつき、本判決の対極をなす判断を下した裁判例として、東京高判平 27・9・9 がある。同判決は、預金債権の帰属と払戻権限の帰属を区別し、名義人に預金債権が帰属するとした上で、払戻権限の包括的な授与があると構成した[6]。

事案は、名義人 X が Y 銀行で普通預金口座を開設する際に、同席した A に、Y の職員 C の面前で届出印を A に預け、通帳は、残高 0 円の状態で、C から A に直接交付され、A が保管し、A およびその妻 B によって、爾後、複数回にわたって、計 707 万円の入金、計 703 万 2000 円の出金が繰り返されたという事案である。X は、Y に対して、預入金 707 万円の払戻請求をなしたが、裁判所は、預金債権の帰属について、「……普通預金は、流動性のある口座内の預金全部が常に 1 個の預金債権を構成するものであるところ、このような普通預金の性質上、本件口座への預入金は、その名義人である X の預金債権であると解するのが相当である」としつつ（「名義人説」）、払戻権限については、「X は、A に対し本件口座の入金及び出金の権限（預入金の払戻権限）を包括的に授与したと認めるのが相当である」と判示し、X の払戻請求を棄却している。

4　本判決の意義

(1)　本件の事案の類型と特殊性

本判決の事案は、「名義人以外の者が普通預金口座を管理する事例」であり、「預り金専用口座」について名義人が口座を管理する「名義人管理事例」と異なり、最高裁平成 15 年判決が想定していなかったケースである。本判決は、平成 15 年判決以降、名義人以外の者に普通預金債権が帰属するとした稀少な裁判例となるが、同じく名義人以外の者が管理する事案に関する裁判例である東京高判平 27・9・9 とは、同じ類型の事案であるにも係わらず、構成および結論を異にするに至っている。

次いで、本判決の事案の特殊性について指摘しておこう。すなわち、本件普通預金口座については、直接には P が通帳および届出印の管理を行うこととされたが、同時に A（Q）も口座の維持については引き続き消極的な管理義務を担っており、にもかかわらず、A（Q）は通帳と届出印の紛失通知を提出

し、Cへの送金を妨げるに至ったわけであるから、A（Q）は、受任者の善管注意義務違反により委任契約が解除されてもおかしくない事例である。現に、Zは7500万円の振込みに関しては、仕向銀行を介して組戻しを依頼している。通帳と届出印の紛失通知の提出および執行証書の作成がQにより意図的になされたものであるか否かは不明であるが、いずれにせよ、これら本件特有の事情が、名義人Aに預金債権が帰属するとはできない一つの要因であったと推察することは許されるであろう。

(2) 認定基準（総合判断説）

本判決は、平成15年の2つの最高裁判決から、「普通預金については、定期預金のようにその出捐者によって直ちに預金者が定まるものとは考え難く、当該普通預金口座を開設した主体や経緯、預金通帳や銀行届出印の管理の状況、その後の入出金を行っていた主体や経緯などの諸般の事情を総合的に考慮した上で、預金者（正確には「預金債権の帰属」：片山注）を認定すべきである」との基準を抽出し、本事案に適用している点が注目される（「総合判断説」）。

先に検討したように、最高裁平成15年判決は、預り金専用口座につき名義人が管理するという事例について、金銭の帰属、名義、管理という3つの要素から判断するとしたものであったのに対して、本判決はさらに一歩踏み込んで、総合判断説の立場から普通預金債権の帰属の一般ルールを抽出し、名義人以外の者が管理する事案にも適用するとした点に本判決の意義を見出すことができよう。総合判断の判断事由については、①開設時、②通帳・届出印の管理、③その後の入出金として、時系列に沿って判断事由を列挙している。

最高裁平成15年判決の事案である「名義人管理事例」とは類型を異にする「名義人以外の者が普通預金口座を管理する事例」の類型に属する類似の事案について、「名義人説」に立脚し名義人に預金債権が帰属するとする東京高判平27・9・9と、「総合的判断説」に立脚し出捐者に預金債権が帰属するとした本判決の2つの裁判例が現れたことになる。

2つの対極に位置づけられる下級審裁判例の出現を機に、最高裁15年判決の射程を見直して、預金者認定および預金債権の帰属に関する判例法理の再構築が模索されることになろう。

さらに、両判決は、結論としてはいずれの判決も出捐者の救済が図られているのであり、むしろ両判決の差違は、紛争類型の違い[7]を踏まえて、「預金債権の帰属」と「払戻権限の帰属」を区別するか否かという法律構成に帰着するとの分析も可能である。両判決の対比を通じて、「普通預金口座の帰属」、「預金債権の帰属」および「払戻権限の帰属」という3つの側面があることが明らかになった。今後は、預金債権の帰属についても、誤振込の事案と同様に、①差押債権者との関係（本判決の紛争類型）、②銀行の相殺の可否、③払戻請求の可否（東京高判平27・9・9の紛争類型）という3つの側面から検討がなされる必要があろう。

(3) 異なる原資と預金債権の帰属

従前から、出捐者の異なる複数の入金がなされた場合に、口座が開設された当初の時点における口座の帰属の問題とは別に、その後の入出金を経た上で、預金債権は誰に帰属するのかが問題となり得る点が指摘されてきた[8]。その際、その入金額に応じて複数の債権が成立するとの考え方は取り得ず[9]、残高について1つの預金債権が誰に帰属するかが論じられなければならない。この点については、本判決が、本件普通預金口座の開設に当たって預け入れられた1000円は名義人Bが負担したものであるが、「その後に振込送金された7500万円と比較すれば極めて少額であり、口座開設の目的等に照らせば、上記の預入れに係る1000円を含めて本件普通預金口座の預金の預金者はZであると認めることができる」と判示し、名義人以外の者に預金債権が帰属する余地があることを示した点も注目される。

（かたやま・なおや）

1) 本件のもう1つの争点である、本件供託の有効性につき、冨田雄介「判批」銀行853号（2020年）15頁以下など参照。
2) 最三判昭48・3・27民集27巻2号376頁、最二判昭52・8・9民集31巻4号742頁など参照。
3) 尾島明「解説」判解民平成15年度（上）53頁、内田貴＝佐藤政達「預金者の認定に関する近時の最高裁判決について（下）」NBL809号（2005年）30頁など参照。
4) 潮見佳男「損害保険代理店の保険料保管専用口座と預金債権の帰属（下）」金法1685号（2003年）43頁、高秀成「預金債権の帰属問題における救済法理としての客観説の一素描」慶應法学6号（2006年）254-262頁など参照。
5) 阪口彰洋「預金債権の帰属」金判1211号（2005年）12頁、青森地判平16・8・10金判1206号53頁など参照。
6) 同判決については、西牧正義「判批」アルテス・リベラレス（岩手大学人文科学部紀要）101号（2017年）163頁以下など参照。
7) この点につき、白石大「判批」金法2145号（2020年）14頁参照。
8) 東京高判平15・7・9金法1682号168頁など参照。
9) 最大決平28・12・19民集70巻8号2121頁は、「……その結果発生した預貯金債権は、口座の既存の預貯金債権と合算され、1個の預貯金債権として扱われる」と判示している。

取引 2　債権執行における差押えによる請求債権の消滅時効の中断の効力が生ずるためにその債務者が当該差押えを了知し得る状態に置かれることの要否

最一判令元・9・19
平 30(受)1137 号、請求異議事件
民集 73 巻 4 号 438 頁、判時 2435 号 51 頁、判タ 1468 号 36 頁、
金法 2136 号 62 頁、金判 1585 号 8 頁、金判 1582 号 14 頁
第一審：鹿児島地鹿屋支判平 29・7・10
控訴審：福岡高宮崎支判平 30・3・28

原　　悦子　東京大学准教授、弁護士

現代民事判例研究会財産法部会取引パート

●——事実の概要

　平成 12 年 4 月 17 日、Y は X に対し、弁済期を平成 12 年 8 月 27 日として、336 万円を貸し付け（以下「本件貸金債権」という）、同月 22 日には、ＸＹ間の金銭消費貸借契約公正証書(以下「本件公正証書」という）が作成された。本件公正証書には、X が本件公正証書記載の債務の履行を遅滞したときは直ちに強制執行に服する旨の陳述が記載されている。平成 20 年 6 月 23 日頃、Y は、鹿児島地方裁判所に対し、本件公正証書を債務名義とし、本件貸付債権を請求債権として、X の株式会社ゆうちょ銀行に対する貯金債権の差押えを申し立て、そのころ、これを認容する債権差押命令（以下「本件差押命令」という）が発せられ、同年 7 月 3 日までにゆうちょ銀行に送達された（以下「本件差押え」という）。平成 20 年 7 月 4 日、ゆうちょ銀行は、差押債権として通常貯金 2 件 1032 円が存在することなどを記載した陳述書を鹿児島地方裁判所に提出した。なお、X は、本件差押命令申立ての時点において申立書記載の債務者住所に居住しておらず、本件口頭弁論終結日である平成 29 年 5 月 24 日までに本件債権差押命令正本が X に送達された事実はない。

　平成 28 年 6 月 8 日頃、Y は、本件公正証書を債務名義として、X を債務者、本件貸付債権等を請求債権とする債権差押命令申立てを改めて行い、これを認容する差押命令が発せられた。なお、同差押命令の請求債権には遅延損害金が含まれているところ、このうち本来の時効期間経過後に累積した遅延損害金は 600 万円近くに上る。

　X が請求異議訴訟を提起。本件差押えにより本件貸付債権の消滅時効が中断しているかが争点となった。第一審は時効中断を認めず X の請求を認容。Y が控訴したが、控訴審は控訴棄却。Y が上告受理申立。

●——判旨

　破棄自判（請求棄却）

　「民法 155 条は、差押え等による時効中断の効力が中断行為の当事者及びその承継人に対してのみ及ぶとした同法 148 条の原則を修正して差押え等による時効中断の効力を当該中断行為の当事者及びその承継人以外で時効の利益を受ける者に及ぼす場合において、その者が不測の不利益を被ることのないよう、その者に対する通知を要することとした規定であると解され（最高裁昭和 47 年(オ)第 723 号同 50 年 11 月 21 日第二小法廷判決・民集 29 巻 10 号 1537 頁参照）、差押え等による時効中断の効力を当該中断行為の当事者又はその承継人に生じさせるために、その者が当該差押え等を了知し得る状態に置かれることを要するとする趣旨のものであると解することはできない。しかるところ、債権執行における差押えによる請求債権の消滅時効の中断において、その債務者は、中断行為の当事者にほかならない。したがって、上記中断の効力が生ずるためには、その債務者が当該差押えを了知し得る状態に置かれることを要しないと解するのが相当である。

　そして、前記事実関係によれば、本件差押えにより本件貸金債権の消滅時効は中断しているというべきである。」

●——研究

1　はじめに[1]

本件では、債権執行において、「差押え」による請求債権の時効中断の効力が債務者の了知しない間に生じることの是非が問われた。原審は、改正前民法155条の法意を適用し、債務者が差押えを了知し得る状態に置かれていたとは認められない本件においては消滅時効中断の効力は認められないと判断した。これに対し、本判決は、同条は時効中断行為の当事者が差押え等を了知し得る状態に置かれることを要求する趣旨ではないところ、債権執行において債務者は時効中断行為の当事者であるから、債務者が差押えを了知し得る状態に置かれることは必要ないとして、時効中断の効力を認めた。なお、本判決は、本件の事実関係によれば消滅時効は中断していると判断しているのみであり、具体的に中断の効力がいつの時点で生じたかについては、判断をしていない。

2　債権の「差押え」による時効中断

「差押え」（改正前民法147条2号）による時効中断の効果が発生する時期については、債権者が権利行使にあたる行為に出た時点である執行申立時が基準となると考えられている（不動産執行につき大決昭13・6・27民集17巻14号1324頁、動産執行につき最三判昭59・4・24民集38巻6号687頁。債権執行に関する判例はないものの、同様に考えられている）。ただし、執行申立後、「差押え」の効力が生じることが条件となり、申立てが取下げられた場合、差押命令が取り消された場合には、時効中断効は遡及的に消滅する（改正前民法154条）。

債権執行の場合、差押命令は債務者および第三債務者を審尋しないまま発せられる（民事執行法145条2項）。差押命令は、債務者および第三債務者に対して送達されるが（同条3項）、実務的には、第三債務者への送達が先行することが多く[2]、第三債務者に送達された時点で差押えの効力は発生する（同条4項）。その後債務者への送達が完了するか否かは差押えの効力に影響を与えない。このような枠組みにおいて、第三債務者への送達完了後、債務者の所在不明などにより、債務者への送達に時間を要している間に、第三債務者の陳述（同法147条）に

より債権額が僅少であることが判明した場合などには、差押債権者は手続を遂行するインセンティブを失い、一方で申立てを取り下げると時効中断効を失うことになるため、そのまま手続を長期間放置するという事態が生じうる[3]。このような場合には、債務者が時効中断効の発生を知らないままに長期間が経過することになる。本件の背景事情としてはこのような債権執行の実務的な問題があった。

3　本判決についての検討

(1)　条文構造との整合性

本判決は、条文に忠実な判断であり論理的には明快であるといえる。

まず、時効中断事由は「差押え」であり、「差押え」の効力は第三債務者に対する送達によって生じ、特に債務者の了知を要求していないという条文構造に整合的である。

債務者の了知を要求しないという点は「差押え」以外の時効中断事由においても同様であり、例えば、「訴えの提起」は、訴状提出の時に時効が中断し（民訴法147条、133条1項）、時効中断の効力発生に、被告への訴状の送達は必要とされていない。動産執行の場合は、執行官が目的物を占有することにより差押えが行われるところ（民事執行法123条1項）、執行官による差押えに債務者の立会いは必要なく、債務者に対する通知（民事執行法規則103条1項）がされなくても差押えの効力には影響がないと解されている[4]。

また、本判決は、改正前民法155条の適用を否定している。同条は、時効中断の相対効（改正前民法148条）の原則を修正して、時効中断手続の当事者および承継人以外にも時効中断効を及ぼす一方で、時効の利益を受ける者が不測の不利益を蒙らないように通知を要求するものであるが、債権執行における「差押え」は、債務者自身に対して処分禁止効が生じるなど（民事執行法145条1項）、債務者は手続の当事者である。本判決はこの点を根拠に同条の適用を否定しており論理的には明快である。なお、実際に同条が適用された事例は物上保証人に関するものが中心である[5]。

(2)　改正前民法155条の類推の可否

このように本判決は論理的には明快であるものの、一方で、債務者が了知しない間に時効が中断し

ても良いかという根本的な疑問に対して正面から答えるものではない。民法起草時の法典調査会における改正前民法155条に関する議論（さらには同条の前身である旧民法証拠編117条3項における説明[6]）では、同条が債権執行の場面に適用されることが想定されていたようであるが、その前提となる問題意識として、民法起草者である梅謙次郎博士は「本人ノ知ラナイデ居ル間ニ時効カ中断セラレテ居ルト云ウコト何ウモ私共ニハ酷ノヤウニ思ハレマス」と発言している[7]。本件の第一審および原審が同条の類推または法意適用をしたのも同様の問題意識に基づくものと考えられる。

この点については、権利行使に必要な行為を行った債権者の利益と、知らない間に時効が中断する債務者の利益のバランスの如何にとるかという問題である。バランスの取り方として、債務者が実際に了知したことを要求することも考えられるが、原審もそこまでは要求しておらず、了知し得る状態に置かれることで足りるとしている。一方で、制度的に了知することが想定されていることで足りるとすることも考えられる。債権の差押えの場面では改正前民法155条を必要としないとする通説的見解[8]も、制度的に債務者に対する送達が予定されているということを重視しているように思われる。本判決も、制度的に債務者への送達が想定されていることを重視したのではないかと考えられる（実際に送達されないことが多いという実務的な問題点は、後述する民事執行法改正により改善されることになる）。

債務者に生じる具体的な不利益としては、例えば、①時効期間経過後に、領収証等の自己に有利な証拠を破棄してしまった場合、②差押え等について債務者が異議を申し立てる機会を失うこと、③消滅時効が完成したと思い弁済をしないでいたところ、後から請求を受け、その間の遅延損害金が膨大に積みあがった場合などが考えられる[9]。このような場合においても、債権者側の事情（権利行使に向けた努力、債務者に対する妨害行動の有無など）も考慮する必要があり、両者のバランスを考慮してもなお債務者にとって酷な状況である場合には、時効中断の主張を信義則等で制限することも考えられる。本判決も理論的な一貫性を維持しつつ、個別事情に応じて信義則等で対応することを想定していた可能性も考えられる。

4　民法改正および令和元年民事執行法の改正

(1)　民法改正の影響

平成29年民法改正により、「差押え」に代わり、「強制執行」が時効完成猶予事由および時効更新事由となった（改正民法148条1項2号、2項）。今後詳細な検討が必要であるものの、「差押え」による時効中断に関する判例法理は改正法下においても基本的に維持されるものと考えられる。本判決は、条文に記載のない「差押え等を了知し得る状態に置かれること」という要件が必要でないことを確認するものであるため、改正後の条文においても本判決の意義は維持されるものと考えられる。

(2)　民事執行法の改正

上述した債権執行の実務的問題に対処するため、令和元年民事執行法改正が行われ、債務者に対する差押命令の送達ができない場合には、執行裁判所は、差押債権者に対し、相当の期間を定めて送達場所の申出をすべきことを命じ（民事執行法145条7項）、差押債権者が申出をしない場合には、差押命令を取り消すことができるとされた（同8項）。この改正により、債務者に対して送達が実施されないまま手続が放置されるケースは減少し、最終的に債務者に送達されるか、差押命令が取り消されるかのいずれかの形で手続が終了することが促されることになる。

(3)　差押命令が取り消された場合の影響

差押命令が取り消された場合、改正民法下でどのように取り扱われるかについては検討を要する。改正民法では、「強制執行」には時効更新効が認められるが（改正民法148条2項）、「強制執行」が「申立ての取下げ又は法律の規定に従わないことによる取消し」によって終了した時は、6カ月の時効完成猶予効のみが認められ（同1項）、時効は更新されない（同2項ただし書）。そのため、改正民事執行法145条8項に基づく差押命令の取消しが「法律の規定に従わないことによる取消し」に該当するかが問題となる。この点、同じく民事執行法の改正により導入された差押債権者が取立ての届出等を行わない場合の差押命令の取消し（民事執行法155条6項）について、立法担当者は「法律の規定に従わないことによる取消し」に該当しないとの見解を示しており[10]、同法145条8項に基づく取消しも同様に考

えられるものと思われる。民事執行法上、差押命令が取り消される場面は多数存在することから、「法律の規定に従わないことによる取消し」の一般的判断基準[11]とともに、個別の取消事由の取扱いについて今後の検討課題となると考えられる。なお、参考判例としては、①最三判平11・4・27民集53巻4号840頁[12]、②水戸地判平7・7・10金法1447号55頁[13]、③東京高判平7・12・21判時1559号49頁[14]などが挙げられる。

　仮に「法律の規定に従わないことによる取消し」に該当しないと解釈する場合、差押命令が取り消されたとしても時効更新事由に該当するため、差押債権者としては、時効との関係においては差押命令が取り消されることのデメリットはない。この点で、

債務者の所在不明の場合などにおいて、債務者への送達が十分に促されるかについては課題も残るものと考えられる。

　なお、申立てを取り下げることを検討する場合には、取消しとなれば時効更新事由に該当するのに対して、取下げの場合には時効完成猶予の効力しか認められない（民法148条1項）という効果の違いもふまえたうえで、いずれを選択するかの判断を行う必要がある点に留意が必要である（上記東京高判平7・12・21参照）。

（はら・えつこ）

---

1)　本判決に関する評釈として、石田剛・判批・法教472号（2020年）135頁、茂木明奈・判批・法学セミナー784号（2020年）121頁、大久保邦彦・判批・重判令和元年度（ジュリ臨増1544号）（2020年）64頁、浅井弘章・判批・銀行法務21・849号（2020年）66頁、香川崇・判批・新判例解説WATCH 26号（2020年）103頁、岡田好弘・判批・新判例解説WATCH 26号（2020年）161頁、大久保邦彦・判批・民商法雑誌156巻2号（2020年）57頁、川島四郎・判批・法学セミナー786号（2020年）123頁。

2)　伊藤眞ほか編『条解民事執行法』（弘文堂、2019年）1260頁〔下村眞美〕、園部厚『民事執行の実務（下）』（新日本法規、2017年）296頁。

3)　きんざい編『民事執行法の改正に関する中間試案』（金融財政事情研究会、2017年）74頁。

4)　園部・前掲注2)132頁、香川保一監修『注釈民事執行法〈第5巻〉』（金融財政事情研究会、1985年）238頁〔近藤崇晴〕、最高裁判所事務総局民事局編『条解民事執行法規則〔第4版〕下』（法曹界、2020年）473頁。

5)　最二決昭50・11・21民集29巻10号1537頁、最二判平8・7・12民集50巻7号1901頁、最三判平7・9・5民集49巻8号2784頁、最二決平14・10・25民集56巻8号1942頁、最三判平18・11・14民集60巻9号3402頁など。

6)　ボアソナードは債権執行の場面を例として想定していたとされる。川島武宜『民法総則』（有斐閣、1965年）496頁、金山直樹・判批・判例評論428号39頁。

7)　法典調査会速記録5巻7頁。なお、磯部四郎委員も、債権者側の事情にも配慮しつつ、差押を行っただけで中断がされるとなると、時効の利益を受ける者にとっては大変な迷惑である旨の発言をしている（同13頁）。これに対しては、箕作麟祥委員は、債権者が権利行使の意思を立派に第三者に発表した以上は、仮に債務者が知らなくても時効中断の効力が生じるということは当然のことであるとして、本条の削除提案をしている（同6頁、11頁）。

8)　川島武宜『民法総則』（有斐閣、1965年）496頁、幾代通『民法総則〔第2版〕』（青林書院、1984年）576頁。

9)　星野英一・判批・法協94巻3号（1977年）422頁、本件第一審判決（民集73巻4号450頁）参照。

10)　内野宗揮編『Q&A令和元年改正民事執行法制』（金融財政事情研究会、2020年）362頁。なお酒井廣幸『〔民法改正対応版〕続時効の管理』（新日本法規、2020年）150-153頁も参照。

11)　法律上の障害と事実上の障害で区別する見解（上野隆司ほか『《座談会》不動産競売と時効管理をめぐる実務上の留意点』金法1469号（1996年）34頁〔山野目章夫発言〕、権利の強制的実現が許されない場合か否かを基準とする見解（「シンポジウム『民事執行手続と消滅時効の中断効』」金融法研究15号（1999年）17頁〔伊藤眞発言〕、金山直樹「民法154条をめぐる解釈上の諸問題——差押等の取消をめぐって」『時効における理論と解釈』（有斐閣、2009年）〔初出1999年〕396-412頁）などがある。判断基準に関する学説の状況については、考橋宏・最判解説平成11年度17事件428頁の分類を参照。

12)　執行力のある債務名義の正本を有する債権者が配当要求をした後に不動産競売の申出債権者が追加の手続費用を納付しなかったことを理由に競売手続が取り消された場合、右配当要求による時効中断の効力は「取消決定が確定するまで継続」するとしたもの。「取消決定が確定するまで継続」の意味につき、考橋宏・最判解説平成11年度17事件428頁は時効中断事由に該当すると解釈しているが、反対の見解もある（同注39参照）。

13)　不動産競売手続が無剰余を理由に取り消された場合について改正前民法154条の適用を否定し、時効中断の効力は消滅しないと判断したもの。

14)　差押えの目的物の売却の見込みがなく民事執行法130条により執行官が差押えを取り消すことができる場合であったが、執行官の要請に基づき申立人が動産執行の申立てを取り下げた事例。傍論において、執行官が取り消していれば時効中断の効力は消滅しなかったと述べつつ、本件では申立ての取下げにより消滅時効の時効中断の効力は消滅すると判断。ただし消滅時効の援用が権利濫用に当たるとして救済している。

担保 「評価上の法定地上権」概念の機能と、限界

横浜地判令元・10・30
平30(ワ)4603号、不当利得返還請求事件
判時2444号3頁

加藤雅信 名古屋学院大学教授

現代民事判例研究会財産法部会担保パート

●——事実の概要

【前提事実】　Xは、本件土地を所有しており、その上にはXとその子Yの持分割合1対99の本件共有建物が建築されていた。なお、Xの土地に対するYの利用権限は、使用借権であった。

Aは、本件土地・建物に抵当権の設定を受け、それはXとYとを連帯債務者とする貸付金債権を被担保債権としていたが、その弁済が滞ったため、Aの申立てにより担保不動産競売手続が開始された。

この競売手続においては、「評価上の法定地上権」概念を前提としたうえで、土地・建物のそれぞれの価格が評価された（土地は9000万円余、建物は1300万円余、「法定地上権」の価値は、土地価格の65%の5900万円とされた）。その後、本件土地・建物とは一括して同一の買受人に売却され、Aへの配当後の剰余金がXとYに分配された。その分配額は、「法定地上権」が存在することを前提として、土地と建物への「割付け」の割合比率を計算した売却代金交付計算書にもとづいて算定された。具体的には、土地も保有していたXは2900万円余、建物の共有者Yは6500万円余を受領した。

【執行異議の申立てと、執行裁判所の決定】　Xは、売却代金交付計算書の計算方式を問題視して執行異議を申し立てた。その理由は、Yの土地利用権が使用借権であることを前提として分配されるべきであるという点にあった。執行裁判所は、「本件売却代金交付計算書に記載された申立人（X）に交付すべき剰余金の金額に誤りはなく、その交付手続に何ら違法な点はない」として、申立てを却下した。

【本件訴訟の提起】　Xは、あるべき剰余金の分配額——Yの利用権限は使用借権であることを前提として計算した剰余金の分配額——と執行裁判所による分配額の差額を不当利得であるとして返還請求する本件訴訟を提起した。

●——判旨

請求認容

「共有建物とその敷地（単独所有）が一括売却される際、実体法上の土地利用権は使用借権であるが、担保不動産競売手続の評価上は法定地上権が成立すると扱われて売却基準価額が定められた場合に、弁済金交付手続において、同売却基準価額に応じて売却代金を案分する売却代金交付計算書に基づいて剰余金が分配されたところ、土地所有者兼建物共有者の受領した剰余金が、実体法上の土地利用権を前提として売却代金を案分するとしたときの額よりも少ない場合には、土地所有者兼建物共有者は、その差額を受領した他の建物共有者に対して不当利得返還請求をすることができる」。

●——研究

1　はじめに

本判決において、不当利得の要件たる「法律上の原因なく」の判断内容をなすのは、「評価上の法定地上権」の成否であった。

本件のように土地が単独所有・その上の建物が共有である事案につき、判例は、その土地に設定された抵当権が実行されて第三者がその土地を買い受けたときは、「民法388条の趣旨により、抵当権設定当時に同人が土地および建物を単独で所有していた場合と同様、右土地に法定地上権が成立するもの」としており[1]。また、執行実務もそれを踏襲して「評価上の法定地上権」の成立を認めている[2]。本件の執行裁判所も本判決も、これを前提として判断した。

しかしながら、本件建物は、形式的には共有であったが、その持分割合は99対1であり、実質的には、Yの単独所有にかぎりなく近いものであった。この実質に着眼すれば、土地と建物とが「同一の所有者に属する」（388条）という要件をみたしていない

ので、「法定地上権」の成立の余地はない。しかも、Yが本件土地に有しているのは「使用借権」という経済的価値を欠く権利であった。研究会では、本件は、このような「実質単独所有」構成にそくして処理されるべきとの意見が多く、筆者も同感である。

ただ、執行裁判所も本判決も、あくまで本件建物は共有として、法定地上権の成立を前提とする判断を行っている。そこで、以下では、建物が共有の事例において検討されるべき問題として、「評価上の法定地上権」概念とその適用限界について叙述を進めることにしたい。この点こそが、今後の執行実務に資するところが大きいと思われるからである。

なお、本判決は、競売手続の正当性と不当利得との関係という点でも注目すべきであるが、紙幅の制約から触れることができない。

2 「評価上の法定地上権」概念と、その必要性

(1) 「評価上の法定地上権」とは何か

法定地上権についての民法388条の要件のうち、"競売の結果、土地と建物とが「所有者を異にするに至った」こと"が不充足の場合にも、執行実務では「評価上の法定地上権」という擬制的な概念が用いられてきた[3]。それは、(2)～(4)に述べる3つの場合に有用だからである。

(2) 手続開始段階での「一括売却」の可否の判断

共同抵当が設定されている場合、抵当権の対象となった土地・建物等の複数抵当物件の一括売却をなしうるか否かの判断のためには土地・建物等の複数物件の個別の買受可能額を評価する必要がある。なぜなら、「一括売却」を定めた民事執行法188条が準用する61条により、担保不動産競売開始決定がされた数個の不動産のうちの一部のものの「買受可能価額で各債権者の債権及び執行費用の全部を弁済することができる見込みがある場合」には債務者の同意がないかぎり一括売却はできないからである。

すると、土地と建物とに共同抵当が設定されている場合には、個別売却がなされたと仮定した場合の「建物買受価格」と「土地買受価格」の評価をする必要が生じる。このように、個別売却の可能性を探る以上、法定地上権の成立を前提とし、「建物価格＋法定地上権価格」と「土地価格－法定地上権価格」を観念せざるをえなくなる[4]。

(3) 土地と建物の抵当権者が別人の場合の配当計算

前記の売却準備段階における手続上の必要性に加えて、その後の配当段階における実体的な必要性として、配当額の計算でも「評価上の法定地上権」の概念が必要となる場合が2種ほどある。その第1が

「土地と建物の抵当権者が別人の場合」である。

民事執行法86条2項前段は、本件のように、不動産の一括売却がされた場合において「不動産ごとに売却代金の額を定める必要があるときは、その額は、売却代金の総額を各不動産の売却基準価額に応じて案分して得た額とする」と定めている。競売によって土地と建物の双方を同一人が所有することになったときでも、土地と建物それぞれに別人の抵当権が設定されていた場合には各抵当権者に配当すべき額を確定させるため、土地価格のうち法定地上権の価額分は、建物価額とともに建物抵当権者に配当し、土地抵当権者には法定地上権分を除いた底地価額しか配当ないという扱いが必要となる[5]。

(4) 共同抵当目的物に事後的に利害関係人が現れた場合の配当計算

① 後順位担保権者

さらに、共同抵当の対象となっている土地や建物に後順位抵当権が設定されており、その後順位抵当権者への配当額を考えるさいにも、「評価上の法定地上権」を観念しないと配当額の計算ができない。山田論稿は次の例をあげる[6]。

土地の建物の所有者が土地と地上建物に共同抵当権（いずれも第1順位）を設定し、その後に、土地と地上建物のそれぞれに第2順位の抵当権を設定した。第1順位の共同抵当が実行されて、かつ、一括売却がなされたときには、第1順位の共同抵当権者は、土地と建物双方の所有者となるので、「法定地上権」等の建物にとっての土地利用権を必要としない。また、「各不動産ごとに売却代金の額を定める」いわゆる割付けの必要もない。しかしながら、土地の第2順位の抵当権者と地上建物の第2順位の抵当権者の配当金額を決定するためには、土地の売却代金と地上建物の売却代金とを確定する必要がある。

② 後順位担保権者以外の利害関係人

上記の事例に加えて、共同担保物件の「差押え後に土地と建物いずれか一方のみについて仮差押えに基づく配当要求がされ」た場合にも、「評価上の法定地上権」を観念して配当額を決定する必要がある。これらの状況に対処するためには、「配当の基礎となる配当資源の案分比率を求めておく」必要があることが指摘されている[7]。

この場合のみならず、抵当物件の持分譲受人が現れた場合等にも、「評価上の法定地上権」概念が用いられる必要がある。

3 「評価上の法定地上権」概念の適用限界

(1) 本件事案の検討

本件でも、2(2)で述べたように、売却準備手続

の段階で、共同抵当物件について一括売却をすべきか、それとも個別売却の可能性があるかを確定するために、土地と建物のそれぞれの価格を算定し、「建物価格＋法定地上権価格」と「土地価格－法定地上権価格」を計算すべきことは、もちろんである[8]。

しかしながら、その後の配当手続においては、2(3)(4)で述べたような状況は存在していなかった。本件では、競売の結果、剰余金が発生し、土地と建物の所有者間でその分配を考えるという問題だけが残ったにもかかわらず、執行裁判所は、漫然と、「評価上の法定地上権」を前提として、その土地と建物の所有者間での剰余金の分配額を算定した。

この剰余金は、建物所有権と土地所有権の価値変形物にすぎない。したがって、債権者への配当がなされた後の剰余金は、当然のこととして、所有権者に属するものなので、――架空の権利でしかない「評価上の法定地上権」抜きに――土地と建物の価値にそくして分配すべきであったところ、執行裁判所は、「売却代金交付計算書の作成」の段階と執行異議の申立てに対する「執行裁判所の決定」の段階の二度にわたって判断を誤ったのである。

(2) 「評価上の法定地上権」論・私見

上記の(1)の考え方に対して、研究会では疑問を呈する向きも多かったので、以下で簡単な設例でこのように考えることのメリットを示しておきたい。

A所有の土地（価値1000万円）のうえに、AとBが500万円ずつ出し合って建物を建築し、共有とした（この段階では、AとBとの保有財産[9]の価値比率は、3対1となる）。そのさい、AとBは銀行から1000万円を借り入れ（負担部分が同一の連帯債務）、その担保として土地と建物に共同抵当を設定した。借入金の弁済がまったくなされなかったので、銀行は抵当権を実行した。そのさい、執行裁判所は、「一括売却」をすべきか否かを判断するために、土地・建物の複数物件の個別の買受可能額を評価する必要があったので、「評価上の法定地上権」を a 円として算定した。

【ケース1】 土地と建物とが2000万円での一括売却となり、銀行が1000万円の配当を受けたとすると、AとBとは剰余金の総計1000万円の交付を受けることになる。それぞれへ交付額は a 円がいくらかによって異なるが、法定地上権価格が更地価格の8割だとAが550万円でBが450万円、6割だとAが600万円でBが400万円となる。競売前の保有財産を考えると、Bは、積極財産と消極財産がプラスマイナス・ゼロの状況であったのに、競売後にはかなり大きな財産額を取得する。まさに、無か

ら有が生じたわけであるが、それは、Aの出捐によるものであった。執行裁判所が、この利害変動を強制することになる。このような状況のもとでは、かりにBがあくどく振る舞おうとすれば、意図的に競売に持ち込む事態も生じかねない。

これを防ぐためには、「評価上の法定地上権」概念の射程を、2に述べた、①「共同抵当物件の売却準備手続段階」と、②「配当段階での所有者以外の利害関係人の保護」に留め、③「競売の結果、剰余金がでた場合の交付額の計算は、原所有者の当初の財産額比率によるべきである」、④「執行手続によって原所有者間での『実体的権利変動』、『実体的利益変動』を起こしてはならない」というのが、本稿の基本的な主張である。

【ケース2】 a 円が一定より高額である場合には、建物価格が債権額を上回るので、通例であれば、執行裁判所は、建物のみの売却が認めることになるであろう。競売の結果、建物が1000万円＋ a 円で売却され銀行は1000万円の配当を受けたとしよう。

この場合、AとBとは剰余金 a 円の1／2ずつの交付を受けることになる。競売前の保有財産を考えると、この案件については、Bは、積極財産と消極財産がプラスマイナス・ゼロの状況であったのに、競売後には1／2 a 円の財産額を取得する。この分は、無から有が生じたことになる。

他方、Aは、建物の買受代金から1／2 a 円の交付を受けるものの、競売の結果、土地の価値が1000万円－ a 円となっているので、差し引き1／2 a 円の損失をこうむった状況にある。

この事例における a 円の発生は、元来使用借権であったBの土地利用権限が競売の結果法定地上権に転化したことにある。要するに、建物価値の増加額 a 円は、実は a 円の価値を失った土地所有権の価値変換物なのである――言い換えれば、（使用借権という無償の権利を度外視すれば）【「完全な所有権」から「使用権能価値」が分離】したのが a 円である。そのうちの1／2 a 円がBのもとにあるので、Aはそれを不当利得として返還請求を求めることができる（「侵害利得」ないし「帰属法的不当利得」）。この請求が認容されれば、AとBとは当初の保有財産の価値の状況に戻ることになる（なお、【ケース3】の末尾の（　）内の仮差押えについての叙述参照）。

【ケース3】 【ケース2】だと、第1段階として競売がなされ、第2段階で不当利得返還請求権が行使された結果、AとBとの当初の保有財産の価値の状況の回復がはかられることになる。しかしながら、上記のように建物の競売のみで債権と執行費用の全

部を弁済できる見込みがあっても、債務者の同意があれば、執行裁判所は一括売却をすることが可能である（民事執行法61条）。執行裁判所が債務者の同意を得て一括競売をし、執行手続内で剰余金の交付をすれば、Aに1000万円、Bにはゼロの分配となり、結果として、AとBとは当初の保有財産の価値比率の状況に戻ることになる（なお、債務者の同意が得られなければ、【ケース2】の途しかないが、この場合には、Aは、自己のBに対する不当利得返還請求権を被保全債権として、Bの1／2α円の交付金請求権の仮差押え[10]をすることで、当初の保有財産の価値比率の状況の確保をすることが——執行手続に接着しつつ——可能となる）。

【ケース4】　以上のほか、①後順位担保権者が現れてその者に「評価上の法定地上権」を観念した配当を行う場合等、あるいは②（評価上ではなく）現実の法定地上権が発生する事案等でも、土地と建物とで一方が単独所有・他方が共有で、かつ、共有者の一方が使用借権を有している事案一般について、剰余金が発生してA・B間の分配が問題となるときは、【ケース1】から【ケース3】に述べたような処理のいずれかがなされるべきである。

③なお、銀行が建物についてのみ競売申立てをした場合には、一括競売に移行する途はないが、それでも、【ケース2】の不当利得と仮差押えを用いるのであれば、Aの——当初の保有財産の価値比率の状況の確保をするかたちでの——権利確保が執行手続に接着しつつできることになろう。

以上が、この問題についての筆者の提案の概要である。実は、この枠組は、民法上の法定地上権をめぐる昭和46年判例の後始末規範としての意義を有するが、昭和46年判例の評価については、別の機会に改めて論じることにしたい。

4　本件事案と、判決の不当利得論

本件においては、競売前にYは1300万円余の建物の持分99％を有してはいたが、同時に相当額の借入金を抱えていた。ところが、執行裁判所の誤った判断の結果、競売後には、借入金がゼロになったのみならず6500万円余の現金が転がり込むという"タナボタ"状態となった。ただ、この"ぼた餅"は棚からではなく、Xの懐から出たのである。

執行裁判所がこれまで議論されていないむずかしい問題に直面したことは否定しないが、本件における執行裁判所の問題性は、Xが再三再四、問題があると指摘し続けたのにその声に耳を傾けることなく、形式的に安穏と「評価上の法定地上権」の一般図式を適用することで"事足れり"としたことであった。

本判決は、この剰余金の分配額の誤りを不当利得を根拠に是正した。結論それ自体はきわめて正当であり、紹介した判示内容も誤っているわけではない。

しかしながら、その判決理由は、「法律上の原因なく」の判断内容となるべき、以上に述べてきた構造を明確に示していないきらいがある。本件事案は、適用されてはいけない「評価上の法定地上権」概念が適用されて、それによっては基礎づけることができない財貨移転——剰余金の分配——がなされたので、その剰余金の分配には「法律上の原因」がなく、不当利得となる、という構造であった。

ただ、これを明示すると執行実務段階での問題性が赤裸々となるので、本判決は執行裁判所に配慮をしたのかもしれない。その配慮は多とするが、反面、本判決は、執行実務のあり方に対するメッセージ性を欠くことになり、今後もありうるかもしれない同種の誤った執行行為が続くおそれもある。そこで、問題の根を断ち切る法律論——「法律上の原因なく」の内包——を示すことで、あるべき執行実務を導出しうることを願って、本稿を発表する次第である。

（かとう・まさのぶ）

---

1)　最三判昭46・12・21民集25巻9号1610頁。
2)　東京地裁民事執行実務研究会編『改訂不動産執行の理論と実務（上）』（法曹会、1999年）280頁以下参照。
3)　全国競売評価ネットワーク監修『競売不動産評価の理論と実務〔第2版〕』（金融財政事情研究会、2015年）46頁。
4)　相澤眞木＝塚原聡『民事執行の実務　不動産執行編（上）〔第4版〕』（きんざい、2018年）483頁。
5)　石田剛＝武川幸嗣＝占部洋之＝田髙寛貴＝秋山靖浩『民法Ⅱ物権〔第2版〕』（有斐閣、2017年）262頁（田髙執筆部分）。
6)　山田誠一「土地と地上建物に共同抵当権が設定されその両者が一括売却された場合における評価上の法定地上権の成否」星野追悼　日本民法学の新たな時代（有斐閣、2015年）358頁。
7)　東京地方裁判所民事執行センター実務研究会『民事執行の実務　不動産執行編（上）〔第3版〕』（金融財政事情研究会、2012年）381頁。
8)　相澤＝塚原・前掲注3）引用『民事執行の実務　不動産執行編（上）〔第4版〕』483頁。
9)　ここでのBが保有する建物の財産価値は、土地の使用借権を前提とする価値である。この建物が競売その他によってCのものとなったときは、同じ建物が法定地上権付きのものとして評価され、Cのもとでは建物の財産価値がはねあがることに留意されたい。この点の建物財産価値の差がいかなる法律問題を引き起こすかが、本稿のこの後の分析内容となる。
10)　ただし、紙幅の制約から詳論することを得ないが、ここで仮差押えを認めるさいに、この種の事案が常に民事保全法20条の"強制執行不能"ないし"著しい困難"の要件を充足しているのかが問題となる。Bに財産隠匿の可能性がない場合やじゅうぶんな資力が認められる場合には、この要件は形式的には充足されない。しかしながら、この事例のように、被保全債権と仮差押えの対象債権の間に密接な関連性が認められる場合には、この要件を緩和する解釈をとることが適切である、と考える。

不動産 現代の掘削技術により湧出させた温泉に慣習法上の物権としての温泉権は成立するか

東京高判令元・10・30
平31(ネ)304号、損害賠償請求控訴事件
金判 1587 号 22 頁
第一審：東京地判平 30・12・12 金判 1587 号 31 頁

田中淳子 愛知学院大学教授

現代民事判例研究会財産法部会不動産パート

●——事実の概要

本件土地・建物（以下、「本件不動産」とする）は、平成 16 年 4 月に A が競落して所有者となり、地上建物を B に賃貸し、B が旅館を経営していた。同年 7 月には、A が C 信託銀行に本件不動産を信託譲渡し、A が信託受益権者となったが、信託受益権は同日 A から D 信託銀行に譲渡された。地上建物（以下、「本件建物」とする）は、C が D に賃貸し、D が B に転貸した。B が、同年 10 月までに 1 本目の温泉①を地下 150 メートル掘削し湧出させた。平成 17 年 3 月に A が B を吸収合併し、A が本件建物の新転借人として旅館の経営を始め、A も平成 18 年 3 月までに 2 本目の温泉②を地下 379 メートル掘削し湧出させた（以下、温泉①②を「本件温泉権」とする）。その後、A は、平成 21 年に民事再生手続開始決定を受け、同年 8 月に再生計画認可決定が確定した。A の再生計画に基づく債務の履行は、3 回目の弁済期（平成 22 年 12 月）までなされたが、4 回目の弁済期（平成 23 年 6 月）以降の履行が困難となり、同年 6 月から 7 月にかけて、再生手続廃止決定と破産手続開始決定を受けた。X は、A が同年 2 月に本件温泉権を E 会社（X 会社の代表者が全額出資して再生手続開始決定のあった平成 21 年 1 月に設立した会社）に代物弁済し、その翌月である同年 3 月に E から物弁済により取得したと主張している。

他方、本件不動産の所有権は、平成 23 年 12 月に信託財産の引継ぎにより C から D に移転した。D は、A による本件建物の賃料不払のため平成 23 年に本件建物の明渡請求訴訟を提起して勝訴し、平成 26年 2 月、強制執行により A から明渡しを受けた。その後、D は、平成 28 年 8 月に本件不動産を Y に売却した（以下、「本件売買契約」とする）。Y は、翌平成 29 年以降、本件建物で温泉旅館を経営し、B・A が掘り当てた本件温泉の利用を続けている。そこで、X は、Y に対し温泉権の確認と温泉の無断使用に対する不法行為に基づく損害賠償を求めた。

一審（東京地判平 30・12・12 金判 1587 号 31 頁）は、X 主張の明認方法（動力装置に用紙貼付）について本件売買契約時の公示機能の存否が不明の場合は第三者に対抗し得ない（最一判昭 36・5・4 民集 15 巻 5 号 1253 頁）とし、他の主張[1] も含め全部棄却した[2]。そこで X は、(1) 多額の資本投下による源泉掘削行為は温泉権の発生原因となり、本件温泉の「地域」に慣習（法）も存在する、(2) 慣習法上の温泉権の明認方法は、送湯管設備等温泉の事実的支配の他の種々の徴表を総合して判断すべきとして控訴した。

●——判旨

控訴棄却［確定］

(1) 温泉権の成立と法的性質について 「温泉を湯口から採取して利用する権利は、湧出地の土地所有権の権利の内容の一つに含まれ、土地所有権とは別の独立した物権としては成立しないのが原則である。通常は、湧出地の土地所有者以外の者が温泉を利用する権利は、債権的法律関係により形成される。<u>例外的に温泉権が所有権とは別に物権として成立するのは、温泉権を湧出地の所有権とは別の独立した物権として認める慣習法が成立している地域に限られる</u>」。

（2）　人工掘削による温泉権の成立と法的性質について「現代の高度な掘削技術をもって何十メートルも地下を掘削し、新たに湧出させた温泉については、原則として、慣習法上の温泉権を掘削地の所有権とは別の物権として成立することは、ない」。温泉を湧出させるため「多額の資本投下をした」者、「当該土地について無権利者」や「土地所有者から温泉掘削の承諾を得ていた者……」も、掘削により温泉を掘り当てれば当然に物権としての温泉権を原始取得するものではない。……慣習法の成立が肯定されない限り、土地所有権と離れた物権としての温泉権は認められず、温泉を利用する権利は、土地所有権の一内容をなすものとして湧出地の所有者に帰属し、それ以外の者は、土地所有者から債権的に温泉の利用を許されるにすぎない。」（下線引用者）

●──研究

1　はじめに

　本判決は、温泉湧出土地の所有者以外の者が温泉を利用する権利（以下、「温泉権」[3]とする）が土地とは別に独立した物権として成立するには、(i) 慣習法が成立している「地域」に限定され（以下、「慣習法成立地域基準」とする）、(ii)「人工掘削」により新たに温泉を湧出させた場合も (i) と同様とし[4]、温泉の利用は原則、「債権的」な法律関係によるとした。本判決の (1) が前提とする温泉権[5]は、明治以前の村落内に自然に湧出している温泉を共同体員が内部的規制により総有的に所有・利用する場合であり、(2) は、経済取引を前提に近代所有権を中心とする法体系の下で資本を投下し現代的な掘削技術を用いて新たに温泉を湧出させ、個人所有権的な温泉に対する支配権に基づき利用する場合であるといえる。学説は、(1)(2) が前提とする背景の相違は認める[6]が、温泉権が地盤所有権とは別個の権利であり[7]、この相違により温泉権の成否を区別すべきでないとする[8]。判例も、基本的には学説と同様であるが、(2) の場合に、慣習法の存否ではなく、「源泉に対する多額の資本投下により、源泉権が地盤の価値以上に高度の経済価値を有する独立の取引客体として社会的に観念されている」ことを理由に温泉権を「物権的な権利」として肯定した裁判例（後出判例番号⑧）があり判断基準が分かれていた。温泉

権は、土地とは別の財産として売買や担保等に供される[9]。今後、温泉権をめぐる問題の多くは (2) が前提とする事例であることから本件事案が取引実務に与える影響は少なくない。温泉権の私法上の立法化[10]も検討されたが、地域性、慣習性が強く、権利内容も多様であり公示等を含め制度化が困難であり、今なお私権の法律関係を規律する直接の規定を有さない[11]。本稿では、温泉権の成否を「慣習法成立地域基準」により判断した本判決を素材に、現代における温泉権をめぐる問題解決の在り方について検討する。

2　温泉権の成否の判断基準の理論的変遷

　学説・判例ともに物権法定主義（民法175条）の例外として温泉権を慣習法上の物権と認める[12]。その権利が「物権」ないし、「物権的」権利（土地と分離した排他的な支配権）であること主張するため、第三者に対し表示（公示）しなければならない。それが取引対象であれば（果実や立木同様）慣習上の公示方法、対抗手段が存在することが多い。この点から当初判例は、慣習法の存在と明認方法の具備により判断する立場（[第一期]）により①大判昭15・9・18民集19巻1611頁を判断した。特に①は明認方法について、(a) 温泉組合・地方官庁の登録（①は和解したため肯・否不明。②大分地判昭32. 2・8下民集8巻2号241頁、③大分地判昭36・9・15下民集12巻9号2309頁は否定）、(b) 立札、(c) 標識、(d) 温泉所在土地の登記の可能性を示唆した。その後、同時期（昭和43年頃）に提唱された温泉権の管理・支配事実の存在を重視する学説[14]の影響を受け、源泉権者が温泉の採取・利用の施設を管理する等の客観的事実により温泉権を原始取得し、その客観的事実の存在が権利を公示していると解し第三者にも対抗できる立場（[第二期]）が中心となった。学説は、①が示した明認方法に対し (a) は目的からして権利の実態を反映しておらず、(b)、(c) も明認方法として不十分とし、票札や建築物等の存在[15]、温泉組合等への登録[16]、「源泉から現実利用箇所まで温泉を移動させるための導管やタンク等の施設」等による温泉権の管理・支配の維持継続の事実の存在[17]が必要だとした。これを受けて判例も④山形地判昭43・11・25下民集19巻11〜12号731頁が、送湯管を設置し、保養所に引き湯して利用している

ことから温泉権の独立的・直接的な利用実態が外形的に認識し得る客観的状態にあるとし、慣習法上の（用益）物権として温泉権の成立を認めた（なお④は、利用権者等が変更しても権利関係が覆滅されない旨の契約条項がある事案）。同立場として⑤東京地判昭45・12・19下民集21巻11=12号1547頁（温泉の採取・利用・管理のための複数の施設設置（ポンプ小屋は既登記）により温泉を管理していた事案）、⑥高松高判昭56・12・7判時1044号383頁は引湯管敷設と旅館営業、高額の担保権設定等から管理支配の客観的事実があるとされた事案）。

3　「人工掘削」事例

本件のような人工掘削事案は、前出⑤（ポンプ室、鉄骨製温泉槽設置し人工掘削）のほか、⑦東京地判昭54・12・17判タ415号128頁は96メートル掘削、⑧仙台高判昭63・14・25判タ676号109頁は、133メートル掘削後、さらに274メートル深堀、⑨東京地判平15・11・21 LLI/DBL05834810は、960メートル掘削した事案がある。肯定例は2件（⑤⑧）。⑤は、慣習法成立地域基準と客観的事実の存在を理由に判断したが、⑧は掘削者が土地所有者である。債務担保（数十万円）のため湧出部分（一坪）を分筆・移転登記した後、人工掘削（数億円投資）し、温泉を建物（登記済）で排他的に利用する等の明認行為が存在する（掘削者は源泉の一坪登記権者に温泉権を対抗可能とした[18]）。また⑧の地域は自然湧出温泉(先祖代々利用）のほか掘削、機械揚湯温泉が存在し、旅館等35軒で利用しており慣習法の存在が肯定できる事案でもあった。それでも⑧は、慣習法成立地域基準ではなく、地盤とは別個の取引対象として社会的に観念されている権利か、その権利の存在が明示されているか等、具体的諸事情を総合的に判断し温泉権者を保護した点から⑤に近い事例である。成立否定事例も2件（⑦⑨）あり、⑦⑨[19]共に慣習法の不存在を理由としたが、⑦は無許可掘削事案、⑨は仮装譲渡事案であり、排他的利用権を取得していない。いずれも慣習法の存否のみで判断したものではない。

4　本件の事案的特色

Xは一審において明認方法の具備により「温泉権」（「慣習上」ではない）が成立し、第三者にも対抗で

きる立場（[第二期]）を主張した。そのため一審判決は慣習の存否を判断せず明認方法の存否のみで判断した[20]。個別の明認方法の存在を否定されたXは控訴審において、これまで判例が示した慣習法上の温泉権成立要件（[第一期]、[第二期]と事案的共通性から⑧の立場）を可能な限り主張した。これに対し裁判所は、慣習法の存否（[第一期]）を基準に判断した。掘削者の温泉利用が建物転貸借契約に基づくこと（しかもAの債務不履行により債権関係消滅）で、⑧とは異なり、地盤と別に取引される社会的に観念される権利が存在していないという事案的特色（その他、温泉権の担保価値は「零」、Xへの譲渡の時期から執行妨害の疑い等）が考慮されているといえよう。したがって、[第二期]の延長線上にある⑧の立場を否定したものではないといえる[21]。本件は、むしろ⑦⑨の事案に近く、しかも温泉施設が少ないことから慣習法が存在しない地域と評価し易く[22]、温泉権否定の結論を[第一期]の立場により抵抗なく導けた事案であったといえる。

5　近時の学説の動向

一般的に、物の現実的支配の事実によって権利性を帯びるが、この物権的特質が直ちに「物権」（債権と峻別された）と同一の効力を有するものではない[23]（温泉の引湯の場合⑩大分地判昭29・6・28下民集5巻6号985頁は、利用実態・温泉組合備付台帳への記載が存在するが20年の期限付きの場合は対人的な温泉配給請求権としたが④では引湯権に処分性が認められ用益物権の成立を認めた等)[24]。近時の学説として、温泉権の保護は「物権」であることが前提ではなく[25]、使用実態等から事実的契約関係の成立の問題として処理し、地域性・慣習性は判断材料として考慮し、債権関係の規定により解決する[26]等、事案的特色に配慮し実態に適合する解決を求める立場[27]が注目される。

6　本判決の意義

本判決は、慣習法上の物権としての温泉権は判旨(1)が前提とする背景の中で例外的かつ限定された地域でのみ成立することを確認し、判旨(2)の成立否定事案（無権利者や債権的利用権者）の例示により、[第二期]に乗じた主張（⑦⑨や本件）を今後封じ易くしたことに意義がある。温泉の管理・利用権の

保護は、債権的利用関係の成立如何の問題と捉える(2)に、近時の学説の影響を見る。仮に⑧が一、二本しか源泉がない地域の事案の場合、本判決の立場を形式的に適用すると温泉権の主張が封じられてしまう。土地とは独立の取引客体として「社会」的に観念されている「権利」であれば慣習法の成立する地域如何にかかわらず法的性質に応じた保護が認められなければならない。地域慣習の存否は温泉権の法的性質を判断する際の考慮要素のひとつとして位置づける解決枠組みが求められよう。

（たなか・あつこ）

1) Xは、Yが本件売買契約時に「E等による温泉湯口権の所有権主張の可能性あり」との事情を認識し購入しているため背信的悪意者であると主張。
2) 引用判決から、一審は、明認方法が不完全な対抗要件であるため、権利者による公示の維持に帰責性があれば対抗力消失の不利益を負わせる立場といえる（この点について伊藤栄寿「明認方法」『民法百選 I 総則・物権〔第 7 版〕』（2015 年）126 頁）。
3) 本件温泉権は、「温泉地から湧出する温泉を湯口から直接採取して排他的に支配・利用する物権であり、温泉専用権又は湯口権」である。なお、「温泉の利用・採取の諸施設を管理支配する権利、これらの権利を処分（譲渡・担保）する権利」も含むとするのが川島武宜「温泉権に関する基礎的諸問題」『川島武宜著作集第 9 巻　慣習法上の権利 2』（岩波書店、1986 年）543 頁。
4) 本判決の評釈として、宮崎淳「判批」『新・判例解説 Watch 民法（財産法）』NO.6（2020 年）79 頁は、昭和 40 年前は、慣習法の存否により温泉権の存否が判断され、その後は慣習の存否につき審理することなく温泉権の成否を判断し、控訴審は前者、原審は後者の立場に立つと分析。その他、金判 1587 号（2020 年）22 頁の無記名解説がある。
5) 判決では「地表又はその近くに自然に湧出し、たいした地下掘削工事もせずに……明治時代の民法施行後に、温泉利用権の地域慣習法上の取り扱われ方が、債権的構成によるよりも、物権的構成による方がふさわしい」（前出注 4）金判 29 頁）と説示した。
6) 川島・前出注 3)302 頁以下、中尾英俊「物権法定主義」星野英一他編『民法講座第 2 巻物権 (1)』（有斐閣、1984 年）9 頁以下、七戸克彦「物権法定主義」『慶応義塾大学法学部法律学科開設百周年記念論文集法律学科篇』（慶応義塾大学法学部、1990 年）609 頁以下。
7) 中尾・前出注 6)、中尾英俊「物権法定主義」川島武宜他編『新版注釈民法 (7) 物権 (2)』（有斐閣、2007 年）571 頁。
8) 鈴木正和「温泉権の担保取得と実務上の留意点」金法 1239 号（2007 年）16 頁。
9) 観光施設財団抵当法（昭和 43 年法律第 91 号）第 4 条 6 号の「温泉を利用する権利」の実務につき鈴木・前出注 8)。旅館施設との経済的一体性から温泉権に抵当権の効力が及ぶとしたのが東京地判昭 46・8・12 下民集 22 巻 7 ～ 8 号 854 頁、融資時に担保価値として温泉権が考慮されたのは⑥。
10) 温泉権を地盤から独立した権利とする登録制度を提案したのが川島・前出注 3)543 頁以下、前出注 7)『注釈民法』319・320 頁〔野村好弘＝小賀野晶一〕。
11) 物権法改正に伴い明認方法を改正した場合、温泉権への適用に慎重な立場を示すのが松岡久和「日本民法典財産法編改正　物権変動法制のあり方」ジュリスト 1362 号（2008 年）53-55 頁。
12) 近江幸治『民法講義 II 物権法〔第 4 版〕』（成文堂、2020 年）7-10 頁参照。
13) 松尾弘「物権法定主義」『民法百選 I 総則・物権〔第 7 版〕』（2015 年）97 頁。
14) 川島武宜『注釈民法 (7) 物権 (2)』（川島武宜編（有斐閣、1968 年）613 頁以下。
15) 武田軍治「地下水利用権論」（岩波書店、1942 年）220 頁。
16) 我妻栄・法協 59 巻 3 号（1941 年）503 頁。
17) 川島・前出注 14)640 頁以下。
18) なお、一坪でも源泉地所有者に無断で深堀した温泉に温泉権を認めた理由が不明確との批判は鈴木・前出注 8)19 頁。
19) ⑨の温泉は、周囲 10 キロメートルでは唯一。
20) 温泉権の成否の判断を留保せず判断すべきであったとするのが前出注 4）金判 24 頁。
21) 前出注 4) の評釈はいずれも本判決が⑧の考え方を否定したと分析する。
22) 本件は「国内有数の観光地であり、多数の宿泊施設が存在する地域（広島県離島）だが、温泉設備を有する宿泊施設は、Yが経営する施設を含め島内に 3 軒しか存在しない」とする。
23) 権利関係に応じた権能を認める立場として近江・前出注 12)10 頁。
24) 温泉の利用権限は事案的特色により異なるため温泉権一般としてこれを「物権」、「債権」のいずれかに押し込めて理解することは現実的でないとするのが川島・前出注 3)333 頁。
25) 大村敦志『基本民法 I 総則・物権総論〔第三版〕』（有斐閣、2007 年）274 頁。
26) 七戸・前出注 6) 609-612 頁。
27) 債権契約でも一定限度で対第三者効を認めるのが道垣内弘人＝須藤典明「物権法定主義」鎌田他編『民事法 I〔第二版〕』（日本評論社、2010 年）246 頁以下。

不法行為 1 インターネット上の記事掲載者に対する名誉毀損の訴えの提起が不法行為にあたるとされた事例
——N国党スラップ訴訟事件

千葉地松戸支判令元・9・19
平30(ワ)956号・令元(ワ)471号、損害賠償請求、
同反訴請求事件
判時2437号78頁

加藤雅之 日本大学教授

現代民事判例研究会財産法部会不法行為パート

●——事実の概要

　Xは、住所地である東京都江戸川区のマンションにおいて、インターネット上に動画を配信するなどしていたが、2018年3月に東京都立川市に住所を移転し、同年6月10日告示の立川市議会議員選挙に政党Aより立候補した（のちに当選）。一方、インターネット上にブログ等を掲載しているYは、政党Aに関するインターネット上の記事の中で、同党から立候補しているXについて、立川市に居住実態がほとんどない旨の記述（以下、本件記述）を掲載した。

　Xは、Yによる本件記述が公職選挙法に違反した立候補者であった事実を摘示することにより、Xの社会的評価を低下させ、Xの選挙運動の妨害と名誉を毀損するものとして慰謝料200万円の支払を求める損害賠償を請求した（本訴請求）。

　これに対して、Yは本件記述の内容は真実であるとしたうえで、Xが立川市に居住実態がないことを承知しており、本訴請求の理由がないことを分かっていながら、本訴請求をスラップ訴訟としてYに経済的負担を課することを目的として提起したものであり、Yに対して不法行為を構成すると主張して慰謝料、弁護士費用等122万円余を請求した（反訴請求）。

●——判旨

　本訴請求棄却、反訴請求一部認容（控訴[1]）
　1　本訴請求について
　判決は、Yによる記事がXの社会的評価を低下させる事実を摘示したものとしつつ、公職選挙法における被選挙権の要件にかかる事実の摘示であること

から、公共の利害に関する事実であり、もっぱら公益を図る目的によるものであることを認めた。そして、本件記述が真実であるか、真実であるものと信じたことについて相当な理由が認められる場合には、不法行為は成立しないとした。

　その上で、①X自身が配信する動画上で生活の実態は東京都江戸川区のマンションであるかのような発言を繰り返していたこと、②Xは、本訴請求の訴え提起後、裁判資料を持参しなかった上、Y提出の証拠を確認しないと陳述するなど、訴訟遂行に意欲的ではなかったこと、③XおよびX所属政党の党首が、本件訴訟についてスラップ訴訟であるという趣旨の動画を作成し、公開したこと、④Xは第3回口頭弁論期日後に本訴請求の放棄書を提出したが、Yからの反訴請求を受け、以後の口頭弁論期日において放棄書を陳述しなかったこと、および、⑤Xが第5回口頭弁論期日までに弁護士を選任することなく、同期日に裁判資料を持参することなく出頭したことを理由として以下のように判示した。

　「本件記述の真実性の立証を待つまでもなく、Yが、本件記事における本件記述を公開した当時、Xに立川市における居住実態がないと認識したことには相当な理由があったものと認められる。

　よって、Yに故意過失は認められず、Yの本件記述の公開においてXに対する不法行為の成立を認めることはできない。」

　2　反訴請求について
　「民事訴訟の訴え提起が相手方に対する違法な行為といえるには、当該訴訟において提訴者の主張した権利又は法律関係が事実的、法律的根拠を欠くものであるうえ、提訴者が、そのことを知りながら又は通常人であれば容易にそのことを知り得たといえるのにあえて訴えを提起したなど、訴えの提起が裁判制度の趣旨目的に照らして著しく相当性を欠くと

認められるときに限られるものと解するのが相当である。（最高裁昭和60年（オ）第122号同63年1月26日第三小法廷判決・民集42巻1号1頁参照）」

そこで、上記の事実（本訴請求に関する①〜⑤と同様）によれば、「Xは、Yが、少なくとも、本件記述を真実と信じたことについて相当な理由があることを知りながら、又は容易に知り得たにもかかわらず、あえて本訴を提起したもので、訴えの提起が裁判制度の趣旨目的に照らして著しく相当性を欠くものと認めざるを得ない。

よって、Xによる本訴提起は、Yに対する不法行為を構成するというべきである。」

以上より、Yの反訴請求を認め、Yの被った損害として、精神的苦痛に対する慰謝料のほか、弁護士報酬を含め78万5600円を認定した。

●──研究

1　問題の所在──スラップ訴訟とは

自己に不都合な言論を抑圧するために、勝訴の見込みがないにもかかわらず、もっぱら威圧目的でなされる訴訟を「スラップ訴訟」という。スラップ訴訟とは、アメリカ合衆国におけるSLAPP（strategic lawsuit against public participation）、すなわち市民の公的参加の妨害排除を目的とするための戦略的訴訟に由来する[2]。日本におけるスラップ訴訟の定義は確立していないが、主に被告の公共的・社会的活動を制圧し、萎縮効果を与えることを目的とした民事訴訟であり、原告の法的利益の適正な実現を図るという民事訴訟本来の目的から離れた不当な訴訟制度の悪用と位置付けることができる。スラップ訴訟には、住民運動を弱体化させるためになされるものや、本件のように言論活動を抑圧しようとするものがある。こうした訴訟は、その被告に対して多大な負担（応訴に伴う金銭的および心理的負担）を課すだけでなく、社会における自由な言論に影響を与える点で深刻な問題である。

本件は、原告側がスラップ訴訟である旨を公言し、訴訟の遂行にも消極的であったという極めて特殊な事例であり、本判決の結論自体に疑いの余地はない。また、理論的にもこれまでのスラップ訴訟とされる事例と同様に、最高裁判決の基準に基づき、訴えの提起が不法行為にあたるかを判断するものであり、目新しい判断ということはできないだろう。しかし、本判決は名誉毀損訴訟の形式をとるスラップ訴訟に対する理論的枠組みを検討する契機として、判例研究の対象たりうると考え、以下では主に解釈論上の

問題点を検討する[3]。

2　従来の裁判例
(1)　訴えの提起による不法行為の成否

法治効果において裁判を受ける権利は最大限尊重されなければならないことから、訴えの提起は原則として適法な行為である。裁判を受ける権利により、自己の権利ないし利益が不当に侵害されていると主張する場合、裁判所に対してその主張の当否の判断をなすことを要求しうるとされる[4]。しかし、訴訟の提起は被告にとって応訴の負担が生じることから、あらゆる訴訟提起が制約なく認められるのではなく、応訴の負担が不当であると判断される場合には不法行為の成立が認められる。

この点に関するリーディングケースが最三判昭63・1・26民集42巻1号1頁である。同判決の事案は、土地売買に際して行われた測量に誤りがあったために損害を被ったとする訴えの提起が不法行為にあたるとして損害賠償を請求した事案である[5]。最高裁は訴えの提起が不法行為を構成する基準を以下のように示している。

同判決は、訴訟の提起は「法治国家の根幹にかかわる重要な事柄」であり、「裁判を受ける権利は最大限尊重されなければならず」とした上で、「応訴者に不当な負担を強いる結果を招くような訴えの提起」は違法となることを示し、以下の判断基準を示す。

すなわち、「当該訴訟において提訴者の主張した権利又は法律関係（以下「権利等」という。）が事実的法律的根拠を欠くものである」という客観的違法要素と「提訴者が、そのことを知りながら又は通常人であれば容易にそのことを知りえたといえるのにあえて訴えを提起したなど」という主観的違法要素を相関的に評価し、訴えの提起が裁判制度の趣旨目的に照らして著しく相当性を欠くと認められるときに限り不法行為の成立が認められる。

その根拠として「訴えを提起する際に、提訴者において、自己の主張しようとする権利等の事実的、法律的根拠につき、高度の調査、検討が要請されるものと解するならば、裁判制度の自由な利用が著しく阻害される結果となり妥当でない」ことを挙げている。

このように昭和63年判決は「裁判を受ける権利」を尊重し、訴えの提起が限定的な要件の下で不法行為となることを示した。

(2)　スラップ訴訟に関する先例

スラップ訴訟とされる事例についても昭和63年

判決の基準に基づき、不法行為の成否が判断されている[6]。

①東京地判平13・6・29判タ1139号184頁は、宗教法人に対する損害賠償請求を提起した元信者とその代理人である弁護士の記者会見等によって名誉を毀損されたとして宗教法人から元信者および弁護士に総額8億円の損害賠償請求訴訟の事案である。判決は、名誉毀損訴訟について批判的言論を威嚇する目的をもって、到底認容されない不相当に高額な請求がなされたことを理由として違法性を肯定し、反訴請求を認容した（慰謝料100万円）。

また、②長野地伊那支判平27・10・28判時2291号84頁では、太陽光発電設備に関する住民説明会における反対派住民の発言が、太陽光発電設備業者の信用や名誉を毀損するものであることを理由に提起した損害賠償請求が違法なものであると認めた判決である。同判決は、最判昭和63年を引用した上で、反対派住民の発言に不当性を見出すことができないことから、これを違法と捉えて損害賠償請求をした原告は、通常人であれば容易にその主張に根拠のないことを知り得たといえるのにあえて訴えを提起したとして、不法行為の成立を認めた（慰謝料50万円）。

このように、上記の事例においては最高裁判決が示した基準を用いて、客観的違法要素と主観的違法要素の相関関係に基づき不法行為の成否が判断されている。その際、①判決では相当に高額な請求がなされている点や、②では一般に住民の反対運動に不当性を見出すことができない点などから、不当な訴えの提起であることを認定している。

（3）　スラップ訴訟固有の問題点

このようにスラップ訴訟についても、最高裁判決の基準に基づき違法性が判断され、不法行為の成立を認める裁判例もみられるが、いくつか問題点も指摘される。

まず、スラップ訴訟においては、最高裁判決が示す客観的違法要素、すなわち「提訴者が当該訴訟において主張した権利又は法律関係が事実的、法律的根拠を欠くこと」の立証が困難であることがあげられる。この点は、とくにスラップ訴訟が名誉毀損訴訟の形式でなされる場合に如実にあらわれる。以下で、名誉毀損の成立要件との関係から検討しよう。

また、これまでのスラップ訴訟に関する裁判例では認容される慰謝料金額が100万円前後であり、これが「極めて低い」という評価もされている[7]。スラップ訴訟が訴訟費用等に余裕のある経済的強者からなされる現実を踏まえると、低額な慰謝料ではこうし

た訴訟を防ぐ根本的な解決にはならず、また、被告側の負担に見合うものではない。

総じて、現行法の枠組みではスラップ訴訟に有効に対処するのは難しいことが指摘されており、抜本的な対策として、立法論として反スラップ法制の制定の必要性が主張されている。

以下では、本判決でも問題となった名誉毀損訴訟の形式によるスラップ訴訟の問題点を検討する。

3　名誉毀損訴訟によるスラップ訴訟の問題点
（1）　名誉毀損の免責法理──真実性・相当性の抗弁

名誉毀損による不法行為の成否を検討する上では、表現の自由との調整が必要になるところ、判例において以下の準則が確立している。

名誉毀損が成立するためには、対象の有している社会的評価の低下が存在することが必要である。その上で、事実の摘示による名誉毀損においては[8]、その表現行為が公共の利害に関する事項であり、公益を図る目的でなされた場合、表現行為において示された内容が真実である場合、違法性が阻却される（真実性の抗弁）。また、真実であることが証明できない場合であっても、事実が真実であると信じるべき相当な理由がある場合には不法行為の成立が否定される（相当性の抗弁）。

スラップ訴訟との関係では、真実性の抗弁および相当性の抗弁については、被告側に立証責任があることが重要である。すなわち、提訴者としては、社会的評価の低下が存在することのみを立証すれば「当該訴訟において主張した権利」に「法律的根拠」があることになる。したがって、提訴は比較的容易であるのに対して、抗弁事由について被告側の立証の負担が重いと考えられ、このことがスラップ訴訟を助長しかねないとも考えられる[9]。

この点、本判決のようにスラップ訴訟であることが認定できる場合には、相当性の立証を総合的に判断することにより、訴訟提起の違法性を認めることは可能であろう。

（2）　表現の自由の保護との関係──被侵害利益の観点から

スラップ訴訟の問題点としては、不法行為の成立が認められたとしても認容される賠償額がその負担と比して、低額であり十分な救済にならないという点があった。

不当訴訟に関する判例の基準では、原告の裁判を受ける権利と被告の応訴の負担を比較していること

から、応訴の負担（金銭的および精神的負担）が被侵害利益と捉えられているようである。そのため、これに対する救済としては弁護士費用と慰謝料が認容されることになる。しかし、名誉毀損訴訟の形式によるスラップ訴訟の目的は、名誉の回復にあるのではなく、批判的言説を抑圧し、さらには萎縮効果を与える点にある。

　以上の点を考慮すると、スラップ訴訟において侵害される利益に着目して、その責任のあり方を考える必要があろう。ここでは、憲法上の権利である「表現の自由」を私法上の重要な人格的権利として構成することが考えられる。スラップ訴訟における被侵害利益は応訴の負担のみならず、自由な表現行為をするという人格的利益にある。このような権利の侵害と捉えることで、不法行為要件論および効果論（とりわけ賠償額）において、被害者のあるべき救済を図ることが可能になるのではないか。スラップ訴訟とは、人格的権利に対する故意的な極めて違法性の高いものであると考えることにより、提訴者の「裁判を受ける権利」との調整という観点からの判断に馴染まない。ここで重要なのは、いかに「スラップ訴訟」を認定するかであり、訴えの提起や一個人に対して法外な額の賠償が請求されるなどの事情を考慮して、「スラップ訴訟」と認定することが考えられる[10]。

であり、被告個人のみならず社会全体にとって重要な利益を侵害することにつながる。とくにスラップ訴訟による言論萎縮効果が蔓延することは、民主主義の根幹にかかわる問題となりうる。本件のように明白なスラップ訴訟であっても、訴訟を提起されることによる被告の負担は計り知れず、表現の自由に対する深刻な脅威である。この点では、スラップ訴訟の提起自体を規制する法を制定する必要性も否定しがたい。

　もっともこのことは「表現の自由」をやみくもに保護しようとするものではない。昨今、問題となっているように、とくにネット上での言論を無制約に認めることは、誹謗中傷やヘイトスピーチなど深刻な被害を生じることにもなる。もっぱら他人に損害を与えるためになされる表現行為については、これを「表現の自由」を根拠に尊重することは認められない。この点は、「裁判を受ける権利」がスラップ訴訟においては制限ないし否定されるのと同様である。正当な表現行為の萎縮を避けるためにも、表現行為をする際にも他人の権利ないし利益に配慮することが求められる。

　スラップ訴訟をめぐる問題は、一般市民による自由な意見表明が容易になった現代社会において、表現行為と不法行為の関係を検討する契機となる。

4　今後の課題──「表現の自由を守る」ために

スラップ訴訟の横行は自由な言論を封殺するもの

（かとう・まさゆき）

1) 控訴審東京高判令2・3・4（判例集未登載）において、Xの控訴は棄却され、一審より多い95万円余りの賠償が命じられている。
2) 松井茂記『表現の自由と名誉毀損』403頁以下（有斐閣、2013年）。最新の状況の整理として、「特集　スラップ訴訟の形態と対策」法セミ780号8頁以下（2020年）。2016年の同誌においても「スラップ訴訟」というタイトルの特集（法セミ741号15頁以下）が組まれており、関心が高まっていることを示している。
3) アメリカにおける「反スラップ法」を参考にした立法論として、瀬木比呂志「スラップ訴訟、名誉毀損損害賠償請求訴訟の現状・問題点とそのあるべき対策（立法論）」法セミ741号28頁（2016年）。
4) 裁判を受ける権利について、原告の権利だけでなく、応訴負担の自由という被告の自由権的側面も認めるものとして、浅野有紀「最高裁判例に見る「裁判を受ける権利」」法律時報75巻8号34頁（2003年）。
5) 昭和63年判決も含めこの問題を概観する近時の論稿として、上野達也「訴えの提起と不法行為法」産大法学43巻3・4号26頁（2010年）。
6) このほかの裁判例については、佃克彦『名誉毀損の法律実務〔第3版〕』34頁以下（弘文堂、2017年）。
7) 紀藤正樹「スラップに対する対策と方策」法セミ780号15頁（2020年）。
8) 意見や論評については、「人身攻撃に及ぶなど意見ないし論評としての域を逸脱したものでない限り」違法性が否定される。最一判平16・7・15民集58巻5号1615頁。
9) 松井茂記・判批『メディア判例百選〔第2版〕』158頁は「日本の名誉毀損法理は、比較法的に見ても非常に被害者に好意的に構築されており、表現の自由を行使する者には、極めて不利になっている」と指摘する。対策としては、名誉毀損の立証責任を転換することにより被告の負担を軽減することが考えられるが、逆に不確かな情報による攻撃を容認することにもなりかねず、名誉と表現の自由という二つの利益のバランスをとることが難しい。
10) いわゆる「反スラップ法」を制定することでスラップ訴訟を立法的に定義することも考えられる。これに対して、主観的違法要素と客観的違法要素の相関判断という判例法理の枠組みによってもスラップ訴訟に対応も可能との指摘もある。加藤新太郎「判批」リマークス54号61頁（2017年）。

不法行為 2

ハンセン病患者の家族を大多数の国民が差別する社会構造（社会システム）を形成したことを先行行為として基礎づけられる国の偏見差別除去義務——ハンセン病家族訴訟

熊本地判令元・6・28
平28(ワ)109号・231号、国家賠償請求事件
判時2439号4頁、裁判所HP、LEX/DB25564529

村山淳子　西南学院大学教授

現代民事判例研究会財産法部会不法行為パート

●——事実の概要

1　事件の全体像

わが国において、戦前・戦中・戦後にわたる長期間、誤ったハンセン病隔離政策等により、患者らに重大な被害が発生した。すなわち、「癩予防に関する件」（明治40年）、「癩予防法」（旧法）（昭和6年）、そして「らい予防法」（新法）（昭和28年）の制定、および各法を根拠とする隔離政策の遂行により、患者らは人としてのあらゆる発展可能性を社会生活全般にわたり損なわれる「人生被害」を受けたのである。

本事件に関しては、さまざまな立場の原告が、さまざまな観点からの被害を訴えて国を提訴し、現在係争中のものもある。本件はその中の1つである。

2　本件における原告とその主張

本件は、ハンセン病患者（療養所入所・非入所の区別なし）の家族らが、国による誤ったハンセン病隔離政策等によって、社会的差別や家族関係形成阻害の被害を受け、憲法13条が保障する社会内において平穏に生活する権利を侵害されたとして、国家賠償等を請求した事案である。

本件の争点は、国会議員の立法不作為、厚生・法務・文科各大臣の作為義務、あるいは消滅時効の起算点など、多岐にわたる。本稿では、このうち、厚生大臣の偏見差別除去義務に注目し、判旨を纏め、研究を行う。

●——判旨

一部認容（確定）。

ハンセン病患者家族に対する偏見差別の実態に関し、詳細にわたる事実認定を行ったうえで、患者家族に対する国（厚生大臣）の偏見差別除去義務とその違反について、およそ以下のような構成で判断を示した。

1　国の先行行為と偏見差別の社会構造化について

古来、国民の間には、ハンセン病患者および家族に対する偏見差別が存在してきた。遺伝病であるとの考え、宗教観や迷信、そして外貌の変化によって、ハンセン病患者は忌避排除の対象となり、差別は家族にまで及ぶものであった。

しかし、国による立法とそれを根拠とする隔離政策、とりわけ無らい県運動から構成される先行行為により、「ひとたび、ハンセン病患者やその家族の存在が当該地域社会で認知されると……周囲のほぼ全員による……偏見差別が出現する一種の社会構造（社会システム）が築き上げられた」。この社会構造に基づき、大多数の国民がハンセン病患者家族を忌避排除する意識をもち、差別を行い、これによって患者家族は深刻な差別被害を受けた。

2　1の作用による患者家族の権利侵害について

「社会的差別を受けることは個人の人生に重大な影響を及ぼし……（就学拒否、学校でのいじめ、結婚差別、就労拒否などの例を挙げ〔括弧内筆者〕）……人生の選択肢を制限し、個人の人格形成にとって重要であって個人の尊厳にかかわる人生被害を生み、人として当然に有するはずの人生のありとあらゆる発展可能性を大きく損ない、その影響は社会生活全般にわたり」うるものである。よってハンセン病隔離政策等は、憲法13条の保障する「個人の尊厳と人格に密接にかかわる人格的生存に不可欠な権利」である「社会的差別を受けることなく社会内において平穏に生活できる」権利を制限してきたといえる。

3　厚生大臣の偏見差別除去義務とその違反について

厚生大臣は、それまで遂行してきたハンセン病隔離政策等を先行行為として、隔離の必要性の消失と差別被害を認識した昭和35年（沖縄は本土に復帰した昭和47年）から、同政策等の偏見差別への影響

が遮断された平成13年末までの間、偏見差別を除去する条理上の作為義務を負っていた。その内容は、謝罪、周知、そして「ハンセン病に関する正しい知識の普及のために相当な措置を取る」こと等であった。しかるに、厚生大臣は上記措置等を行わなかったのだから、「職務上通常尽くすべき注意義務を尽くさなかった」といえ、その間の「公権力の行使たる職務行為（不作為）には国賠法上の違法性が認められる」。

４　患者家族の共通損害

多数の原告の多様かつ長期間にわたる被害・損害を救済するために、原告らの主張のうち、共通性の見いだせる損害（共通損害）を、控えめに算定し、以下のとおり包括的に慰謝料として認定する。

平成13年度末までに①周囲にハンセン病患者の家族であることが知られていた者、②（具体的な差別体験がなかったとしても）自らがハンセン病患者の家族であることおよび患者家族が差別の対象になることを認識していた者、そして③自らがハンセン病患者の家族であることを認識していなかった者のうち、①および②について「自らがハンセン病患者家族であることおよび同家族に対する差別被害を認識したことによって感じる恐怖や心理的負担に基づく精神的苦痛」を算定の基盤とする慰謝料一律30万円を認める（一部原告には、家族関係形成阻害の慰謝料が、類型別に加算された）。

●——研究

１　これまでの裁判例の流れ

（1）　ハンセン病国賠訴訟の全体像

ハンセン病国賠訴訟は、一部の環境訴訟に類似した構造を有し、憲法、行政法、民法、あるいは生命倫理におよぶ重要な論点を提起し、ときに先進的な解釈を加えてきた。のみならず、原告の損害の填補を超えて、その集団に属する人々の権利の承認、さらには国の政策ないし立法、そしてより広く社会一般への積極的作用を意図して提起されている。そして実際に、原告のみならない被害集団全体に対する行政の謝罪と立的な救済を引き出し、かつ、報道を通じた社会内の意識の変化をもたらしてきた。

以下、対象判決と関係の深いこれまでの裁判例を辿ろう。

（2）　熊本地判平13・5・11判時1748号30頁（判決①）[1]

国立ハンセン病療養所の入所者らを原告とし、ハンセン病隔離政策とその根拠となる立法（不作為）に関し、初めて国の責任を認めた歴史的判決である。とりわけ国の立法不作為に関し、硬直的な従来の判例法理[2]の射程に限定と例外を加え、ハンセン病患者救済の道を開いたことが高く評価された[3]。本判決はまた、ハンセン病補償法の制定という政治的成果と、報道による社会啓発をもたらしたのである（平成13年度末は偏見差別の1つの区切りと目されている[4]）。

（3）　鳥取地判平27・9・9判時2314号70頁（判決②）

療養所の非入所者の子である遺族を原告とする訴訟であって、請求は棄却されたものの[5]、後に繋がる重要な判断が示された。そのうち、非入所者との関係において国の政策・立法不作為の違法を認めたことは、判決①に連なる判断であるといえよう。むしろ画期的、かつ対象判決にとって重要なのは、本判決が患者家族との関係で国の政策転換義務違反（偏見差別の放置も含む）を認めた点である。これをもって、本判決は対象判決の「先鞭をつけた」判決と評されることになる[6]。

なお、控訴審である広島高松江支判平30・7・24判時2411号21頁（判決③）は、上記原審判断をいずれも覆し、後退した内容となっている。これに対する上訴審が最高裁に係属する中、対象判決が下された。

２　本判決の意義[7]と本稿の視点

以上の流れの中で、本判決は、②判決を直接の契機として[8]、ハンセン病患者家族らによって提起され、従来の裁判例とそれぞれにつながりのある、いくつもの意義ある解釈ないし判断を示すものである（具体的には、対象論点のほか、患者家族との関係における政策・立法不作為の違法、患者家族にとっての家族関係形成阻害という被害、そして消滅時効の起算点などがある）。

しかし、本判決でいっそう際立つのは、隔離被害と密接しない、社会的差別そのものの救済可能性という、家族訴訟なればこその問いを発し、かつ、それに答えた点である[9]。このような固有の差別被害に関し、本判決は、偏見差別の社会構造の形成という国の先行行為を考え、かかる先行行為から直接に、国の偏見差別除去義務を導き出すことで、国の不作為不法行為責任を基礎づけている。

本稿は、本判決のこの構成に注目し、その不法行為法理論上の特徴と意味づけを問うものである。

3 先行行為としての国（厚生大臣）による偏見差別の社会構造の形成

本判決は、厚生大臣の偏見差別除去義務を実質的に根拠づけるものとして、ハンセン病隔離政策の遂行を通じて、ハンセン病患者家族に対する偏見差別を社会構造化したという先行行為を考えている。

本判決はこの差別を、国民の間に古来存在してきたハンセン病患者ならびに家族に対する偏見差別とは、しかしはっきりと区別している。本判決は、国が介入するより以前に、ハンセン病患者ならびに家族に対する因習的な偏見差別が各地域に存在していたことを認める[10]。そしてそれがその後の偏見差別と結びつきそれに含まれ続けたととらえる（そのため、損害額の減額要素としている[11]）。

しかし、本判決が判断の前提としているのは、国による立法と隔離政策の遂行、とりわけ戦時体制下での無らい県運動[12]などから構成される先行行為により、社会構造（社会システム）と化した偏見差別の方である。周囲にいるほぼ全員が構造的に患者家族を差別し、差別の意識が全国津々浦々にまでおよび、これに反する意識をもつことが困難であったという、それまでとは性格を異にする偏見差別の方である。

4 「社会内において平穏に生活する権利」という被侵害利益の設定

このようなハンセン病患者家族に対する偏見差別の社会構造化という先行行為から直接に、本判決は、国の偏見差別除去義務を導き出している。この構成の注目すべき点は、（私人間での実例を想定する）偏見差別による権利侵害およびそこから生じた損害を、偏見差別の社会構造を形成した国に転嫁している点である。

このような解釈を可能ならしめたのは、被侵害利益として、「差別を受けることなく社会内において平穏に生活する権利」という古典的な意味での権利とは異なる枠組みを用意したことである[13]。損害論の箇所と読み合わせるといっそうはっきりするが、かかる権利の侵害とは、具体的な差別被害を受けたかどうかにかかわらず、その可能性を認識することも含めた、差別的地位に置かれたことそれ自体にほかならない[14]。

このような権利を被侵害利益として設定したことで、「国が偏見差別の社会構造を形成したこと（先行行為）」、「患者家族らが社会において差別を受ける地位に置かれたこと（権利侵害）」、「患者家族らが社会内において差別を受けずに平穏に生活する権利を侵害されたこと（権利侵害）」、そして「患者家族らが差別被害を認識したことによって感じる恐怖や心理的負担に基づく精神的苦痛を受けたこと（損害）」という、内容としては同義ないし表裏といえる評価が、先行行為性・権利侵害・損害のレベルで重複して行われることになる（判決文では複数の箇所で類似内容の判示が何度も繰り返されている）。このような権利を承認し、被侵害利益として設定することで、先行行為と権利侵害との実質的内容における距離を縮め、不作為不法行為理論の中で（条理を介して）整合させることに成功しかけているともいえる。

5 権利侵害とそれを生み出す社会構造の形成との関係

本判決に濁りがあるとすれば、直接的な権利侵害の始動ではなく[15]、権利侵害を生み出す社会構造を形成したことをもって、権利侵害進行阻止の作為義務を基礎づけている点である[16]。

たしかに、上述のような内容の権利を被侵害利益として設定することで、この差は縮められている。差別の社会構造を形成した者が、各被害者をして差別を受ける地位に置き、もって社会内において差別を受けることなく平穏に生活する権利を侵害ないし危殆化したのだと直結しても差し支えないように感ぜられる。しかし、理論上、権利侵害とそれを生み出す社会構造の形成との間には、確固たる法理をもって埋めなければならない空白が存在しているようにもおもわれる。

本判決は国の偏見差別除去義務を条理上の作為義務とする。が、なぜゆえ（条理の実質的根拠の問題）、どこまで（その射程の問題）、権利侵害を直接始動させていない者に——それに限りなく近いことを行ったとはいえ——権利侵害が進行する因果系列に介入してこれを阻止することを条理上義務づけてよいのか、説明が足りていないようにおもわれる。これは、本判決の射程を考えるうえでも重要な視点である。

6 本判決のロジックと政策志向型訴訟

冒頭述べたように、ハンセン病国賠訴訟は、原告の損害の填補を超えて、その集団に属する人々の権利の承認、さらには国の政策ないし立法、あるいは社会への積極的作用を意図して提起され、原告のみならず被害者集団全体におよぶ政治的成果と、社会啓発をもたらしてきた。本訴訟もまた、原告団の真の意図は、訴訟に加わらなかった者も含めた立法的救済[17]、社会にいまだ残る差別の解消、そして社会

構造に同調し患者家族を排除してきた社会に対する発信にあったと考えられる[18]。

古典的な権利とは異質の、規範的要素を多分に含む、外延のはっきりしない権利を承認し、被侵害利益として設定することで、不作為不法行為理論における先行行為と権利侵害との距離を縮め、私人間被害を国家責任に転嫁させようとする[19]本判決の構成には、不法行為の成否を、権利自体が有する排他的内容ではなく、先行行為やそれによって形成された社会構造に対する規範的評価（本件でいえば、どのくらいひどい隔離政策を行ったか、それにより形成された差別の社会構造がどのくらいひどいものであったか）にかからしめる手法も含まれている。そしてこの点こそが、損害賠償請求を通じて、実は、国の政策や社会構造そのものに対して一定の主張を行う意図が流れ込む契機を提供しているのである。

損害賠償法が個人の損害填補や権利救済という本来の機能を離れて、政策ないし社会に対する主張や働きかけを行う目的で使われることの当否はまずは措こう（不法行為法観、あるいは民法か国家賠償法かの違いにもよるかもしれない）。本稿では、このようないわゆる政策志向型訴訟[20]に用いられる、1つの特徴的なロジックの定式と効用を抽出しえたことで満足したい。

【付記】本研究は JSPS 科研費 JP17K03519 および JP20K01439 の助成を受けたものである。

（むらやま・じゅんこ）

1) 本判決の評釈はきわめて多数存在する。松本克美「判批」法時 73 巻 11 号（2001 年）109 頁、磯部哲「判批」医事法判例百選（2006 年）57 頁、高嶌英弘「判批」医事法判例百選第 2 版（2014 年）25 頁等を本稿は参考にした。
2) 最一判昭 60・11・21 民集 39 巻 7 号 1512 頁。
3) 一般的評価であるが、とくに糠塚康江「裁かれた社会の偏見差別」判時 2439 号（2020 年）322 頁を参照した。
4) 対象判決は「平成 13 年熊本地判以後、政府の控訴断念、政府談話、報道等により、平成 13 年末頃には、隔離政策などの国民に対する影響が一定程度遮断される状況があった」とし、国は政治的責務を負い続けるとしても、法的義務はないとする。
5) 消滅時効や損害不認定による請求棄却。
6) 山崎友也「判批」ジュリスト 1544 号（2020 年）15 頁。
7) 本判決に関しては憲法、行政法、そして実務家の手による多数の評釈・論稿が公表されている。朝田とも子「判批」法学セミナー779 号（2019 年）115 頁、松本和彦「判批」法学教室 471 号（2019 年）139 頁、山崎・前掲注 6)14 頁、糠塚・前掲注 3)322 頁以下等を本稿は参考にした。
8) 国宗直子「ハンセン病家族による国家賠償請求訴訟」人権と部落問題 68 巻 13 号（2016 年）25 頁以下等参照。
9) 判決①は患者の隔離被害と差別被害を密接するものとして包括的にとらえる。判決②では具体的損害を否定する中で理論的なふみこみはない。
10) 判決③は、これをもって、「国によって患者の家族に対する偏見または差別が創出されたとまではいえない」とする。
11) 判決①と共通の立場である。
12) 癩予防協会の活動を思想的基盤として、行政のみならず、地区の有力者、隣組組織、そして一般国民からの通報など、とりわけ戦時下には国家体制と相まって、各府県が競うように、官民一体となって、各府県内の全ての患者を療養所に送り込もうとする隔離運動である。
13) すでに判決①でも患者との関係で同様の権利の設定はある。
14) 判決①はこの点をいっそう明瞭に、「原告らが社会の人々から様々な差別的扱いを受けたことそのものを賠償の対象とすべきものではなく、そのような地位に置かれてきたことによる精神的損害を被害としてとらえるべき」と言明する。
15) 不作為不法行為については、窪田充見編『新注釈民法(15)』（有斐閣、2018 年）282 頁以下〔橋本佳幸〕等を参照した。なお、本文の表現は、本件の実態を加味した内容となっている。
16) 最一判昭 62・1・22 民集 41 巻 1 号 17 頁（京阪電車置石事件）と対比されたい。なお、山崎・前掲注 6)15 頁は、（憲法学と民法学の違いはあるが）本稿と似通った問題意識を抱く。
17) 原告団は立法的救済を期して控訴を見送り、原告団の意思は「ハンセン病元患者家族に対する補償金の支給等に関する法律」として結実した。
18) 糠塚・前掲注 3)322 頁以下も参照（「判決が断罪したのは……誤った政策を遂行した国（国会・政府）だけではない。その政策によって生まれたハンセン病患者家族に対する偏見差別に同調し、家族を孤立させ、排除してきた社会そのものの責任を問うものである。」）。
19) なお、松本・前掲注 7)139 頁は、「社会構造的な差別の解消を課題とすることに対し、従来、個人主義的な権利論は必ずしも適切な場を提供できていなかった。」とし、本判決に扱われた事柄は「「個人の尊厳」を基底に据えた権利論が、社会構造的な差別の問題にも、対処の場を提供できる余地があるということを明らかにしている」と評価している。
20) 平井宜雄が主唱した不法行為法学の一角を占める見解（平井宜雄「現代不法行為理論の一展望」平井宜雄著作集Ⅱ『不法行為法理論の諸相』（有斐閣、2011 年）155 頁以下。初版、『現代不法行為理論の一展望』（一粒社、1980 年）を本稿は参照した）。平井によると、政策志向型訴訟とは「国・公共団体の制度・政策や企業活動のあり方を争点とし、政治的・社会的に大きな影響を与える種類の訴訟」（155頁）である。

家族 1 遺言執行者が指定された遺言による包括受遺者が遺産を構成する預金債権を払い戻したことが違法ではないとされた事例

東京地判令元・9・10
平30(ワ)33141号、損害賠償請求事件
金法2136号79頁

床谷文雄 奈良大学教授

現代民事判例研究会家族法部会

●──事実の概要

亡A（平成29年1月11日死亡）が平成23年9月9日にした公正証書遺言は、次のような内容であった。①亡Aの財産（E銀行F支店の預金等ほか）を遺言執行者において換価し、換価金から亡Aの医療費、葬儀代、公租公課、遺言執行費用等一切の債務を控除した残金を、Y_2（亡Aの甥）、Y_1（亡Aの姪でY_2の姉）、B、CおよびDに各5分の1の割合により包括して遺贈する。②遺言執行者として、X（司法書士）を指定し、次の権限を与える。(a)遺言の執行に必要な場合には、代理人もしくは補助者またはその両者を選任すること、(b)登記手続、遺言者の有する預貯金等の名義変更・解約・受領、貸金庫の開披・解約・内容物の取出し、その他の本件遺言を執行するために必要な一切の行為を行うこと。

Y_1は、平成29年1月12日から同月18日までの間、E銀行F支店の亡A名義の預金口座から合計350万円を払い戻し、亡Aの葬式費用として、①通夜および葬儀費用290万8516円、②納骨費用8万0760円、③納骨後の会食費用3万6500円の合計302万5776円を支払い、同月19日、残額47万4224円を本件口座に預け入れた。

Xは、同月17日に遺言執行者に就任することを承諾し、Yらに対し、その旨を通知した。Y_1は、2月3日、Xに対し、上記払戻しおよび支払を書面で報告するとともに各支払に係る領収書を送付し、Xは、これらを受領した。7月14日、Yら訴訟代理人が、Xに対し、亡Aの遺産である不動産の処分に関するXの対応が遺言執行者としての善管注意義務に違反するものである旨などを記載した文書を送付した。他方、Xは、8月9日、Yら包括受遺者5名に対し、本件払戻しは不法であり、302万5776

円の返金を求める旨などを記載した照会書を送付した。

XとYらの間では、亡Aの不動産の処分のことで意見の対立が続いていたところ、Xは、平成30年10月20日、Yらに対し、民法1013条1項に違反する亡A名義の預金口座からの払戻しにより、Yらは亡Aの相続財産に302万5776円の損害を与えたと主張して、不法行為に基づき、連帯して同額およびこれに対する平成30年11月7日から支払済みまで年5分の割合による遅延損害金の支払を求めた。

●──判旨

棄却

「民法1013条1項は、『遺言執行者がある場合には、相続人は、相続財産の処分その他遺言の執行を妨げるべき行為をすることができない。』と規定するところ、その趣旨は、遺言者の意思を尊重すべきものとし、相続人の処分行為による不当な相続財産の減少を防止し、遺言執行者をして遺言の公正な実現を図らしめる点にあると解される。

そうすると、相続人による相続財産に係る行為が、形式的には『相続財産の処分』に当たると解する余地がある場合であっても、当該相続財産に係る行為が、遺言者の意思と矛盾せず、かつ、相続財産を不当に減少させるものではなく、遺言執行者による遺言の公正な実現を妨げるものではないと認められる場合には、同項の『相続財産の処分その他遺言の執行を妨げるべき行為』には当たらないと解するのが相当である。」

「亡Aの意思は、その葬式費用を自らの遺産の中から出捐し、Yらを含む割合的包括受遺者5名には負担させないことにあったと解されるところ、本件払戻しによる払戻金は、亡Aの葬式費用の支払に充

てられている……から、亡Aの意思と矛盾するものではなく、むしろそれと合致する」。「③納骨後の会食費用」も、葬儀代として遺産から支出しても、亡Aの意思と矛盾しない。

「①通夜及び葬儀費用、②納骨費用については、その費目及び金額に照らし、いずれも葬式費用として社会通念上相当な範囲にとどまるものと認められるから、本件払戻しによる払戻金をこれらの支払に充てたことが相続財産を不当に減少させるものではない」。③会食費用も多額ではなく、本件口座には葬式費用の支払後もなお968万円余りの残高があること、亡Aの遺産には、本件口座の預金以外にも複数の金融機関の預金や複数の不動産があることなどに照らすと、「払戻金を③本件会食費の支払に充てたことも、相続財産を不当に減少させるものとはいえない。」

「本件払戻しは、遺言者である亡Aの意思と矛盾せず、かつ、相続財産を不当に減少させるものではなく、遺言執行者であるXによる遺言の公正な実現を妨げるものではないと認められるから、民法1013条1項の『相続財産の処分その他遺言の執行を妨げるべき行為』には当たらず、そうである以上、不法行為にも当たらない。」

●──研究

1　問題の所在

亡Aの相続に適用される2018年相続法改正前の民法1013条は、改正後の同条1項と同文で、「遺言執行者がある場合には、相続人は、相続財産の処分その他遺言の執行を妨げるべき行為をすることができない。」と遺言執行の妨害行為を禁止している。本件では、相続人ではなく、包括受遺者の一人の行為が問題となっているが[1]、包括受遺者は相続人と同一の権利義務を有するので（990条）、同様に処分制限が課せられている。

遺言執行者Xは、Y_1による亡A預金口座からの払戻しは遺言執行を妨げるべき行為であり、不法行為に当たるとして、損害賠償の請求をしたのに対し、Yらは、亡Aの葬式費用を同人の遺産から支出したことは亡Aの遺言による遺産分割方法の指定に従うものであること、支出は包括受遺者5名全員の合意に基づくこと、本件会食費は近親者が納骨直後に亡Aを偲ぶ目的で行った会食の費用であるから葬式費用に含まれることを主張して、本件払戻しは正当な行為であって不法行為には当たらないと反論した。

この払戻しが民法1013条の「遺言の執行を妨げるべき行為」として不法行為に当たるか否かが、本件の基本的な争点である[2]。

2　遺言執行者の権限

遺言は遺言者の権利義務の一切の承継人である相続人が執行に当たるのが原則といえるが、遺言事項によっては相続人と利害が対立するため相続人に遺言の執行をさせたのでは公正適切な執行が期待できない場合や、執行手続が容易ではないとか相続人間の意見の不一致、一部相続人の非協力などによって執行が遅滞することを防止し、適正迅速な執行を実現するために、遺言執行者制度が設けられている[3]。

遺言事項によっては、遺言が効力を発生すると同時に特別の手続を要せず、当然に遺言内容が実現され執行の余地がないとされるものがある（相続分の指定、未成年後見人の指定、遺言執行者の指定など）。執行が必要である事項にも、遺言執行者のみが執行することができるもの（相続人の廃除・取消し、遺言認知の届出）と遺言執行者でも相続人でも執行することができるもの（遺贈、「相続させる」旨の遺言［改正法にいう特定財産承継遺言］など）がある[4]。

遺言執行者の権限（任務）については、個別に規定されているほか、「遺言執行者は、遺言の内容を実現するため、相続財産の管理その他遺言の執行に必要な一切の行為をする権利義務を有する。」ものとされている（1012条1項）。同規定の「遺言の内容を実現するため、」という文言は2018年改正で追加されたものであるが、実質的には従前からの考え方を明文化したに過ぎない。個々の遺言執行者の権限の内容は遺言内容によることになるが、遺言者の意思が明確でない場合もあるため、遺言執行者の権限の内容の法定化が必要とされていた。そして、2018年改正により、遺言執行者がある場合には、遺贈の履行は、遺言執行者のみが行うことができることが明確にされた（1012条2項）。割合的包括遺贈の場合は、遺産分割の申立てが遺言の執行行為になると考えられる[5]。

預貯金債権については、遺言執行者からの払戻し請求に応じる金融機関が多いといわれていたが、応じない場合もあり、実務上、遺言執行者の権限に含まれるか明確でないところもあった。そのため改正法では、遺産分割方法の指定として遺産に属する特定の預貯金債権を共同相続人の一人または数人に承継させる旨の遺言（特定財産承継遺言）があった場合は、対抗要件具備に必要な行為のほか、預貯金の

払戻しの請求をすることおよび預貯金債権の全部が遺言の目的であるときは当該預貯金に係る契約の解約の申入れをすることができることが明規された（1014条3項）。

ところで、本件遺言では単純な割合的包括遺贈ではなく、遺言執行者において亡Aの財産を換価し、換価金から一切の債務（医療費、葬儀代、公租公課、遺言執行費用等）を控除して（支払をする）、残金をYら5名に各5分の1の割合により包括して遺贈するという内容であり、いわゆる清算型遺贈である。この場合、遺言執行者は財産の換価および債務の弁済という清算の職務を果たした上で、残金を5名の包括受遺者に帰属させることが任務となっている。Y₁がした350万円の払戻しおよび葬儀費用等の支払は、遺言執行者が行うべき行為を包括受遺者として自ら行っていることになり、遺言執行者の任務を侵害するように思われる。本件では、これが相続財産に損害を与え不法行為となるか否かが問題となっている。

なお、ある人の不法行為により相続財産が減少した場合、その人に対する損害賠償請求権が相続人に直接帰属することは明らかであるところ、その損害賠償請求権の行使は、遺言の執行に必要な行為とは到底いえないから、遺言執行者の権限には属さないというべきであり、損害賠償を求める訴えにつき、遺言執行者には原告としての当事者適格がないとした裁判例がある[6]が、本判決では、Xの当事者適格は問題としていない。

3　遺言の執行の妨害行為の禁止

遺言執行者がある場合[7]、遺言執行者の任務と抵触するおそれがあることから、相続人は、相続財産の処分その他遺言の執行を妨げるべき行為をすることができないとされている（1013条1項）。この処分制限に違反する相続人の処分行為は、2018年改正前の規律（旧2013条）の下では、絶対的に無効であると解されていた[8]。改正法は、遺言執行者による円滑な遺言の執行を確保する一方で、取引の安全を考慮して、相続人による処分行為の無効は、善意の第三者には対抗することができないものとした（1013条2項）。また、相続人の債権者（相続債権者を含む）が相続財産についてその権利を行使すること（差押え、相殺の意思表示など）は妨げられないことも明確にされた（同条3項）。

本件では、Y₁は亡Aの死亡の翌日から7日間で亡Aの預金口座から合計350万円の払戻しをしてい

るところから、ATMの1日引出限度額内50万円の払戻しを繰り返したものと推測される。したがって、債務者である銀行との関係では、払戻しは効力を有すると思われる（478条）。また葬儀費用等の支払についても同様である。そこで、これら遺言執行者Xの意思に反するY₁の行為により亡Aの預金口座から失われた金額が、相続財産に、ひいては包括受遺者に損害を与えているかどうかが問題となる。

4　処分制限違反の行為に該当するか否かの判断基準

本判決は、Y₁の行為が禁止される「相続財産の処分」に該当するかどうかを3つの基準により判断している。第一に、当該行為が遺言者の意思と矛盾するか、第二に、当該行為は相続財産を不当に減少させるものか、第三に、当該行為は遺言執行者による遺言の公正な実現を妨げるものか、である。

第一の点につき本判決は、遺言では、亡Aの財産の換価金から控除すべき費用として「葬儀代」が掲げられているから、遺言者の意思は、葬式費用を遺産の中から出捐し、包括受遺者には負担させないことにあったと解されるから、払戻金の実際の使途が葬式費用の支払であれば、納骨後の会食費用の支払も含めて遺言者の意思と矛盾しないと判断している。

第二の点は、葬儀費用等の費目および金額に照らし社会通念上相当な範囲にとどまるもので、各支払が相続財産を不当に減少させるものではないと判断した。

第三の点については、上記2点を踏まえると、遺言執行者の本件遺言の公正な実現を妨げるものではないと判断している。

結果として、本判決は、本件払出しは民法1013条1項で禁止される「遺言の執行を妨げるべき行為」に該当せず、不法行為にも当たらないと判断した。

5　本判決の意義

本判決は、民法1013条1項で禁止されている行為は、あくまで遺言執行者による遺言の執行、すなわち「遺言の公正な実現」を妨げるべき行為であることを明らかにしている。その際、「遺言執行者自身（または遺言執行者の指示を受けた代理人）が行うこと」を重視しておらず、結果的に、遺言者の意思に反しない財産の換価（本件では預金債権の現金化）と債務の支払であれば、相続人が行っても遺言者の意思に反しないと考えている。支払の費目が通夜お

よび葬儀費用、納骨費用、納骨後の会食費用という、被相続人の死亡に伴い一般的に行われる葬儀関連の支払であり、金額も社会通念上相当な範囲内ということから、本件払戻しは、むしろ遺言者の意思に合致するものという。

通夜および葬儀は被相続人の死亡後、直ちにあるいは数日内に執り行われるものであり、葬儀の規模・費用は、祭壇・お棺の設え、僧侶等の手配など、被相続人の社会的地位・財産、被相続人の遺志によっても異なりうる。遺言執行者は通常これを決定する権限はなく、喪主（親族）が決定すべきものである。この決定は遺言の執行（遺言執行者の就職、任務の開始）を待つ必要はなく、通常はこれに先行して行われる。

しかし、葬儀費用の支払については、僧侶等へのお布施等は別として、その一部の支払を葬祭業者への依頼時に必要とするにしても、全額の支払には遺言執行を待つ時間的余裕はあると思われる。亡Aは、医療費や葬儀費の支払など通常は子ら相続人が行うものも含め、甥・姪ら包括受遺者に面倒をかけないために、遺言執行者を指定して、その職務として財産の換価と一切の債務の弁済（清算）を任務としたものと解される。そうであれば、Y₁の行為は、人が死亡したときに一般的に近親者が行うことであるとはいえ、本件遺言者の意思には反するということもできる。

もっとも、本件払戻金による支払の結果は、包括受遺者としてY₁が行っても、遺言執行者としてXが行っても、弁済の効力には変わりがない。判決がいうように、行為の客観的な結果だけ見れば、相続財産に損害を与えているわけではない。ましてや、他の受遺者がY₁の払戻金による支払に異議を唱えているような事情も認定されてはいない。Xとしても、換価金の残余をYら5名の包括受遺者に分割帰属させることで任務を達成することができる[9]。

結果的には、Y₁の行為は、Xの遺言執行の職務を一部、無断で行っていることになるものの、Xの遺言執行を全体として妨げているわけではない。Xも、Y₁から本件払戻しおよび支払につき報告を受けてから半年以上、放置していたわけであるから、無効な行為の追認というよりも、無権代理の追認に類する情況と考えることもできよう。いずれにしても、Xの損害賠償請求を棄却した判決の結論に異論はない。

2018年改正により、相続人は、遺産の分割前においても一定額までの預貯金債権を行使することが認められた（909条の2）。当面の必要生計費や葬式の費用の支払を考慮してのものであるが、これは遺産の一部の分割により取得したものとみなされるものであり、本件での債務としての葬儀費用等の控除（残額が包括遺贈の目的となる）とは趣旨が異なる。

（とこたに・ふみお）

1）払戻しをしたY₁は亡Aの姪、Y₂は亡Aの甥である。亡Aには法定相続人はいないと判示されているが、代襲相続人となり得る姪・甥がなぜ相続人になっていないのか、理由は不明である。
2）本事案では、払戻しをしたY₁に加えて、Y₁の弟Y₂の不法行為責任も争点とされている。Y₂は、A死亡前の平成29年1月8日から死亡後の同月16日まで中国に出張しており、払戻しには関与していないと主張したのに対し、Xは、Yらは平成20年4月以降、亡Aの財産を管理していたから、Y₂が中国に出張していたからといって、相続財産の処分をすることができなかったとはいえず、本件払戻しについてY₂も不法行為責任を負うと主張していた。
3）石田敏明「遺言の執行」加藤一郎ほか編『家族法の理論と実務』（判例タイムズ社、1980年）389頁。
4）犬伏由子ほか『親族・相続法〔第3版〕』（弘文堂、2020年）399頁〔松尾知子〕。
5）犬伏ほか・前掲注4）401頁〔松尾〕。
6）東京地判平元・2・27判タ689号289頁。
7）遺言執行者として指定された者が就職を承諾する前でも、「遺言執行者がある場合」に当たる（最一判昭62・4・23民集41巻3号474頁）。自筆証書遺言等の検認前であっても、遺言執行者の存在が明らかであれば、処分制限は適用される。封入された遺言書の開封前でも、遺言執行者の存在を予期すべきである。ただし、相続人が遺言の存在自体を知らないときは、処分制限は適用されないものと考えられる。自筆証書遺言の法務局による保管制度が施行されたことから、相続人には、まず自筆証書遺言の保管がされていないか、そして遺言に遺言執行者の定めがないか、確認する義務があろう。
8）大判昭5・6・16民集9巻550頁。
9）葬儀費用等の支払の職務がなくなったことで、遺言執行者の報酬に変化が生じるとは思えない。本件では、亡Aの不動産の処分に関し、XとYらの間で意見の対立があったことが本件損害賠償請求の訴えのきっかけになっている。不動産の換価を含め、Xの遺言執行をすべてYらが包括受遺者として行い、Xの報酬を否定することはできない。Yらとしては、遺言執行者の解任（1019条）を考慮すべきである。

家族 2　児童養護施設に入所中の子の親権者に対する親権喪失を認容した事例

大阪高決令元・5・27
平31（ラ）498号、親権喪失申立却下審判に対する抗告事件
判時 2429 号 19 頁、判タ 1470 号 84 頁、家判 24 号 86 頁
原審：神戸家姫路支審平 31・3・15 判時 2429 号 21 頁

稲垣朋子　三重大学准教授

現代民事判例研究会家族法部会

●——事実の概要

　本件親権者B（昭和38年生）とD（昭和52年生）は平成20年に婚姻し、翌年に子C（原審判時9歳）が出生した。平成22年、CはB・Dの申出により乳児院に入所した。平成23年に入所措置が解除されたが、同年にDはBの飲酒による暴力から逃れ婦人保護施設に移ることになった。その際、DはCの児童養護施設入所に同意した。以後、Cは施設で生活している。平成25年、B・Dは、Cの親権者をBと定めて協議離婚した。

　Cの施設入所後のBの状況は以下の通りである。①平成23年に強制わいせつにより実刑判決を受けて平成24年まで服役し、②平成26年に2件の公然わいせつにより実刑判決を受けて平成27年まで服役し、③平成29年に女性に対する暴力行為で実刑判決を受けて平成30年まで服役し、④平成30年に暴行容疑により逮捕・起訴され、原審判時点で未決勾留中であった。他にも、窃盗罪や交際中の女性に対する傷害罪等の前科が複数存在する。Bは安定して就労せず飲酒に走り、①酩酊状態で事前連絡なく施設やその周辺を訪れCとの接触を試みる、②Cを引き取って監護養育したいと要望してCとの面会を求めるという問題行動を繰り返してきた。

　Cの健康状態、生活状況、小学校の成績は良好である。CとBの面会交流は平成26年7月に実施以降は行われていない。CとDの面会交流もB・Dの離婚以降は行われていない。Cは家族についての記憶が乏しく、BやDと生活したいという希望を有している様子もみられない。

　以上の状況から、平成30年7月、児童相談所長Aは、Bによる親権の行使は著しく不適当で、Bによる監護養育はCの健全な成長発達が阻害し、その利益を著しく害するとして、Bの親権喪失の審判を申し立てた。

　原審（神戸家姫路支審平31・3・15判時2429号21頁）は、次のように判示した。BがDを安定的に監護養育できる生活基盤を構築できておらず、監護養育者として不適格であるといわざるをえない。しかし、施設入所中の子については、①親権者による不適切な監護教育から切り離されて保護されており、不当な引取り要求に対しては児童福祉法28条に基づく入所措置（更新）で対応でき、②親権者による面会・通信や接近は児童虐待防止法で禁止できる。よって、親権を喪失・停止させる必要があるのは、子の手術や就職について親権者の同意が得られない場合等、前記①②によっては子の保護を図れない特段の事情がある場合に限定されると解さざるを得ない。本件のBの問題行動はエスカレートしても前記①②によって対応できる範疇の行動であり、上記特段の事情は認められない。このような理由に基づき、Aの申立てを却下したため、Aが即時抗告した。

●——決定要旨

　原審判取消・請求認容（確定）

　「CとBの同居期間はわずか約1年7か月程度にすぎず、Cの健全な成育は、施設での生活がなければ、望むべくもないものであった。Bが、従前、Cの監護、養育に関し、親権者としての責任を果たしたと評価できるような事情を見い出すことは困難である。」

　「Bは、これまで酒気を帯びて児童養護施設を訪れることがほとんどであり、Cとの面会を求めることを繰り返してきた。また、Bは、Cと外出した際、帰園を拒んだことがあり、Cの登下校の際に、Cを連れ去るおそれなしとしない。

　しかも、Bは、これまでに何度も配偶者に暴力をふるい、女性に対する性暴力を振るって服役したこともある。このような、BがCと同居すると、将来、Cに対して暴力を振るうおそれなしとしない。

以上のとおり、Bは、これまでの間、通常、未成年の子の養育に必要な措置をとっておらず、Bには、養育、監護の実績はほとんどない。その上、Bは、アルコール依存の程度が高く、配偶者に対する暴力を含め、その暴力傾向が強いのであって、親権者の適格性の観点からも、親権喪失の一事情となり得る。このように、Bは、その親権の行使の方法において適切を欠く程度が著しく高く、その親権を行使させると、子の健全な成育のために著しく不適当である。

そして、上記のようなBの状況は、Aのこれまでの指導をもってしても、2年程度では改善を望めず、2年以内にBの親権を喪失させるべき原因が消滅するとも考えられない。

以上によれば、Bには、民法834条所定の親権喪失事由があるから、Aの本件申立ては理由がある。」

●──研究

1　親権制限制度とその動向

本件は、児童相談所長の申立てによって、児童養護施設に入所中の子の親権者に対する親権喪失が認容された事例である。父母による親権の行使が子に不利益をもたらす場合、民法上の対応としては、親権喪失（834条）、親権停止（834条の2）、管理権喪失（835条）が考えられる。従前は親権喪失と管理権喪失のいずれかであったが、平成23年の民法改正（平成23年法律第61号、平成24年4月1日施行）により新たに親権停止制度が設けられた。親権喪失の効果は無期限に親権全部を喪失させる重大なものであり、申立て自体が少ない上に、裁判所も親権喪失宣告には極めて慎重な姿勢を示していたためである。改正後の親権喪失・停止の申立権は、子の親族、検察官に加えて子、未成年後見人、未成年後見監督人にも拡大された。児童相談所長は、従来の親権喪失に加えて親権停止・管理権喪失の審判の申立権、およびそれらの審判の取消しの申立権も有することが明文化された（児福33条の7）。

親権喪失の原因は、「父又は母による虐待又は悪意の遺棄があるときその他父又は母による親権の行使が著しく困難又は不適当であることにより子の利益を著しく害するとき」であるのに対して、親権停止の原因は「父又は母による親権の行使が困難又は不適当であることにより子の利益を害するとき」である。また、親権喪失はその原因が消滅したときには申立てによって審判を取り消すことができるが（836条）、親権停止は2年を超えない範囲であらかじめ期間が定められる。

直近の親権制限事件の動向をみると[1]、親権喪失については平成31年1月から令和元年12月の1年間の間に109件の申立てがあり、改正後の平成24年以来、増減がみられる年はあるものの、数値に特段の変化は見受けられない（親権停止は年々増加傾向にあり、252件）。このうち親権喪失の認容件数は、平成24年以来最多の39件となっているが、やはり大きな増加は認められない。子の年齢は、親権停止が高校生以上の割合が高い（39.6%）のに対して、親権喪失は小学生（33.9%）と中学生（20.5%）で半数以上を占めている。親権喪失の申立人は、子の親族が93件（73.2%）、児童相談所長が27件（21.3%）、子自身が5件（3.9%）である。一方、親権停止では子の親族が117件（50.9%）、児童相談所長が74件（32.2%）、子自身が38件（16.5%）であり、児童相談所長の申立ては、やはり親権喪失の方が躊躇されている状況が窺える。

2　児童相談所長による親権喪失の申立て

児童相談所長が親権喪失の審判を申し立てるケースはそれほど多くないのは、児童相談所は、まず一時保護（児福33条）や児童福祉法28条審判による施設入所措置等で対処することが可能であるからである（本件の場合は、児福27条1項3号に基づく同意入所）。親権者が児童福祉司指導を受けず、都道府県知事の勧告にも従わず、親権行使が子の福祉を著しく害するときは、必要に応じて、適切に親権喪失の申立てを行うものとしている（児童虐待11条6項）。

また、平成29年の児童福祉法改正（平成29年法律第69号、平成30年4月2日施行）により、28条審判の申立てがあった場合については、措置終了後の家庭環境等の調整のため、家庭裁判所が都道府県に親権者に対する指導措置を採るよう勧告し、措置指導に関する報告等を求めることができる旨規定された（児福28条4項）。措置の承認・却下の審判をする際に当該指導措置の勧告することも可能である（同条6項・7項）。このように、親権者に対する指導への司法関与も強化されている。

児童相談所長による親権喪失の申立ての公表裁判例には、以下のようなものがある。①東京家八王子支審昭54・5・16家月32巻1号166頁[2]は、離婚後、未成年者3名の親権者となった父が、生業につかず飲酒にふけり、未成年者の監護を怠るばかりでなく、長女に対して性的虐待を行い、長女が母とともに行方不明になった後は次女に対して性的虐待を行っていた事案である。次女は家出し、児童相談所に一時保護されていたが、父は親権を盾に取り同相

談所に次女の引取りを強引に要求するため、児童相談所長が父の親権喪失宣告を申し立てた。裁判所は、父は親権を濫用しているとして親権喪失を宣告した[3]。

②長崎家佐世保支審平12・2・23家月52巻8号55頁[4]は、父が子3名を虐待していた事案である。養女に対しては日常的に性的・身体的虐待を加えており、父が長男に対する傷害事件で逮捕されたことに伴い児童養護施設に入所した。父が他にも逮捕される度に施設に入所していたが、出所すると引取りを強要していた。長男に対しては日常的に身体的虐待を加えており、全治約2週間を要する傷害を負わせた。長女は、日常的に身体的虐待を受けており、養女と同じ経緯で児童相談所に入所するまでの1年余りの間は性的虐待も受けていた。そこで、児童相談所長が3名の親権喪失宣告をそれぞれ求めた。裁判所は、父は親権を濫用しているとして各親権を喪失させた。

③名古屋高決平17・3・25家57巻12号87頁[5]は、実母Y_1と養父Y_2が長男を虐待していた事案である。Y_1は前婚で本件長男と次男をもうけたが、自身を親権者として協議離婚した。Y_1は未成年者らと生活していたが、仕事の関係で長男らを交際していたY_2に預けるようになった。Y_1は、Y_2から長男の躾ができていないとの指摘を受けて、躾と称して頻繁に身体的虐待を加えた。Y_2も同様の行為に及ぶようになり、長男は一時保護され、28条審判により施設に入所した。しかし、その措置に憤慨したY_1・Y_2は、福祉関係機関に対して激しい抗議や苦情を繰り返した。また、Y_2がY_1と婚姻した上、Y_1を代諾者として長男との養子縁組を行い、親権者を長男の実父に変更することを妨害した。そこで、児童相談所長がY_1・Y_2の親権喪失宣告を申し立てた。原審(名古屋家岡崎支審平16・12・9家月57巻12号82頁[6])が両名の親権喪失を宣告したが、Y_1・Y_2が即時抗告した。高裁は、前述のような親権の行使は親権の濫用に当たるとして、原審と同様に親権喪失を宣告した。

なお、平成23年改正前には、医療ネグレクトが親権の濫用に該当するとして、児童相談所長が親権喪失宣告申立事件を本案とする親権者の職務執行停止・職務代行者の選任を申し立てた事例も複数存在みられたが、現在は、その多くは親権停止およびその保全処分により対応可能である。

3 施設入所中の親権喪失

親権者の同意あるいは28条審判により施設入所措置がとられた場合に、親権者の親権が制限されるか否かは、法文上では明らかでない。このため、児童福祉の現場は、親権者が強引に子の引取りを要求する場合の対応に苦慮しており、そのことは2で取り上げた裁判例からも窺える。28条審判で入所した場合は、平成9年6月20日付厚生省児童家庭局長通知(児発434号)は、「児童福祉施設の長に与えられた監護権が保護者等の監護権に優先する」として、親権者からの引取り要求を拒むことができるものとしているが、なお議論のあるところである。

また、児童相談所長および施設長は、親権者の面会・通信の制限をすることが可能であるが(児童虐待12条)、これは親権者の有する身上監護権の行使を部分的に制限するにすぎない。接近禁止命令(児童虐待12条の4)は、その対象範囲が平成29年改正により拡大され、28条審判の場合に加え、同意入所や一時保護の場合にも行えることになり、児童相談所長の権限強化が図られた。しかし、それも面会・通信の全部が制限されている場合の措置であるし、親権全体からみれば一部の制限にとどまる。

学説では、平成12年の児童虐待防止法成立前より、特に28条審判の効果をめぐる議論として、①全面的親権制限説(当然制限説)と②部分的親権制限説(非当然制限説)が主張されていた[7]。本件は同意入所の事例であるが、その議論は参考となる。

①は、28条審判により親権者の監護教育権とそれに付随する懲戒権が停止され、当該権利が施設長に付与され、措置継続中は親権者による引取りは認められないとする[8]。②は、親権の全面的制限ないし停止は、民法上の手続によるべきであって、28条審判により認められるとは解すべきでないとする。子の福祉に反しない限りで、面会交流をはじめとして子の処遇への関与が認められる余地があるが[9]、その範囲・程度が問題となる。手続としては、28条審判とともに766条による審判を行うことによって監護権を一時停止し、措置権者に付与すべきとする見解がみられる[10]。

4 本決定の考察

以上の裁判例や学説の状況を踏まえ、本決定について考察する。

原審も抗告審も、BがCを安定的に監護養育できる生活基盤を構築できておらず、親権者の適格性の観点から問題があるとする点は共通する。その上で、原審は親権を喪失・停止させる必要があるのは、児童福祉法・児童虐待防止法によっては子の保護を図ることができない「特段の事情」がある場合のみと

する限定的な解釈を示した。28条審判と親権の関係には直接は言及していないが、①親権者による不当な引取り要求には児童福祉法28条に基づく入所措置（更新）で対応できるとする。これは平成9年の厚生省通知を踏まえた見解と思われる。また、②面会・通信や接近は児童虐待防止法で禁止することができるから、前記「特段の事情」が認められるのは、子の手術や就職への親権者の同意が得られない場合に限られるとする。

これに対して、抗告審は原審よりも、児童養護施設入所中に民法上の親権制限を行うことについて緩やかに解し、本件事実関係の下では親権喪失事由が認められるとの判断を示した。BとCの同居期間は2年に満たずBの監護実績がないことに加え、これまでのBの行動から「将来、Cに対して暴力を振るうおそれなしとしない」という点も大きな理由と思われる。BはCを引き取りたいと度々要求している事実が認められるのであって、もしそうなった場合にCに対して暴力を振るうおそれも考慮し、慎重に判断する必要があろう。

児童相談所の実務においては、親権喪失制度は、引取りを要求する親権者への対抗手段として、児童相談所・施設と親権者との協力関係の維持・継続がもはや困難である場合にとられる最終手段として位置づけられる[11]。ただ、本件ではAのこれまでの指導をもってしても改善の余地がないことが認められる。さらに、Bはアルコール依存の程度が高く、酒気を帯びて施設を訪れることもあるというのであるから、B自身の問題にとどまらず、子の福祉への深刻な影響が懸念される。

また、少なくとも制度上、親権喪失の審判がなされても、その原因が消滅したときは、親権喪失の審判の取消しを求めることができる（民法836条）。親権喪失は戸籍の身分事項欄に記載され安易に認めるべきではないとの意見もあろうが、本事案については、やはり民法上の親権制限の措置が必要と思われる。CがBやDと生活したいという希望を有している様子もみられない点も、そのような判断を後押しする事情となろう[12]。

2の親権喪失の過去の認容事例では、子に対して繰り返し身体的虐待や性的虐待がみられた。対して、本件では子に対する直接的な加害としての虐待行為は認められないが、監護養育に適した環境を長らく用意していないことが問題とされた。そして、本件は、親権停止制度も設けられている中で、児童相談所長による親権喪失の申立てを認容した公表裁判例という点にも特徴がある。

平成23年の児童福祉法改正によって、親権者は児童福祉施設の長等が子の監護、教育および懲戒のためにとる措置を不当に妨げてはならないことが明確にされた（児福47条4項）。また、子の生命・身体の安全を確保するため緊急の必要があるときは、親権者の意に反しても、監護措置を採ることができるとされた（同47条5項）。これらの規定を有効に生かし、児童の監護をめぐり親と児童相談所・児童福祉施設との協働関係を適切に築いてゆくことが児童相談所（長）に義務付けられるであろうとする指摘がある[13]。一方で、限られた事例であるとしても、本件のように協働関係を探ることが困難な場合もある。児童福祉法および児童虐待防止法により児童相談所・児童福祉施設に認められる権限との関係で、民法上の親権制限の位置づけをどのように考えるか、改めて検討すべき時期にきているといえよう。

（いながき・ともこ）

1) 最高裁判所事務総局家庭局「親権制限事件及び児童福祉法に規定する事件の概況（平成31年1月～令和元年12月）」。
2) 來本笑子「判批」家族法判例百選〔第5版〕（1995年）122頁、吉田恒雄「判批」家族法判例百選〔第7版〕（2008年）96頁、橋本佳子「判批」加藤新太郎＝前田陽一＝本山敦編『実務精選120離婚・親子・相続事件判例解説』（第一法規、2019年）130頁。
3) 平成23年改正前の親権喪失宣告の原因は「父又は母が、親権を濫用し、又は不行跡であるとき」とされていた。
4) 床谷文雄「判批」判タ1046号（2001年）80頁、松本タミ「判批」民商124巻6号（2001年）893頁。
5) 木村茂喜「判批」社会保障判例百選〔第4版〕（2008年）202頁、本沢巳代子「判批」社会保障判例百選〔第5版〕（2016年）893頁。
6) 山田美枝子「判批」民商135巻2号（2006年）447頁。
7) 吉田恒雄「児童福祉法28条審判と親権・監護権」野田愛子＝梶村太市編『新家族法実務大系②』（新日本法規、2008年）448頁以下。
8) 石川稔「児童虐待」谷口知平ほか編『現代家族法大系3』（有斐閣、1979年）325頁（同『子ども法の課題と展開』（有斐閣、2000年）所収、48-49頁）。
9) 許末恵「児童福祉法28条による施設入所等の措置」吉田恒雄編『児童虐待への介入〔増補版〕』（尚学社、1999年）65-66頁、同「児童福祉法に関する二、三の問題点について」社会福祉研究77号（2000年）12頁。親権制限と面会交流に関する学説は、高橋大輔「親権停止と面会交流の法的関係」古橋エツ子＝床谷文雄＝新田秀樹編『家族法と社会保障法の交錯』（信山社、2014年）127-128頁、135-136頁参照。
10) 鈴木隆史「里親制度の改革と法的対応について」石川稔＝中川淳＝米倉明編『家族法改正への課題』（日本加除出版、1993年）425-426頁（同意委託の場合については、同422-425頁）、米倉明「親権概念の転換の必要性──親権は権利なのか義務なのか」星野英一＝森島昭夫編『現代社会と民法学の動向(下)』（有斐閣、1992年）400-401頁。
11) 木村・前掲注5)203頁。
12) 一般にはDへの親権者変更も考えられるが、Dは婦人保健施設入所の際にCの児童養護施設入所に同意し、またB・Dの離婚時に親権者をBと定めたのには、Cを監護することが困難な理由があるのかとも推測される。
13) 床谷文雄「児童福祉法28条審判をめぐる議論展開と民法（親権・未成年後見法）改正」古橋エツ子ほか編・前掲注9)115頁。

環境 公害防止事業費事業者負担法施行前の行為につき同法に基づいてなされた負担金決定の憲法適合性等

東京地判令元・12・26
平 26(行ウ)645 号・47 号、公害防止事業者負担決定取消
請求事件
裁判所 HP

桑原勇進 上智大学教授

環境判例研究会

●——事案の概要

　東京都知事は、平成 18 年、ダイオキシン類特別対策措置法（以下、ダイオキシン法という）31 条 1 項に基づいて「北区 a 地域ダイオキシン類土壌汚染対策計画」を策定し、同計画に基づき平成 18 年度から 19 年度にかけてダイオキシン類土壌汚染対策事業が実施された。その後（紆余曲折あるが）公害防止事業費事業者負担法（以下、負担法という）6 条 1 項に基づき費用負担計画が策定され、そこでは、a 地域におけるダイオキシン汚染の原因者は訴外 D および X_1、X_2 であるものとされている。本件は、負担法 9 条 1 項に基づき、X_1、X_2 に対して、前記事業に要した費用の一部につき、負担決定がされたところ（D は不存在のため負担させることができない）、X_1、X_2 がそれぞれ自己に対する負担決定の取消しを求めた事件である。論点は多岐にわたるが、ここでは、判旨の紹介およびその検討の対象を、負担法施行前の行為によって生じた公害について、当該行為者に対し同法に基づく負担をさせること（遡及適用）が憲法に違反しないか、という点と、ダイオキシン法 31 条 7 項の「事業者によるダイオキシン類の排出とダイオキシン類による土壌の汚染との因果関係が科学的知見に基づいて明確な場合」との文言の意義に纏わる論点等若干のものに絞ることとする。

●——判旨

　1　遡及適用の合憲性について
　(1)　「法律で一旦定められた財産権の内容が事後の法律により変更されることによって法的安定に影響が及び得る場合における当該変更の憲法適合性については、当該財産権の性質、その内容を変更する程度及びこれを変更することによって保護される公益の性質などの諸事情を総合的に勘案し、その変更が当該財産権に対する合理的な制約として容認されるべきものであるかどうかによって判断すべきものであ［る］。」

　(2)　「既に発生した公害について、その除去、防止に係る事業を行って地域環境の汚染の拡大を防止するとともに、汚染された環境の回復を図ることは、社会的な要請であるといえるところ、このような事業を行う費用については、①経済的観点や正義、公平の観点等に照らすと、原因行為が負担法施行後にされたか否かを問わず、当該公害の原因をもたらした事業者に負担させることには合理性があるものといえる。

　また、②負担法は、費用を負担させることができる事業者の要件を規定してその範囲を絞り（3 条）、負担額の減額措置を定めるなど（4 条、7 条）、公害が同法施行前の事業活動に起因する場合に負担額を減額することができるようにして、事業者の負担が過度に厳しくならないように配慮しているものといえる。

　そして、③負担法制定前の事業活動に起因する公害について、同法に基づく事業者負担金が支払われることによって、公害防止事業の財政的基礎が強化され、当該事業の早急かつ円滑な実施が可能となり、地域環境の汚染の拡大が防止され、汚染された環境の回復が図られるものといえる。

　これらの事情に鑑みれば、負担法制定前の事業活動に起因する公害について同法に基づき事業者負担

金を課すことは、公害の原因となる事業活動を行った事業者の財産権に対する合理的な制約として容認されるべきものと解するのが相当であるから、このような行政法規の遡及立法が公共の福祉に反するということはできない。」

(3) 「公害防止事業を行う費用について、公害の原因をもたらした事業者に負担させることには合理性があり、④事業者に公害の発生や毒性についての認識がなかったことは、負担額を減額すべき事情として考慮され得るとしても、このことをもって、公用負担の形式により事業者の故意・過失を問わずに課す事業者負担金の定めが、財産権に対する合理的な制約として容認し得ないものということはできない。また、⑤汚染された環境の回復を図るべきであるとする社会的要請や、正義、公平の観点等に照らせば、公害の原因をもたらした事業活動から期間が経過したことをもって、直ちに事業者負担金を課すことが財産権に対する合理的な制約として容認し得ないものということもできない。」

2 ダイオキシン法31条7項「因果関係が科学的知見に基づいて明確な場合」について

(1) 「訴訟上の因果関係の立証は、一点の疑義も許されない自然科学的証明ではなく、経験則に照らして全証拠を総合検討し、特定の事実が特定の結果発生を招来した関係を是認しうる高度の蓋然性を証明することであり、その判定は、通常人が疑いを差し挟まない程度に真実性の確信を持ち得るものであることを必要とし、かつ、それで足りるものと解される。

そして、……ダイオキシン法の規定（31条7項のこと――引用者注）の文言に照らせば、事業者によるダイオキシン類の排出とダイオキシン類による土壌の汚染との因果関係については、経験則に照らして自然科学的知見に基づく立証を含めた全証拠を総合検討し、因果関係が明確であること、すなわち、原因・結果の関係を是認し得る高度の蓋然性を通常人が疑いを差し挟まない程度に真実性の確信を持ち得る程度に証明することが求められるというべきである。」

(2) 「ダイオキシン法31条7項は、飽くまでダイオキシン類の排出と汚染との間の法的因果関係の判断を規律するものであり、……同項が上記因果関係の立証について高度の蓋然性よりも高い証明の程度を求めるものとは解されない」。

※下線および①以下の番号は引用者による。

●――研究

1 遡及適用の合憲性について

　負担法の遡及適用の合憲性については、これを肯定した裁判例として名古屋地判昭61・9・29判時1217号46頁（以下、名古屋地裁判決という）がある。本判決および名古屋地裁判決は、どちらも最大判昭53・7・12民集32巻5号946頁（以下昭和53年最判という）を引用し（本判決は最一判平23・9・22民集65巻6号2756頁も引用している）、［判旨］1(1)のような一般的判断枠組を示す。そして、負担法の遡及適用に関する当てはめの仕方についても、ほぼ同様の事項につきほぼ同様の評価をし（［判旨］1(2)①～③の事項・評価）、合憲との結論を出している。②は、判断枠組の中の財産権ないし既得の地位の変更の程度に関するもので、減額等の緩和措置がとられている等の理由から変更の度合いは大きくない、という評価であろうか（本判決では、X₁、X₂の負担すべき額は2千万円前後だが、名古屋地裁判決の事案では減額措置がとられてはいるものの負担すべき額が1億円を超えているので、変更の度合いそれ自体は大きくないとは言えないようにも思われる。①～③の総合判断の中に位置付ければそれほど大きいとは評価できない、ということだろうか。そもそも、いくら負担しなければならないかは個別の事案によって異なるので、変更の度合いを一般的に語ることは不可能である）。ただ、支払う必要のなかったものの支払を強制されるという変更は、昭和53年最判の事案における変更（自作農創設特別措置法による買収対価で売り払いを受けられるという地位が、時価の10分の7での売り払いに変わった）とはだいぶ異なる。③は、財産権の変更によって保護される公益の性質に対応するものかと考えられる。両判決とも、事業者負担金により汚染の防止や汚染された環境の回復につながることを指摘するが、事業者負担が直接役立つのは公害防止事業の財政基盤の強化である。つまり、事業者負担により保護される公益は、公害防止や環境回復ではなく、投入される公費を縮小させることだということもできる（事業者負担がなければ公害防止事業の実施自体が財政的にできないというのであれば別であるが）。変更される財産権の性質についてはどうか。両判決が引用する昭和53年最判の

事案で問題となった既得財産権は、買収価格で売り払いを受ける権利ないし期待で、既に成立した売買契約に基づく権利でもないし、（土地の値段が相当に変動している等の事情の下では）さほど要保護性の高い権利ではなかったが、本件で問題となっているのは金銭負担を強制されないという普通に保護されるべき地位ないし財産的権利で、だいぶ性質が異なる[1]。

上記のような考察を踏まえると、負担法による事業者負担の遡及適用は、昭和53年最判の事案における遡及適用とは相当に異なり、少なくとも昭和53年最判をなぞって合憲という結論を下すには適さないのではないかと思われる。ところで、①は、一般的判断枠組の中の変更される財産権の性質に対応する事柄であろうか。そうではなく、誰に公害防止事業費を負担させるのが公平か、ということのように見受けられる。すなわち、両判決が言うように原因者負担とするのが正義、公平の観点から合理的だということであって、変更される財産権の性質という観点とは異なる。公害防止事業の実施が必要なのであれば、それに要する費用は誰かが負担しなければならない。では誰が負担すべきか。公害の原因を作った者だ、という考え方はある意味自然であるし、直感的には正義、公平の観念にも適う。また、名古屋地裁判決には言及されていないが本判決では言及されている「経済的観点」が何を意味するかは直ちに明らかではないものの、もし、公害原因行為によって利益を得ていた（より正確には、利益を得るために公害原因行為を行った）者は当該行為による不利益も負担すべし、ということであるとすると（最安価費用回避可能者といった意味合いは見出しがたい）、やはり正義、公平の観念に適うであろう。そうすると、少なくとも負担法による事業者負担の遡及適用に関しては、昭和53年最判の判断枠組をただなぞるのではなく、正義、公平という観点を一般的判断枠組の中に直截に位置付けておくのが妥当だったのではないかと思われる。正義、公平という観点を踏まえるなら、合憲という結論に賛成しうる。この点は、ダイオキシンの発生や毒性を事業者が知らなかったとしても同様であるし（[判旨]1(3)④）、事業活動からかなりの期間が経過したとしても同様である（同⑤）。

なお、③の事項は、あまり強調しないほうがよいと思う。この観点は、巨大な公益の前に個人に犠牲を強いることを正当化するもので、功利主義的色彩が強い。（昭和53年最判の事案のような要保護性の小さい既得権のような場合はともかく）私人ではなく公共の負担とする道もありうるのではないか（むしろ、損害の負担は被害者が負うのが原則で、例外的に正当な理由がある場合にのみ他に転嫁できるという考え方からすると、汚染原因者に負担を転嫁するための正当な理由がなければならなくなるので、公共負担が原則だ、ということにもなりうる。この点については、桑原「状態責任の根拠と限界（四・完）」自治研究87巻3号（2011年）100頁以下参照）。

2　ダイオキシン法31条7項の「因果関係が科学的知見に基づいて明確な場合」の意義について

ダイオキシン法31条7項は、事業者によるダイオキシン類の排出と土壌汚染との因果関係が科学的知見に照らして明確な場合に負担法を適用する旨定めている。そこで、本件に負担法を適用するためには、Xらによる排出と本件土壌汚染との因果関係が科学的に証明されている必要があるかどうかが問題となる。[判旨]2(1)は、最二判昭50・10・24民集29巻9号1417頁を引用して、ダイオキシン法31条7項の場合も同様とするものである。Xらは、本件で要求される証明度は高度の蓋然性では足りず、因果関係について一点の疑義も残ってはならない旨主張したようであるが、本判決は、[判旨]2(2)のように述べて、これを排斥している。しかし、これでは、ダイオキシン法31条7項がわざわざ「科学的知見に基づいて明確」と規定した意味がないことになってしまいそうである。どのように考えたらよいだろうか。

負担法に基づく事業費負担は、包括的因果関係としての（広い意味での）原因者負担であるとされている。すなわち、費用負担者の事業活動と具体的な個別の被害との因果関係の証明がされている必要はなく、当該地域における公害に何らかの程度で寄与しているという関係さえ認められれば、費用負担をさせることができる[2]。ダイオキシン法31条7項は、その例外として位置付けられる。つまり、費用負担者の事業活動と土壌汚染との個別的な因果関係が証明されればよく[3]、同条項はこのことを以て「科学的知見に基づいて明確」と表現しているのではないか。このように考えれば、通常の証明度と同様「高

度の蓋然性」で足りることになる。

ところで、「科学的知見に基づいて明確」でなければならないのは、「排出」と「土壌の汚染」との因果関係である。排出をしたという行為自体の証明は科学的に証明される必要はない。本判決も、推論を重ねながら排出の事実を認定している。そして、排出の事実が認められるなら、排出されたダイオキシンと汚染原因となっているダイオキシンが同種（ないし排出された物質の変化物）であれば、そして、それが地中に留まるような性質のものであれば、他にも原因がありうるとしても、（排出時期から汚染判明までの期間に分解されてしまうというような性質でもない限り）排出と汚染との因果関係は科学的に証明されたと言えるはずではないか。排出と汚染という事実以外に「科学的知見に基づいて明らか」でなければならない事実があるのだろうか。他の汚染原因（例えば、本件では、搬入土が汚染されていた可能性）がありうるかどうか、他の汚染原因との関係で汚染寄与度がどれほどか、といったことが別途問題になりうるが、これらは科学的な証明の対象にはならないのではないか。そうすると、ダイオキシン法31条7項は、包括的な因果関係だけでは足りないということを意味するにすぎず、科学的な知見に基づく一点の疑義もない証明度を要求するという趣旨ではないということになるのではないかと思われる（多くの場合、そんなことは不可能だと思う）。この規定には、そんなに大袈裟な意味はないということになるのではないか。ついでに言うと、そもそも、科学的証明は、一点の疑義も許されないなどという100％絶対的に正しいというようなものではない。一点の疑義もない証明が要求されるとなると、おそらく、数学的証明以外には、自然科学的証明は不可能なのではないかと思われる。

ダイオキシン法31条7項の立証上の意味が争点の一つとなった先例として、東京地判平18・2・9判タ1309号151頁（およびその控訴審判決である東京高判平20・8・20判タ1309号137頁）があるが、その東京地裁判決には、「PCBの地中への排出の事実が認められるならば、その排出の事実と当該PCBに由来するダイオキシン類による土壌の汚染との因果関係については経験則上高度の蓋然性をもって推認され、その因果関係の存在は科学的知見によっても明らかであるということになる。」という判示部分がある。評者には、この判示の意味は必ずしも明確ではないが、もしかすると、前記のような趣旨（排出の事実が認められれば排出と土壌汚染の因果関係もほぼ自動的に科学的にも認められる）のものと見ることができるかもしれない。

3 その他

最後に、一点だけ言及しておく。ダイオキシンを事業所内にしか排出していない場合「公害」に該当しないという原告主張に対し、本判決は「事業所内の人の健康又は生活環境に係る被害を生じさせたのであれば、……『公害』に当たる」としている。「被害」が事業所内にとどまっているなら労働災害であって「公害」ではないというのが通常の公害理解ではないかと思われるが、本判決を契機に従来の公害の概念が変わることになるのだろうか。もっとも、本件では既に事業所ではなくなっており（公園、学校等になっている）、まさに「公害」（環境基本法2条3項）になっているので、本件に限っては、公害の概念如何ということは問題にならない。

（くわはら・ゆうしん）

---

1) 又坂常人「判批」自治研究64巻1号（1988年）142頁は、負担法の遡及適用について、「『法律によって与えられた財産上の権利』が事後法によって変更されることではなく、過去の事実が現在の義務の発生原因となることが問題とされている」ので「『財産権の性質』や『変更の程度』を論ずることは元来不可能なはずであって、……本件においては最高裁の前記判決の枠組みを用いることは不適切であった」としている。もっともな指摘で、変更の程度を一般的に論ずることはできないし、正義・公正という観点を判断枠組の中に位置づけるべきであることからして、昭和53年最判の枠組みを用いることは適切でないと思う。ただ、負担をしなくてよいという地位ないし財産的「権利」が変更された、という構成をすることで、権利の性質についてはこれを論ずることが可能となるのではないかとも思われる。
2) 大塚直『環境法〔第4版〕』（有斐閣、2020年）732頁。
3) 大塚・前掲書396頁以下によれば、ダイオキシン法は包括的因果関係ではなく個別的因果関係を要求している。

医事
人工呼吸器の電源が喪失して使用者が死亡した
ケースにおいて、製造物責任法3条の「欠陥」が
不存在とされた事例

東京地判平30・2・27
平27(ワ)37137号、損害賠償請求事件
判タ1466号204頁（請求棄却・確定）

阪上武仁　弁護士
医事判例研究会

● ──事案の概要

1　亡Aは、平成25年7月、筋萎縮性側索硬化症（ALS）を発症し、平成26年3月、B病院において、ALS治療のための気管切開を行った後、人工呼吸器を使用していた。

亡Aは、同年7月8日、B病院を退院して自宅療養をすることになり、在宅療養の担当医であるCクリニックが、人工の呼吸器Dを輸入、製造および販売するYに対し、Dを発注し、同月9日、Yが亡Aの自宅にDを設置した。設置した時点における外観検査および通電検査では、Dに何ら異常は認められなかった。なお、貸し出されたDは、中古品であったが、それ自体は不相当ではない。

2　Dは、電力により稼働するところ、電力供給の方法は、AC電源コード、外部バッテリー電源、着脱式バッテリー電源または内部バッテリー電源の4つがある。本件では、亡Aは外部バッテリー電源を利用していなかったことから、本件におけるDへの電力供給の方法は、同電源を除く3つである。

Dへの電力供給には順序があり、AC電源コードから電力供給されている場合には、着脱式バッテリーおよび内部バッテリーから電力供給されない（この場合、着脱式バッテリーおよび内部バッテリーに充電される）。これに対し、AC電源コードから電力供給されていない場合で、着脱式バッテリーが装着されているときは同バッテリーから、着脱式バッテリーが装着されていないときは内部バッテリーから、それぞれ電力が供給される仕組みになっている。

3　亡Aが使用するDは、同年10月13日午前10時48分、AC電源コードが完全に断線したことから、AC電源コードからの電力供給が無くなり、アラームが発生すると共に、着脱式バッテリーに切り替わってDへの電力供給が継続された。

そして、着脱式バッテリーが完全に消耗した結果、同日午後1時29分、内部バッテリーに切り替わってDへの電力供給が継続された。

同日午後6時0分、Dの内部バッテリーの充電残量があと約20分となったことを意味するアラームが発生し、さらに同日午後6時4分以降、内部バッテリーの充電残量があと約10分間になったことを意味するアラームが繰り返し発生した。

他方、亡Aの妻X₁は、同日午後6時1分頃、Yのコールセンターに架電し、Dのモニター上の表示について相談した。この電話を受け、同コールセンターからYの従業員Eが代替機を持って亡Aの自宅に向かった。

しかし、Eが亡Aの自宅に到着する前である同日午後6時41分、Dの内部バッテリーが完全に消耗して電力供給が停止したことから、Dは作動を停止し、亡Aの気道が確保できなくなった。

4　亡Aは、救急車で病院に搬送されたが、同月23日、死亡した。

5　そこで、亡Aの妻X₁および子X₂ないしX₅が、Yに対し、製造物責任（同法3条）による損害賠償請求権に基づき、合計5602万0715円を請求する訴訟を提起した。

● ──判旨

結論　請求棄却（確定）

1　「一般に、一般消費者は当該製造物の構造や機構が複雑な場合など必ずしも十分な知識と理解を得ることができるとは限らないから、製造物責任を問う場合に製造物の具体的欠陥部位や事故発生の具体的機序を特定して主張せずとも、当該製造物の特性やその通常予見される使用形態など製造物責任法2条2項所定の当該製造物に係る事情を考慮し、当該製造物の通常の用法に従って使用しているときに生

命、身体又は財産に被害を及ぼす異常が発生したと評価するに足りる各事情を主張立証することで足りると解するのが相当である。本件においても…Dは、人工呼吸器を必要とする患者を対象として連続的又は断続的な換気サポートを提供する装置であるから、通常の使用方法に従った使用中に電源を消失し、作動を停止するような人工呼吸器は、人工呼吸器として通常有すべき安全性を欠いており、明らかに欠陥があるということができる。そうすると、欠陥の存在に関する主張立証については、X₁らがDをその通常の使用方法に従って使用していたにもかかわらずDが電源を消失し、作動を停止するという生命、身体又は財産に被害を及ぼす異常が発生したと評価するに足りる各事情を主張立証することで足りることとなる。他方、製造物責任を争うYとしては、上記評価を基礎付ける事情の存在を疑わしめ又は上記評価を障害するに足りる事情の存在を立証してこれを争うこととなる。」

2 そして、「医療従事者の支援が常時受けられるわけではないという在宅療養の性質上、Dは、患者、その家族及び介護者等の本件製品の使用者が、当該機器が生命維持装置であり患者の生命・身体の安全に直結するものであることを十分に理解した上で、医師の処方及び指示に従うことはもちろん、本件製品の取扱説明書に従って自ら使用することが当然想定されているというべき…。」である。

そして、「Dは、AC電源以外に、着脱式バッテリー及び内部バッテリーというバックアップの役割をも担う電源を備えており、各電源からの電力供給の有無及びバッテリー残量について本件製品の前面パネル等の表示により確認することができる…。また、Dは、アラームメッセージ及びアラーム音によって、使用者に対し、各電源ないしバッテリーの電力供給の有無並びに消耗の程度及び緊急性等に関する情報を逐次提供し、簡易取扱説明書には、アラーム発生時の標準的な対処順序として、患者の安全を確認するとともに、アラームの内容を確認し、アラーム対応表を参照して問題を解決した上で、リセットボタンを押してアラームをリセットするよう記載されており、アラーム対応表には、『AC電源外れ』、『バッテリーが消耗しました』及び『バッテリー電圧低下』の各アラームについて、対処方法が説明されている…。」

さらに「…アラームへの対処方法が分からない場合でも、Yの営業所ないし機器安全センターに電話することで、24時間対応の技術サポートの提供を受けること…。」ができる。

そうすると「電力供給状態に関してアラームが発生した場合には、使用者としては、バッテリー残量等の表示やアラーム機能により提供される情報を確認し、内部バッテリーが消耗してしまう前に、アラーム対応表に従ってバッテリー交換等の適切な対処を行い、それによってアラームの原因が解消されるか(アラームが発生しなくなるか)を確認して、原因が解消されない場合には更に被告の技術サポートを受ける等の適切な措置をとることがDの通常予見される使用形態であるというべきであり、このように解したとしても患者の家族等のDの使用者に過度の負担を課すことにはならない。」

3 本件においては「DはAC電源コードが断線した後も着脱式バッテリー及び内部バッテリーにより約8時間半にわたり作動しており、バックアップ電源が想定されているとおり機能したものと認められる…。Dは、遅くとも平成26年10月13日の午前10時頃にはAC電源コードが正常に作動しなくなり、同日午前10時48分には着脱式バッテリーによる電力供給に切り替わり、同日午後1時29分には着脱式バッテリーが消耗して内部バッテリーによる電力供給に切り替わっているところ、その旨及び内部バッテリーの充電残量を知らせるアラームメッセージ及びアラーム音が繰り返し作動したにもかかわらず、アラームが発生するたびに消音ボタンやリセットボタンが押されるだけで、アラーム対応表に従った対応がされていない…。X₁はDの着脱式バッテリーを交換しているものの…正常に装着されなかったものと認められ、着脱式バッテリー交換後も『内部バッテリーをほとんど消耗しました』というアラームが繰り返し発生していることからすれば…着脱式バッテリーが正常に装着されていないことを認識することができた…。」が、必要な対応がとられていない。

したがって、「…本件事故は、Dについて、使用者が通常の使用方法に従って使用していたにもかかわらず電源が消失し、作動を停止したことによるもの…」ではなく、欠陥があったということはできない。

●──研究

1 本判決を取り上げた理由

在宅医療を受ける人が年々増加するとともに[1]、在宅で人工呼吸器を装着している患者の数も増加している[2][3]。

かかる現状においては、患者、患者の家族および

ヘルパー等（以下「患者等」という）のいわば素人が使用した場合であっても人工呼吸器が安全に作動するのみならず、仮に、トラブルが生じたとしても、患者等が対処できることが、患者の生命維持にとって重大な問題である。そして、仮に、正常に作動せず、または患者等がトラブルに対処できないまま、患者が死亡した場合、人工呼吸器のメーカー等が製造物責任法に基づく責任を負うことがあり得る。

ところで、製造物責任法に基づく責任は、「欠陥」が存在することで生じるところ（同法3条本文）、「欠陥」は規範的要件であり、具体的な主張立証の対象は文言上明らかではない。かかる場合において、具体的な主張立証の構造を明確にすることは、責任を問う側にとっても、メーカー等の側にとっても、訴訟で争う上で重要である。

そこで、具体的な主張立証の対象を明確にした上で、事実のあてはめを行っている本判決は、今後の参考になると考え、取り上げることとした。

2 医療機器に関する他の裁判例の紹介

医療機器に関する製造物責任が問題となった裁判例の数は少なく、以下の裁判例は、いずれも病院等で手術中または治療中にトラブルが生じたものである。本件のように、在宅医療の場面での医療機器の製造物責任が問題となった他の裁判例は見当たらない。

まず、製造物責任を肯定した裁判例には、乳児の気管切開部位に装着した医療器具による換気不全における判決（東京地判平15・3・20判タ1133号97頁、判時1846号62頁）[4]、脳動静脈奇形の手術において使用されたカテーテル破裂における判決（東京地判平15・9・19判時1843号1118頁）がある。なお、製造物責任法が適用されない事案であるが、同法の枠組みにしたがって製造者の責任が肯定された裁判例として、人工心肺装置を用いて行われた心臓血管手術中に同装置の送血ポンプのチューブが破損した事例における判決（東京高判平14・2・7判タ1136号208頁、判時1789号78頁）[5]がある。

これに対し、同責任を否定した裁判例には、高エネルギー超音波前立腺治療装置のメモリーカードの故障における判決（東京地判平25・10・17判時2214号65頁）がある。

3 製造物責任法における「欠陥」について

(1) 製造物責任法第3条の規定は、製造物業者等が負う製造物責任の責任根拠規定であり、「故意又は過失」を要件とする民法の不法行為責任（民法709条）の特則である。製造物責任においては、不法行為責任の成立要件である「故意又は過失」が不要とされる代わりに「欠陥」の存在が要求されているのが特徴である[6]。

(2) 同法3条本文の「欠陥」とは、同法第2条2項において、当該製造物が「通常有すべき安全性を欠いていること」と定義されている。

一般的に「欠陥」は、①設計上の欠陥、②製造上の欠陥および③指示・警告上の欠陥の3つの類型に分類されると解されている。

具体的には、①設計上の欠陥とは、製造物の設計段階で十分に安全性に配慮しなかったために、製造物が安全性に欠ける結果となった場合である。次に、②製造上の欠陥とは、製造物の組立に誤りがある等、製造物が設計・仕様どおりにつくられず安全性を欠く場合である。また、③指示・警告上の欠陥とは、製造物の有用性ないし効用との関係で除去しえない危険性が存在する製造物について、その危険性の発現による事故を消費者側で防止・回避するに適切な情報を製造者が与えなかった場合である[7]。実際にも、この3つの類型に基づいて欠陥が主張されることが多い。

(3) 製造物責任法の規定は、民法の不法行為責任の特則であるが、「欠陥」の立証責任を転換しておらず、損害賠償請求をする者が、「欠陥」の存在について主張・立証しなければならない。実際には、上記(2)の3つの類型に基づいて主張がなされることが多い。

もっとも、上記(2)に挙げる3つの類型については成立要件でないため、当事者は、これらのうちの当該製品の欠陥がどれに該当するかを特定して主張する必要までは無く[8]、通常の用法に従って適正に製品を使用していたのに被害が生じたことを主張立証することによって「欠陥」を証明することも可能である[9]。

そして、規範的要件である「欠陥」の存在を認定するにあたっては、①当該製造物の特性、②通常予見される使用形態、③当該製造物を引き渡した時期および④その他の当該製造物に係る事情の4つの要素が規定されているが（同法2条2項）、これらの要素だけでは、当事者が主張立証しなければならない具体的な対象が明確ではない。

そこで、製造物責任訴訟の審理においては、不法行為における「過失」と同様、当該事案における「欠陥」の具体的な内容を明確にする必要がある[10]。

4 本判決における「欠陥」の判断過程

（1） Dにおける「欠陥」とは、㋐Dを通常の使用方法に従って使用していたにもかかわらず、㋑Dの電源が喪失して作動が停止することと判示された。本件訴訟においては、㋑については争いが無いので、㋐の主張立証が重要である。

（2） では、いかなる使用方法が㋐に該当するのかにつき、本判決は、X₁ら使用者が「Dの取扱説明書に従って自ら使用すること」と判示している。

在宅医療においては、患者等がDを操作することになるが、Dを使用するための知識や経験のない同人らが安全にDを使用するには、使用者向けにYが作成した取扱説明書に従ってDを操作することになるという実情に鑑みれば、相当な判断といえよう[11]。

もちろん、一般消費者が取扱説明書をすべて読んで理解することが難しい場合があることは否定できない。しかし、本件においては、YからX₁に対し、取扱説明書のほか、簡易取扱説明書も交付されているのみならず、X₁およびヘルパーがDのアラームメッセージおよびアラーム音によって異常を知ることができるようになっており、アラームへの対処方法が同書にアラーム対応表としてまとめられていること、24時間対応のコールセンターが設置されており、使用方法をいつでも相談できることを考慮すれば、取扱説明書に従った使用を通常の使用方法とする本判決の判断は、不相当とはいえない。

また、本件の経緯に鑑みれば、X₁およびヘルパーらの対応は、Dの取扱説明書に従った使用方法から大幅に外れていることから、Dに「欠陥」が存在しないという本判決の結論は、相当なものといえる。

（3） なお、在宅医療の増加に伴い、患者等のいわば素人が医療機器を操作してトラブルに対応しなければならない場面も増加すると思われる。とすれば、在宅医療で用いられる医療機器には、素人にもトラブルに対応する操作ができるような記載方法が取扱説明書でなされていること、その前提となるトラブルの存在、内容および必要な指示等が音やメッセージで表示されること等が必要とされ、仮に、これらを欠く場合には、当該医療機器に設計上の欠陥や指示・警告上の欠陥が肯定されるケースもあり得るであろう。

もっとも、本件においては、原告らがDについて上記各欠陥の主張したことを判決文から読み取れることはできず、争点とならなかったと思われる。

5 最後に

在宅医療を受ける人が増加する中、医師等の専門家ではなく、患者等に医療機器の操作を任せる機会は、今後さらに増加することが予想される。

かかる状況において、医療機器のトラブルで患者の生命・身体が損なわれた場合、いわゆる医療過誤訴訟ではなく、医療機器に関する製造物責任を問う訴訟が増加することが有り得る。しかし、在宅医療における医療機器の製造物責任が争われたケースは本件以外に見当たらず、同責任の成立要件である「欠陥」の具体的内容については、今後の裁判例の集積を待つことになる。

本判決は、「欠陥」の具体的内容を明示して、その有無を判断したものとして評価できる。

（さかうえ・たけひと）

---

1) 厚労省「平成29年（2017年）患者調査の概況」（2019年）6頁。
2) 八反丸善裕「在宅人工呼吸器について」（2016年）31頁。
3) 2018年3月31日時点の在宅人工呼吸器装着者数は、TPPVが7395人、NPPVが12,114人で、合計19,509人という調査結果がある（宮地隆史「全国都道府県別の在宅人工呼吸器装着者調査（2018）」（2018年））。
4) 手嶋豊「乳児の気管切開部位に装着した医療器具による換気不全と製造物責任等」消費者法判例百選182頁。
5) 野村豊弘「医療器具と製造物責任」医事法判例百選〔第一版〕228頁、山下登「医療器具と製造物責任」医事法判例百選〔第二版〕134頁。
6) 消費者庁消費者安全課編『逐条解説・製造物責任法〔第2版〕』（商事法務、2018年）95頁。
7) 同上58頁
8) 土庫澄子『逐条講義製造物責任法〔第2版〕』（勁草書房、2018年）77頁。
9) 伊藤崇『製造物責任における欠陥の主張立証の実務』（民事法研究会、2015年）12頁では、通常の用法に従って適正に製品を使用していたのに被害が生じた場合は、設計上の欠陥と製造上の欠陥の境界線上の事案であると説明している。
10) 本判決の匿名解説（判タ1466号204頁）。
11) 大阪府が作成した在宅で人工呼吸器を使用する患者ら向けに作成した「在宅人工呼吸器ハンドブック〔第2版〕」（2016年）には、アラームが作動した時に備えて「取扱い説明書をすぐ確認できるようにしておきましょう」と明記されていることからも、アラームが動作した場合に取扱説明書の記載に従って操作することの重要性が伺われる。

労働　健康障害結果の不発生と安全配慮義務違反の成否
──狩野ジャパン事件

長崎地大村支判令元・9・26
平 29(ワ)127 号、割増賃金等請求事件
労判 1217 号 56 頁、労経速 2402 号 3 頁

小鍛冶広道　弁護士
労働判例研究会

●───事案の概要

　原告Xは、平成 24 年 5 月末ないし同年 6 月に、麺類の製造・販売等を目的とする株式会社である被告Yに入社し、Yの製麺工場においてミキサーに小麦粉を手で投入する作業、および清掃作業に従事してきた者である。本件は、平成 29 年 6 月 30 日にYを退職したXが、同 27 年 6 月 1 日から同 29 年 6 月 30 日までの未払賃金・未払割増賃金等の請求を求めるとともに、「YがXから過酷な長時間労働を長期間恒常的にさせたことは、不法行為を構成するというべきである」等として、慰謝料 100 万円および弁護士費用 10 万円の損害賠償請求を求めた事案である（未払賃金・割増賃金請求に関しては、職務手当がいわゆる定額残業代といえるか否か、等が争われているが、本稿では省略する）。

　XY間の労働契約における 1 日の所定労働時間は 6 時間 40 分（始業 9 時～終業 5 時、休憩 80 分）であったのに対し、Xの労働時間の状況としては、裁判所の認定によれば、平成 27 年 6 月 1 日から同 29 年 6 月 30 日までの間において、同 28 年 1 月と同 29 年 1 月を除くすべての月において月 100 時間以上の時間外等労働（時間外、休日労働および深夜労働の略、法内残業を含まない）を行い、うち同 27 年 6 月、同年 9 月、同年 10 月、同 28 年 4 月、同 29 年 3 月および同年 6 月には月 150 時間以上、同 28 年 4 月に至っては 160 時間以上の時間外等労働を行っていた。また、平成 28 年 1 月と同 29 年 1 月においても、月 90 時間以上の時間外等労働を行っていた。他方、平成 27 年 6 月 1 日から同 29 年 1 月末までについては、Y事業場において三六協定の締結は行われておらず、また、平成 29 年 2 月 1 日については、形式的には三六協定は締結されてはいたものの、過半数

代表者の適正な選任は行われていなかった。他方、裁判所は、「Xが長時間労働により心身の不調をきたしたことについては、これを認めるに足りる医学的な根拠はない」と認定している。

●───判旨

〈不法行為の成立を認め、慰謝料＋弁護士費用 33 万円の限度で賠償請求認容〉

　上記不法行為に基づく損害賠償請求について、裁判所は以下のとおり判示した。

　1　まず裁判所は、「安全配慮義務について」と題する項において、「労働者が労働日に長時間にわたり業務に従事する状況が継続するなどして、疲労や心理的負荷等が過度に蓄積すると、労働者の心身の健康を損なう危険のあることは、周知の事実である。そうすると、Yは、Xに対し、従事させる業務を定めてこれを管理するに際し、業務の遂行に伴う疲労や心理的負荷等が過度に蓄積してXの心身の健康を損なうことがないように注意すべき義務があったというべきである。」と判示した。

　2　そのうえで裁判所は、「安全配慮義務違反について」と題する項において、本件について、①平成 27 年 6 月 1 日から同 29 年 6 月 30 日までの間、Xが恒常的に長時間の時間外等労働に従事したこと、②Yが、平成 27 年 6 月 1 日から同 29 年 1 月 31 日までは三六協定を締結しておらず、同 29 年 2 月 1 日以降は労基則 6 条の 2 第 1 項の要件を満たさない無効な三六協定を締結してXを時間外労働に従事させてきたこと、③同期間中、Yがタイムカードの打刻状況から窺われるXの労働状況について注意を払い、Xの作業を確認し、改善指導を行うなどの措置を講じることもなかったこと、を摘示したうえ、「以上によれば、Yには、安全配慮義務違反があっ

たといえる。」と判示した。

3　さらに裁判所は、上記のとおり、「本件において、Xが長時間労働により心身の不調を来したことについては、これを認めるに足る医学的な証拠はない」としつつも、「しかしながら、結果的にXが具体的な疾患を発症するに至らなかったとしても、Yは、安全配慮義務を怠り、2年余にわたり、Xを心身の不調を来す危険があるような長時間労働に従事させたのであるから、Xの人格的利益を侵害したものといえる」との判断を示したうえ、人格的利益の侵害によりXが被った精神的苦痛に対する慰謝料として、金30万円（および弁護士費用3万円）の限度で賠償請求を認容した。

●──研究

1　（前提）類似裁判例の存在

本判決は、Xにおいて心身の健康障害という「結果」が発生していないにもかかわらず、Yについて安全配慮義務違反の成立を認め、慰謝料請求を認容した、という点において特徴的な判決であるが、同様の裁判例として、無洲事件東京地裁判決（東京地判平28・5・30判タ1430号201頁、労判1149号72頁）が存する。本判決は不法行為構成、無洲事件東京地裁判決は債務不履行構成、という法律構成の差異は存するものの、その判示内容は極めて酷似しており、認容した慰謝料額（金30万円）まで同額であることからすれば、本判決が無洲事件東京地裁判決を「お手本」としていることは明白である。

2　不法行為における注意義務を「安全配慮義務」と呼称することについて

上記のとおり、本判決は、「安全配慮義務について」と題する項において、電通事件最高裁判決（最二判平12・3・24民集54巻3号1155頁）における判示内容をほぼ踏襲し、不法行為における注意義務として、「Yは、Xに対し、従事させる業務を定めてこれを管理するに際し、業務の遂行に伴う疲労や心理的負荷等が過度に蓄積して原告の心身の健康を損なうことがないように注意すべき義務があったというべきである。」と判示している。

この点、電通事件最高裁判決は、民法715条に基づく損害賠償義務を認容した裁判例であり、労働契約上の付随義務としての安全配慮義務（労契法5条）に関する判断を行っているものではなく、同最高裁判決自体も「安全配慮義務」という表現を用いて

いるものではない。もっとも、本判決が不法行為における注意義務を「安全配慮義務」と呼称していること自体については、目くじらを立てるほどのものではないであろう。

3　健康障害結果の不発生と「安全配慮義務」違反の成否

（1）　しかしながら、本判決が上記のとおり、同判決にいう「安全配慮義務」（不法行為における注意義務）の内容を「Xの心身の健康を損なうことがないように注意すべき義務」であるとし（下線部筆者）、本件において問題とされるべきは、「心身の健康障害」という「結果」に関する注意義務＝「結果」回避義務違反の有無であることを提示しておきながら、結論として、Xに心身の健康障害という結果が発生していないのに、上記「安全配慮義務」＝結果回避義務の違反を認め、損害賠償責任を認めている点については、端的に論理矛盾・論理不整合があると指摘せざるを得ないであろう[1]。

（2）　この点、裁判実務においても、また、労契法5条における法文上も、労働契約における付随義務としての安全配慮義務とは、その保護法益（被侵害利益）として「生命・身体等」乃至「心身の健康」を予定する義務である、と認識されているものであって、安全配慮義務法理とは、現に「生命・身体の侵害」「心身の健康障害」という「結果」が発生したことを大前提として、当該結果の発生が予見可能であるのであれば、当該結果を回避すべき措置を講ずべき義務があった（＝予見可能性を前提とする結果回避義務違反があった）、として、当該「結果」に関する損害賠償責任を基礎づける法理であったはずである。

これに対して本件では、労働契約における付随義務としての安全配慮義務の違反についてはそもそも請求原因として主張されなかったのであるが、その点は措くとしても、上記のような安全配慮義務法理に関する従前からの理解よりすれば、現に「生命・身体」「心身の健康」の侵害結果が生じていない本件においては、労働契約における付随義務としての安全配慮義務の違反は、およそ観念し得なかったものといえる。

そうである以上、仮に本件において、不法行為の要件事実を満たしているとして損害賠償責任を認めるとしても、そこにおける注意義務違反の具体的内容としては、「心身の健康」という保護法益（被侵害利益）の侵害結果を回避する義務の違反ではなく、

「別」の保護法益（被侵害利益）の侵害結果を回避する義務の違反があった、と構成すべきなのであって、かつ、当該注意義務に関しては、ネーミングとしても「安全配慮義務」と呼称すべきものではない、ということになろう。

　この点に関し本判決は、上記のとおり、「Xの人格的利益が侵害された」と判示しているのであるが、ここにいう人格的利益が具体的に何なのかは判然としない（そもそも、「生命・身体」「心身の健康」も人格的利益に含まれる、と考えられているところである）。本判決が、現に「生命・身体」「心身の健康」の侵害結果が発生していない本件において、なお損害賠償責任を認容すべきと考えるのであれば、被侵害利益は何なのかを具体的に適示するとともに、当該被侵害利益との間で予見可能性を前提とした結果回避義務違反があった旨を判示すべきであったといえる。

　（3）　以上に関し、一つの議論の方向性としては、本件においては「生命・身体」「心身の健康」という法益を現実に侵害する結果は発生しなかったものの、これら法益を侵害する「危険」を惹起した、とはいえるのであって、このような「危険」の発生を「結果」と捉えることも可能ではないか、という議論もありえるように思える。本判決自身も、「Xを心身の不調を来す危険があるような長時間労働に従事させたのであるから、Xの人格的利益を侵害したものといえる」という言い回しを用いており（下線筆者）、もしかしたら本判決自体も、「危険」の発生を「結果」と考えているのかもしれない。

　さらに翻って考えるに、安全配慮義務に関する過去の代表的な最高裁判例においては、安全配慮義務の定義として「生命及び健康等を危険から保護するよう配慮すべき義務」との表現が用いられていること（自衛隊車両整備工場事件・最三判昭50・2・25民集29巻2号143頁、および川義事件・最三判昭59・4・10民集38巻6号557頁）、および、労契法5条の法文上も、「労働者が生命、身体等の安全を確保しつつ労働することができるよう、必要な配慮」をする義務、との表現が用いられていることからすれば（下線筆者）、労働契約上の付随義務としての安全配慮義務についても、「生命・身体」「心身の健康」という法益が現実に侵害されることは義務違反成立の要件ではなく、これら法益が侵害される「危険」が惹

起されれば足る、という解釈も、文言解釈としては、ありえなくはないように思われる（この場合、保護法益（被侵害利益）は、生命・身体の「安全」ということになるのであろうか）。

　しかしながら、このような、いわば刑法における危険犯の概念を安全配慮義務法理に輸入するような発想・解釈には、到底賛成することはできない。このような発想を安全配慮義務法理に持ち込んでしまうと、日常の労務提供のプロセスにおける「ヒヤリ・ハット」事案の全て、労務提供のプロセスにおいて労働安全衛生法令の定める事故防止・健康障害防止に関する規制違反があった事案の全て（たとえば、十分な転落・墜落防止措置を講じずに高所作業をさせたり、巻き込まれ災害防止のための覆い等の措置を十分に講じていない機械を用いて作業をさせていたものの、結果として何らの事故も災害も発生しなかったような事案等）について、安全配慮義務における「結果」として観念しうることにすらなりかねないのであって、全く非常識・不合理な結論をもたらすことになろう。「危険」のレベルが一定程度具体的・現実的なレベルに達した場合に初めて「結果」として認識しうる、という議論もあり得るのかもしれないが、実際には「危険」レベルの測定・線引きなど不可能であり、かかる解釈は法的安定性・予測可能性を著しく害することになろう。

　同様に、不法行為責任の議論としても、現に「生命・身体」「心身の健康」という法益を侵害する結果が生じたわけではないにもかかわらず、これら法益が侵害される「危険」が生じたことが法益侵害結果である、として損害賠償責任を認める構成については、法的安定性・予測可能性の見地からは、厳に慎むべきであろう。また、この点については、別の保護法益（被侵害利益）を持ち出す場合（例えば、労働判例1217号における本判決解説が示唆するように「家庭生活上の不利益」を法益侵害結果と捉える構成を用いる場合）も同様であろう。

　　　　　　　　　　　　　　　（こかじ・ひろみち）

---

1)　労働経済判例速報2042号における田中勇気弁護士の「時言」も同旨である。

知財　電子記録債権の決済方法にかかる発明該当性が否定された事案

知財高判令 2・6・18
令元(行ケ)10110 号、審決取消請求事件
裁判所 HP

渡辺　光　弁護士・弁理士
知財判例研究会

●────事案の概要

1　手続の経緯

発明の名称：電子記録債権の決済方法、および債
　　権管理サーバ

出願日：平成 30 年 10 月 12 日

出願番号：特願 2018-193836 号[1]（「本願」）

拒絶理由通知：平成 30 年 10 月 25 日

手続補正：同年 11 月 27 日

拒絶査定：同年 12 月 4 日

拒絶査定不服審判請求：平成 31 年 1 月 29 日（不
服 2019-1157 号）

拒絶理由通知：同年 3 月 14 日

手続補正：同年 4 月 25 日

審決：同年 6 月 24 日「本件審判の請求は、成り
立たない。」

審決取消訴訟提起：同年 8 月 7 日

2　出願時のクレームと拒絶理由

(1)　出願時の特許請求の範囲（請求項 1）

電子記録債権の額に応じた金額を債権者の口座に
振り込み、

前記電子記録債権の割引料に相当する割引料相当
料を前記電子記録債権の債務者の口座から引き落と
し、

前記電子記録債権の額を前記債務者の口座から引
き落とす電子記録債権の決済方法。

(2)　拒絶理由通知書

審査官は、発明非該当、サポート要件違反、進歩
性欠如を理由に、拒絶理由を出した。そのうち、発
明非該当の理由は、次のとおりである。

請求項 1 の「方法」は、「……口座に振り込み」
等と業務等の処理内容等を特定する記載がなされて
いるものであり、技術的事項として特定する記載で

はない。「……電子記録債権の決済方法」と記載さ
れているものの、該記載はソフトウエアとハードウ
エア資源とが協働した具体的手段によって、使用目
的に応じた情報の演算または加工を実現することに
より、使用目的に応じた特有の情報処理装置（機械）
またはその動作方法が構築されているものとして特
定されているものとは認められない。

3　平成 30 年 10 月 25 日付け手続補正書による補正と拒絶査定

(1)　補正後の特許請求の範囲

出願人は、以下のとおり特許請求の範囲（請求項
1）を補正した。

コンピュータが、電子記録債権の額に応じた金額
を債権者の口座に振り込む処理を実行し、前記電子
記録債権の割引料に相当する割引料相当料を前記電
子記録債権の債務者口座座から引き落とす処理を実
行し、前記電子記録債権の額を前記債務者の口座か
ら引き落とす処理を実行する電子記録債権の決済方
法。

(2)　拒絶査定

審査官は、サポート要件違反、進歩性欠如を理由
に、拒絶査定を下した。発明非該当性は拒絶理由に
挙げられていない。

4　拒絶査定不服審判中の拒絶理由通知

拒絶査定不服審判中に出された拒絶理由通知は、
発明非該当および進歩性欠如を理由とするもので
あった。発明非該当の理由は、次のとおりである。

振り込みおよび引き落としにかかる各処理は、金
融取引上の業務手順を特定するものであり、当該業
務手順自体は人為的な取り決めに基づくビジネス
ルールであるから、自然法則が用いられているとは
認められず、また、コンピュータが "情報を書き換
える" という一般的に実行する処理内容を超えた技
術的特徴が存するとはいえない。

5 平成31年4月25日付け手続補正書による補正（現請求項1）

補正後の特許請求の範囲（現請求項1）は次のとおりである。

電子記録債権の額に応じた金額を債権者の口座に振り込むための第1の振込信号を送信すること、

前記電子記録債権の割引料に相当する割引料相当料を前記電子記録債権の債務者の口座から引き落とすための第1の引落信号を送信すること、

前記電子記録債権の額を前記債務者の口座から引き落とすための第2の引落信号を送信することを含む、

電子記録債権の決済方法。

6 審決

審決は、発明非該当および進歩性欠如を理由に、拒絶査定を維持した。そのうち、発明非該当性についての判断は、次のとおりである。

(1) 「自然法則を利用した技術的思想の創作」の観点について

「第1の振込信号を送信する」との事項は、コンピュータが「電子記録債権の額に応じた金額を債権者の口座に振り込む」ための処理を依頼する命令を送信することであり……、前記命令はネットワークや通信線を介して信号として送信されることになるのは必然的な技術的事項である。コンピュータを用いる上での必然的な技術的事項を超えた何かしらの技術的特徴を特定しているものでもない。

振込信号および各引落信号の送信という構成要件の本質は、金融取引上の業務手順という人為的な取り決めに基づくビジネスルール自体に向けられたものであり、コンピュータを用いる上での必然的な技術的事項を含むものであっても、当該構成要件全体としては、自然法則が用いられているとは認められない。

(2) 「コンピュータソフトウェア関連発明」の観点について

本願発明の各構成要件は、コンピュータに処理を依頼するための命令を送信することであり、当該命令を作成するために、コンピュータである債権管理サーバが特別な情報処理を行っている訳ではないから、債権管理サーバと口座管理サーバというコンピュータ同士の間で行われる情報のやりとりを行う上での必然的な技術的事項であり、それを超えた技術的特徴が存するとはいえない。

本願発明には、「ソフトウェアとハードウェア資源とが協働することによって、使用目的に応じた特有の情報処理装置又はその動作方法が構築」されているといえる事項が記載されているとはいえないから、「コンピュータソフトウェア関連発明」という観点から見ても「自然法則を利用した技術的思想の創作」とはいえない。

●──判旨

1 発明該当性の判断手法について

「発明」に該当するか否かは、それが、特許請求の範囲の記載や願書に添付した明細書の記載および図面に開示された、「特許を受けようとする発明」が前提とする技術的課題、その課題を解決するための技術的手段の構成、その構成から導かれる効果等の技術的意義に照らし、全体として「自然法則を利用した」技術的思想の創作に該当するか否かによって判断すべきものである。したがって、「特許を受けようとする発明」に何らかの技術的手段が提示されているとしても、全体として考察した結果、その発明の本質が、単なる精神活動、純然たる学問上の法則、人為的な取決めなど自体に向けられている場合には、上記「発明」に該当するとはいえない。

2 本願発明の技術的意義

(1) 本願発明の課題

本願発明は、従来から利用されている電子記録債権による取引決済における割引について、債権者をより手厚く保護するため、割引料の負担を債務者に求めるよう改訂された下請法の運用基準に適合し、かつ、債務者や債権者の事務負担や管理コストを増大させることなく、債務者によって割引料の負担が可能な電子記録債権の決済方法を提供するという課題を解決するための構成として、本願発明に係る構成を採用したものである。

(2) 本願発明の構成

本願発明は、「電子記録債権の額に応じた金額を債権者の口座に振り込む」ことと、「前記電子記録債権の割引料に相当する割引料相当料を前記電子記録債権の債務者の口座から引き落とす」こととを、前記課題を解決するための技術的手段の構成とするものである。

(3) 本願発明の効果

明細書には、「債務者や債権者の事務負担や管理コストを増大させることなく、割引料を負担する主体を債務者とすることで、割引困難な債権の発生を効果的に抑制することが可能となるという効果を奏する」ことが記載されている。しかしながら、本願

発明にかかる構成を採用することにより、「自然法則を利用した」如何なる技術的手段によって、債務者や債権者の事務負担や管理コストを増大させないという効果を奏するのかは明確でない。また、「割引困難な債権の発生を効果的に抑制する」との効果は、電子記録債権の割引料を債務者が負担する方式に改めたことによる効果である。

（4）　本願発明の技術的意義

以上によれば、本願発明は、電子記録債権を用いた決済方法において、電子記録債権の額に応じた金額を債権者の口座に振り込むとともに、割引料相当料を債務者の口座から引き落とすことを、課題を解決するための技術的手段の構成とし、これにより、割引料負担を債務者に求めるという下請法の運用基準の改訂に対応し、割引料を負担する主体を債務者とすることで、割引困難な債権の発生を効果的に抑制することができるという効果を奏するとするものであるから、本願発明の技術的意義は、電子記録債権の割引における割引料を債務者負担としたことに尽きるというべきである。

3　「自然法則を利用した」の要件の非充足

本願発明の技術的意義は、電子記録債権を用いた決済に関して、電子記録債権の割引の際の手数料を債務者の負担としたことにあるといえるから、本願発明の本質は、専ら取引決済についての人為的な取り決めそのものに向けられたものであると認められる。

したがって、本願発明は、その本質が専ら人為的な取り決めそのものに向けられているものであり、自然界の現象や秩序について成立している科学的法則を利用するものではないから、全体として「自然法則を利用した」技術的思想の創作には該当しない。

●──研究

1　自然法則の利用

特許法において、発明は、「自然法則を利用した技術的思想の創作のうち高度のものをいう」と定義されている（特許法2条1項）。つまり発明は、「自然法則を利用」すること、「技術的思想」であること、「創作」であること、「高度のもの」であること、の4つの要件を満たす必要がある。これらの要件のうち、本件では、「自然法則」の要件が争点となった。

自然法則とは、「自然現象の間に成り立つ、反復可能性や確率論に基づく一般的な規則関係。規範法則とは異なる存在の法則であり、因果関係を基礎とするもの」[2] を言う。したがって、発明とは、「自然界に存在している現象の背後に、ある種の規則的関係性、法則性を基に成り立っていることを要する」[3] とされ、自然法則を利用していない単なる精神活動（記憶術、芸術上の創作）、純然たる学問上の法則、人為的な取決め（スポーツやゲームのルール）[4]、経済法則、数学上の公式、ビジネスを行う方法それ自体[5] 等は発明に該当しない。

2　プログラムにおける自然法則の利用

コンピュータのソフトウェア（プログラム）については、それ自体はコンピュータに対する指令であって、本来的には自然法則を利用するものではないのではないとも考えられるが、他方で、「電子の流れを利用してコンピュータを制御しうるのであるから、自然法則を利用するものである」との考えもあり得る[6]。プログラム等の情報財の経済活動における価値の増大や、プログラムがインターネット等を通じて単体で有体物と同様に流通しているという実態があり、従来の「物の発明」と同様の保護が強く求められていたことから、平成14年改正において、特許法上の「物」（特許法2条3項）にプログラムが含まれるとの改正がなされた[7]。

もっとも、プログラムであれば常に自然法則を利用しているというわけではない。審査基準[8] は、全体として自然法則を利用しているか、あるいは、ビジネスを行う方法等に関連する場合には、ソフトウエアとハードウエア資源とが協働することによって、使用目的に応じた特有の情報処理装置またはその動作方法が構築される場合に、発明該当性が認められるとする。

3　本判決について

本判決は、以下に述べるとおり、発明該当性の判断手法を踏襲したものであり、その判断も妥当と考える。

（1）　発明該当性の判断手法について

発明該当性の判断手法は、「前提とする技術的課題、その課題を解決するための技術的手段の構成及びその構成から導かれる効果等の技術的意義に照らし、全体として「自然法則を利用した」技術的思想の創作に該当するか否かによって判断すべき」とされており（知財高判平26・9・24知識ベースシステム事件他）、本判決もこの判断手法を用いている。

（2）　本願発明の技術的意義について

本判決は、「本願発明の技術的意義は、電子記録

債権の割引における割引料を債務者負担としたことに尽きる」と言い切っている。本発明の課題、構成および効果に鑑みれば、かかる認定は妥当と考える。

すなわち、本件発明の課題について、本件明細書には、「債務者や債権者の事務負担や管理コストを増大させることなく、債務者によって割引料の負担が可能な電子記録債権の決済方法を提供することを課題の一つとする」ことが記載されている。また、本願発明の効果についても、「債務者や債権者の事務負担や管理コストを増大させることなく、割引料を負担する主体を債務者とすることで、割引困難な債権の発生を効果的に抑制することが可能となるという効果を奏する」との記載があり、原告も、かかる効果を主張した。しかしながら、債務者や債権者の事務負担や管理コストの増大を回避するという課題に対応し、かかる効果を実現する構成は、本願発明には存在しない。裁判所も、かかる効果を奏する構成が明細書に記載されていることは認めつつも、本願発明の構成に含まれていないと判断した。

本願発明の構成に関しては、一定の金額を債権者の口座に振り込むことや、債権額を債務者口座から引き落とすこと、そして、これらの振込みや引落しに、振込信号や引落信号が送信されていたことは、従来から電子記録債券の決済処理において実施されてきたことであろう。そうすると、割引料を債務者負担とした点のみが、従来の電子記録債権の決済方法から新規の構成と考えられる。

（3）　コンピュータ資源を利用している点について

本願発明は、債権額を債権者の口座に振り込むための「第1の振込信号を送信」、割引料を債務者の口座から引き落とすための「第1の引落信号を送信」、および債権額を債務者の口座から引き落とすための「第2の引落信号を送信」との構成を有しており、その文言上は、コンピュータにおける情報処理を、ハードウェア資源を用いて行うように記載されている。かかる構成に関し、原告は、「第1の引落信号」および「第2の引落信号」を区別して送信する構成は、コンピュータ同士の間で行われる必然的な技術的事項を越えた技術的特徴であると主張した。

しかしながら、本判決は、「請求項1には、3つの信号を送信することが記載されるにとどまり、ソフトウエアによる情報処理が記載されているものではない」から、自然法則を利用した技術的思想の創作であるとはいえないとして、原告の主張を排斥した。

知財高判平26・9・24知識ベースシステム事件は、「現代社会においては、コンピュータやこれに関連する記録媒体等が広く普及しているが、仮に、これらの抽象的な概念や人為的な取決めについて、単に一般的なコンピュータ等の機能を利用してデータを記録し、表示するなどの内容を付加するだけにすぎない場合も、「自然法則を利用した」技術的思想の創作には該当しない」と判示しており、この理は、本件にも妥当しよう。特許庁は、「ソフトウェアによる情報処理が、ハードウェア資源を用いて具体的に実現されている」とき、すなわち、「ソフトウェアとハードウェア資源とが協働することによって、使用目的に応じた特有の情報処理装置又はその動作方法が構築される」ときに、自然法則を利用した技術的思想の創作に該当するとしており[9]、発明該当性について、上記知識ベースシステム事件判決と同趣旨を逆から定義している。つまり、「単に一般的なコンピュータ等の機能を利用」しているに過ぎないのか、「使用目的に応じた特有の情報処理装置又はその動作方法」を有しているか、が判断基準となろう。

かかる観点からは、本願発明の発明該当性は否定されることになろう。本願発明は、債権額を債権者口座に振り込み、割引料および債権額を債務者口座から引き落とす、という人為的な取決めについて、コンピュータが通常行う振込または引落処理に伴う処理を規定したものと言える。原告は、「信号の送受信は、金融取引上の業務手順そのものを特定するだけで達成できるものではなく、自然法則を利用することで初めて達成できるものである」とも主張したが、本判決は、「原告のいう「信号」と「送信」は、それ自体については何ら技術的工夫が加えられることなく、通常の用法に基づいて、上記の意義を実現するための単なる手段として用いられているのに過ぎないのである。そして、このような場合には、「信号」や「送信」という一見技術的手段に見えるものが構成に含まれているとしても、本願発明は、全体として「自然法則を利用した」技術的思想の創作には該当しないものというべきである。」と判示して、原告の主張を排斥しており、上記判断基準からすれば、妥当な結論と考える。

出願当初のクレームは、割引料等を「債務者の口座から引き落とし」とされていたものを、「債務者の口座から引き落とす処理を実行し」と補正し、さらに、現在のクレームである「債務者の口座から引

き落とすための第1の引落信号を送信する」へと補正したものであり、徐々にハードウェア資源を利用する構成に変化しており、どこまで具体化されれば発明該当性が認められるか、興味深いところである。

　（4）　コンピュータ関連発明にかかる他の事例との比較

　同様に、コンピュータ上の処理に関する発明であるが、発明該当性が認められた事案が、知財高判平21・5・25 旅行業向会計処理システム事件[10]である。同事件は、経理ファイル上に、「売上」と「仕入」とが、「前受金」、「未収金」、「前払金」、「未払金」と共に、一旅行商品単位で同日付けで計上されるようにしたことを特徴とする旅行業向け会計処理装置の発明について、「それぞれの手段について、その手段によって行われる会計上の情報の判定や計上処理が具体的に特定され、上記各手段の組み合わせによって、経理ファイル上に、「売上」と「仕入」とが、「前受金」、「未収金」、「前払金」、「未払金」と共に、一旅行商品単位で同日付けで計上されるようにするための会計処理装置の動作方法及びその順序等が具体的に示されている」、「コンピュータプログラムによって、上記会計上の具体的な情報処理を実現する発明である」と認定し、発明該当性を肯定した。同判決は、原告（無効審判請求人）の主張を排斥するにあたり、「コンピュータにより行われるべき情報処理の流れが開示されていること」、「それぞれの手段について、その手段によって行われる会計

上の情報の判定や計上処理が具体的に特定され、コンピュータに対する制御の内容が具体的に示されていること」を挙げた。情報処理の流れや、コンピュータの制御の内容の具体性は、本願発明には見られない構成である。

　他方、知財高判平26・9・24 知識ベースシステム事件[11]は、物や属性の意味内容を言語に依存せずに表現することのできる知識ベースシステムにかかる発明について、「コンピュータ等を利用する部分についてみても、単に一般的なコンピュータ等の機能を利用するという程度の内容に止まっている」等として、「本件補正発明の技術的意義としては、専ら概念の整理、データベース等の構造の定義という抽象的な概念ないし人為的な取決めの域を出ないものであ（る）」として、発明該当性を否定した。本願発明では、割引料の債務者負担を実現するにあたり、電子記録債権の決済において既に用いられていた、債務者口座から引き落とすための引落信号の送信機能を利用するものであるから、「本願発明の本質は、専ら取引決済についての人為的な取り決めそのものに向けられたものである」と認定されたのも、やむを得ないであろう。

（わたなべ・あきら）

1)　特開 2019-169119 号。
2)　広辞苑第 7 版。
3)　平嶋新注解特許法第 2 版 13 頁。
4)　平嶋新注解特許法第 2 版 13 頁、中山特許法第 4 版 101 頁。
5)　特許・実用審査基準第 3 部第 1 章 2.1.4。
6)　田村善之『特許発明の定義──自然法則の利用」の要件の意義』法学教室 2001 年 9 号 No252、16 頁。
7)　平成 14 年改正法の解説。
8)　特許・実用審査基準第 3 部第 1 章 2.2。
9)　「特許・実用新案審査基準」の特定技術分野への適用例附属書 B 「2.1.1.2 ソフトウェアの観点に基づく考え方」。
10)　コンピュータ関連の発明該当性を肯定したその他の裁判例として、知財高判平 20・6・24（双方向歯科治療ネットワーク事件）。
11)　コンピュータ関連の発明該当性を否定したその他の裁判例として、東京高判平 16・12・21（回路のシミュレーション方法事件）、知財高判平 20・2・29（ビットの集まりの短縮表現を生成する方法事件）。

今期の裁判例索引

地方裁判所

みんじ はんれい
民事判例 21──**2020年前期**

2020 年 11 月 30 日　第 1 版第 1 刷発行

編　者──現代民事判例研究会（代表・加藤雅信）
げんだいみんじはんれいけんきゅうかい
発行所──株式会社日本評論社
　　　　〒 170-8474　東京都豊島区南大塚 3-12-4
　　　　電話 03-3987-8621　FAX 03-3987-8590　振替 00100-3-16
印　刷──精文堂印刷
製　本──難波製本

Printed in Japan ⓒ 現代民事判例研究会（代表・加藤雅信）2020　本文組版／中田　聡　装幀／林　健造
ISBN 978-4-535-00249-4

民事判例20
2019年後期

現代民事判例研究会編

日本評論社

好評発売中　定価 2,800円＋税